PRODUCED AND PUBLISHED IN AUSTRALIA BY UNIVERSAL PUBLISHERS PTY LTD

Universal Publishers is a division of Hardie Grant Publishing Pty Ltd
ABN 83 000 087 132

HEAD OFFICE
Level 1, 38–40 Chandos Street, St Leonards NSW 2065
Postal address: PO Box 307, St Leonards NSW 1590
Ph: (02) 9857 3700 Fax: (02) 9439 1423
www.ubd.com.au

VICTORIA
Hardie Grant Publishing
Building 1, 658 Church Street, Richmond VIC 3121
Private Bag 1600, South Yarra VIC 3141
Ph (03) 8520 6444 Fax (03) 8520 6422
www.hardiegrant.com.au

Copyright © Universal Publishers Pty Ltd 2012
All rights reserved. Universal Publishers Pty Ltd and Sensis Pty Ltd are the owners of the copyright subsisting in this publication. Other than as permitted by the Copyright Act, no part of this publication may be reproduced, copied or transmitted, in any form or by any means (electronic, mechanical, microcopying, photocopying, recording, storage in a retrieval system or otherwise), without the prior written consent of Universal Publishers Pty Ltd and Sensis Pty Ltd. Universal Publishers Pty Ltd and Sensis Pty Ltd will vigorously pursue any breach of its copyright.

Publisher's Note
Universal Publishers welcomes contributions and feedback on the contents of this atlas. Please email us at sales@universalpublishers.com.au. Universal Publishers is Australia's largest publisher and distributor of street directories, maps, atlases, travel and guide books and custom mapping.

Disclaimer
The publisher disclaims any responsibility or duty of care towards any person for loss or damage suffered from any use of this atlas for whatever purpose and in whatever manner. While considerable care has been taken by the publisher in researching and compiling the atlas, the publisher accepts no responsibility for errors or omissions. No person should rely upon this atlas for the purposes of making any business, investment or real estate decision.

Acknowledgments
This edition produced by Universal Publishers Pty Ltd and Explore Australia Publishing Pty Ltd
Editorial: Alison Proietto
Design: Leonie Stott
Layout: Patrick Cannon
Writing: Ken Eastwood
Pre-press: Megan Ellis, PageSet Digital Print & Pre-press

Printed by 1010 Printing International Ltd
ISBN 9780731927951
7th edition 2012

The revision of the information contained in this atlas could not have been carried out without the assistance given by the following organisations and their representatives: local government authorities; land developers; independent town planners, surveyors and engineers; Federal and State government authorities; tourist information centres; clubs and organisations; religious institutions and the general public.

Photography credits
Front cover: Autumn leaves lining the road, Bungendore, New South Wales (Oliver Strewe/Lonely Planet Images)
Back cover (clockwise from main image): Termite mound in Purnululu National Park, Western Australia (Australian Geographic); Katherine Gorge, Nitmiluk National Park, Northern Territory (Tourism NT); Boat on Lizard Island, Queensland (Tourism Queensland); Pink wattle on Churchill Island, Victoria (Tourism Victoria)
Title page: Lake Eyre, South Australia (Australian Geographic)
Contents pages: Yellow wildflowers in Alpine National Park, Victoria (Australian Geographic)
Internal pages: 6–7 Darren Jew/Tourism Queensland; 8 & 10 Australian Geographic; 11 South Australian Tourism Commission; 23 John Banagan/Lonely Planet Images; 24–5 & 26 Australian Capital Tourism; 30–1 & 34 Hamilton Lund; Destination NSW/Tourism New South Wales; 40 Mitch Reardon/Lonely Planet Images; 62–3 & 66 Tourism Victoria; 88–9 Tourism Queensland; 92 Oliver Strewe/Lonely Planet Images; 98 Richard I'Anson/Lonely Planet Images; 114 & 116 South Australian Tourism Commission; 134 Richard I'Anson/Lonely Planet Images; 136 Orien Harvey/Lonely Planet Images; 158 Tourism NT; 160 Will Salter/Lonely Planet Images; 178 Nick Osbourne/Tourism Tasmania; 180 Josh London/Tourism Tasmania; 196 Tourism Queensland; 197 Tourism NT; 219 Tourism Victoria

For orders and customer service, please contact Random House Distribution
Ph: 1800 222 444 Fax: (03) 9753 4151
Email: customerservice@randomhouse.com.au

 This **UBD** motoring atlas can be recycled through your normal council or workplace paper recycling service. If this publication has a plastic sleeve, simply remove before recycling. For more information on recycling in your area, visit www.RecyclingNearYou.com.au or call your local council.

COMPLETE MOTORING ATLAS OF AUSTRALIA

Contents

Australia key map	1
Touring Australia	6
Australia's national parks	10
Australian intercity distance chart	14
Australia's major highways map	16
Australian route maps	18
Explanation of map symbols	22

AUSTRALIAN CAPITAL TERRITORY 24

Canberra	26
Canberra map	27
Canberra suburbs map	28
Australian Capital Territory map	29

NEW SOUTH WALES 30

Key map	32
Sydney	34
Sydney map	35
Sydney suburbs maps	36
New South Wales maps	41
City and town centre maps	53
Albury, Armidale, Ballina, Batemans Bay	53
Bathurst, Berrima, Bowral, Broken Hill	54
Byron Bay, Cessnock, Coffs Harbour, Cooma	55
Cootamundra, Dubbo, Forster/Tuncurry, Gosford	56
Goulburn, Grafton, Griffith, Katoomba	57
Lismore, Maitland, Mudgee, Newcastle	58
Nowra, Orange, Port Macquarie, Queanbeyan	59
Singleton, Tamworth, Taree, Tweed Heads	60
Ulladulla, Wagga Wagga, Wollongong, Yass	61

VICTORIA 62

Key map	64
Melbourne	66
Melbourne map	67
Melbourne suburbs maps	68
Victoria maps	72
City and town centre maps	83
Bairnsdale, Ballarat, Benalla, Bendigo	83
Castlemaine, Colac, Geelong, Hamilton	84
Horsham, Lakes Entrance, Mildura, Morwell	85
Portland, Sale, Shepparton, Stawell	86
Traralgon, Wangaratta, Warrnambool, Wodonga	87

QUEENSLAND	88
Key map	90
Brisbane	92
Brisbane map	93
Brisbane suburbs maps	94
Queensland maps	99
City and town centre maps	110
Airlie Beach, Bundaberg, Cairns, Gladstone	110
Gympie, Hervey Bay, Mackay, Maroochydore	111
Maryborough, Mount Isa, Noosa Heads, Rockhampton	112
Surfers Paradise, Toowoomba, Townsville, Warwick	113

WESTERN AUSTRALIA	134
Key map	135
Perth	136
Perth map	137
Perth suburbs maps	138
Western Australia maps	142
City and town centre maps	154
Albany, Augusta, Broome, Bunbury	154
Busselton, Carnarvon, Collie, Esperance	155
Fremantle, Geraldton, Kalgoorlie, Kununurra	156
Mandurah, Norseman, Northam, Port Hedland	157

TASMANIA	178
Key map	179
Hobart	180
Hobart map	181
Hobart suburbs map	182
Tasmania maps	184
City and town centre maps	192
Bicheno, Burnie, Devonport, George Town	192
Huonville, Launceston, Port Arthur, Queenstown	193
Richmond, Strahan, Swansea, Ulverstone	194

SOUTH AUSTRALIA	114
Key map	115
Adelaide	116
Adelaide map	117
Adelaide suburbs maps	118
South Australia maps	122
City and town centre maps	132
Mount Gambier, Murray Bridge, Port Augusta, Port Lincoln	132
Port Pirie, Renmark, Victor Harbor, Whyalla	133

NORTHERN TERRITORY	158
Key map	159
Darwin	160
Darwin map	161
Darwin suburbs map	162
Northern Territory maps	164
City and town centre maps	176
Alice Springs, Kakadu National Park, Katherine, Palmerston	176
Kata Tjuṯa (The Olgas), Tennant Creek, Uluṟu (Ayers Rock), Yulara (Ayers Rock Resort)	177

Planning your trip	195
Motoring hints	196
Motoring survival	197
INDEX	198

Touring Australia

GEOGRAPHY

Australia is immense, diverse and intensely beautiful. The mainland stretches 3300 kilometres from north to south and 4025 kilometres from east to west, with 8222 islands lying just off the coast. It is nearly as large as the USA and is three-quarters the size of Europe. The landscape ranges from monsoonal wetlands in the north, tropical rainforests and coral reefs in the north-east, red deserts and salt lakes in the central outback, and temperate forests, coastal plains and mountain ranges (and winter snowfields) in the south-east. In the south-west, the sandstone cliffs of the vast Nullarbor Plain drop into the Great Australian Bight where southern right whales calve and rest.

Some of the world's great deserts are in Australia, broken by spectacular rocky ranges and outcrops that stand high in the surrounding flatness, and by huge, ephemeral lakes. The desert landscape holds many surprises, such as hot springs, the overnight appearance of wildflowers after rain and the arrival of masses of birds at lakes that are only briefly full.

Tourism Australia has identified ten outstanding Australian National Landscapes, each is a stunning example of nature at its best. These iconic national landscapes are: the Australian Alps, rising from southern New South Wales through to northern Victoria; Australia's Coastal Wilderness stretching from southern New South Wales to East Gippsland in Victoria; Australia's Green Cauldron deep in northern New South Wales, Australia's Red Centre encompassing much of southern Northern Territory, the Flinders Ranges spreading through eastern South Australia, the Great Ocean Road winding along Victoria's south coast, the Greater Blue Mountains in New South Wales, The Kimberley in north-west Western Australia, Kakadu National Park in the Northern Territory and Kangaroo Island off the South Australian coast.

In addition to this, Australia has 19 listings on the World Heritage list, some of which are made up of multiple areas. These listings include outstanding sites of natural beauty, such as Uluru-Kata Tjuta National Park, the Great Barrier Reef and the Tasmanian Wilderness, and cultural treasures such as the Sydney Opera House, the Royal Exhibition Building and Carlton Gardens in Melbourne, and 11 convict sites across Australia.

There are more than 9000 listings in the National Reserve System (Australia's network of protected areas), including national parks, Indigenous protected areas and conservation reserves, covering more than 11 per cent of the continent. Protection of special areas continues offshore, with some 200 marine protected areas covering 880 000 square kilometres. So, wherever you travel, whether on land or water, you will encounter many of Australia's wonders and treasures.

Touring large parts of this incredible country usually requires time and planning, but the rewards are substantial for well-prepared travellers with a sense of adventure. Australia's capital cities are linked by sealed highways which are suitable for all vehicles. Rural areas, or 'the bush' can be accessed from networks of roads, although four-wheel-drive vehicles may be necessary in some areas.

CLIMATE

Australia's diverse environments reflect its varying climate. Depending on where and when you travel, the climate can change dramatically. Generally, it is hottest in December and January. In the midwinter months of July and August the Australian alps are covered in snow and nights in the desert can fall well below freezing; even in summer, desert nights can be cold.

About 40 per cent of the country lies north of the Tropic of Capricorn, experiencing tropical weather with very high humidity and monsoonal deluges during the wet season (November–April). The dry season (May–October) is warm to hot, but not wet.

South of the Tropic of Capricorn, the climate becomes more temperate and major population centres such as Sydney, Brisbane and Perth generally have mild winters. The seasons are not usually as defined as they are in some Northern Hemisphere areas, except in highland regions.

The island of Tasmania, in the south, is on average the coldest and wettest state. The best times to visit are during spring and summer.

NATIVE ANIMALS

Australia's geographical isolation is believed to be the main reason for the existence of so many animal species not found elsewhere. Nearly half of the mammal species found here are marsupials, a group with pouches for their suckling young. The most commonly found marsupials are kangaroos, wallabies, koalas, wombats and possums. There are a host of others that are

Seventy Five Mile Beach, Fraser Island, Queensland

less well known, such as dunnarts, bandicoots, gliders, quokkas and the carnivorous Tasmanian devil.

Since many of Australia's native animals are shy, night-time creatures, the nocturnal houses at zoos and animal parks provide the best opportunities to see them.

There are more than 700 bird species in Australia; kookaburras and the noisy, colourful parrots such as cockatoos are some of the most obvious. Some have adapted well to urban life and are frequently seen in local parks.

Australia's largest birds are the flightless emus and cassowaries. Shaggy brown emus, slightly smaller than an ostrich, can sometimes be spotted when driving on country roads. The colourful cassowaries are endangered and live in northern Queensland rainforests. Drive carefully if you see signs warning that cassowaries are around and if you see one when on foot give it plenty of room as they have been known to attack with sharp claws if they feel threatened.

DANGEROUS CREATURES

Visitors sometimes express concern about Australia's poisonous and dangerous creatures. However, the number of people injured or killed by native animals is quite small, so try not to let fear of these creatures affect your enjoyment of Australia. The risk is minimal if precautions are taken; do not antagonise, hurt or try to kill any wildlife, and, as much as possible, give potentially dangerous animals a wide berth.

Incomparable Australia

- the world's smallest continent and largest island
- the only country to govern a whole continent and its outlying islands
- averages less than three people per square kilometre
- the world's lowest and flattest continent with an average elevation of only 330 metres
- the sixth largest country in the world after Russia, Canada, China, USA and Brazil
- the Great Dividing Range is the fourth-longest mountain range in the world
- the world's oldest fossilised life forms, about 3.4 billion years old, were found in Western Australia

WORLD RECORDS

- Uluru (Ayers Rock), largest monolith
- Great Barrier Reef, longest coral reef
- Nullarbor Plain, largest flat bedrock surface
- Simpson Desert, largest sand ridge desert
- Mount Augustus, Western Australia, largest exposed rocky outcrop

Australia has about 140 species of land snakes including the most poisonous land snakes in the world. Many are highly venomous but they are nearly all shy and will slither away or stay still if they feel the vibrations of a human approaching. Long trousers, thick socks and stout shoes are recommended when walking in the bush.

Some Australian spiders are also venomous, including the Sydney funnel-web and the distinctive redback. Since effective antivenene was created, deaths from these creatures are now almost non-existent.

Generally, if someone is bitten by a venomous snake or spider, first-aid treatment is a compression bandage, keeping the patient or limb still, and then seeking urgent medical attention. The exception to using this treatment is for a redback spider bite: do not bandage the bite but apply ice instead and use painkillers while seeking urgent medical attention. Try to identify or remember details of the creature, as it could help with identifying the appropriate antivenene.

The waters off northern Queensland and the northern coastline harbour box jellyfish. These particularly dangerous creatures keep swimmers out of the ocean in the summer months. Beaches are usually signposted with stinger warning signs. The box jellyfish has long, fine, stinging tentacles that drift some way from the creature and wrap themselves around a victim causing severe pain, paralysis and sometimes death. Paddling in just a few centimetres of water in these areas is extremely dangerous.

The tiny, clear irukandji jellyfish are found in similar areas and are almost as poisonous and cause excruciating pain. Even outside of the normal 'stinger season' it is advisable to swim in stinger suits or wetsuits in these areas, or stick to swimming in areas with stinger nets.

Also in northern areas, beware of saltwater crocodiles or 'salties'. They can grow up to 6 metres long, making them the world's largest living reptiles. They are found in both saltwater and freshwater rivers, creeks, estuaries and gorges, and can be aggressive. Salties can lie still and hidden in the water, but they move with astonishing speed. Extreme caution must be taken when near the water in these parts.

Wasps, bees, ants and mosquitoes are found throughout Australia. Whilst not generally harmful (except to people with allergies), their sting will cause minor pain and discomfort. Ticks can also be a problem in Australia, especially if found on small children. A reliable way to remove a tick is by using tweezers, removing the whole body. Antihistamines may be helpful for insect bites and stings.

NATIVE PLANTS

Australia's potpourri of native plants includes about 15 000 species of flowering plants, about 500 species of ferns, conifers and cycads, as well as hundreds of thousands of species of mosses, algae, lichens and fungi.

The most prevalent tree type is the eucalyptus or gum. There are more than 700 eucalyptus species and they are found in almost every environment in the country – from gums eking out a living in the harshest deserts, to the snow gums glistening in the alps. They also count among their ranks some of the tallest trees in the world – the mountain ashes of Victoria and Tasmania that can grow to 90 metres. Some eucalypts, such as ash, box, mahogany, stringybark, ironbark, peppermint, lemon-scented and mallee, are named for their timber type.

Much of the forests that covered large sections of New South Wales and Queensland were logged by early settlers for timber and to clear land for pasture. What remains is mostly restricted to small protected pockets.

Staghorns, elkhorns, orchids and bird's nest ferns grow in the treetops of the rainforest canopies. Below, the rainforest floors are green worlds of dampness; dripping leaves, wet ground and decaying logs covered with mosses, lichens and fungi.

Alpine regions provide a completely different floral environment. On the lower slopes, savannah woodlands dominate with an understorey rich in herbaceous plants including dandelions, buttercups and orchids. In the higher, colder woodlands are the manna gum and black sally, with stunted snow gums near the snowline.

Across much of Australia native grasses and spinifex dominate broad swathes of the land. Spinifex is tough and often as sharp as needles. It is highly flammable, and lightning strikes in spinifex country will often start huge outback fires that in turn rejuvenate the land. Many of Australia's native plant species have evolved with fire, and need fire or smoke to regenerate or reseed.

Australia's wildflowers are distinctively beautiful. They include banksias, boronias, bottlebrushes, billy buttons, Christmas bushes, Sturt's Desert peas, everlasting daisies, grevilleas, orchids, kangaroo-paw, waratahs and wattles. Some parts of Australia are well-known for their spring and summer wildflower

Antarctic beech trees, Mount Warning National Park, New South Wales

displays. The south-west of Western Australia, the Flinders Ranges of South Australia and the Grampians of Victoria are particularly famous for their spectacular displays.

HISTORY

For some 50 000 years or so before European settlement, Australia was inhabited by hundreds of Aboriginal and Torres Strait Islander tribes, and the histories of the continent and its landscapes were told and recorded by these Indigenous people. The stories varied between different tribes. None were written down, rather they were spoken (in hundreds of different languages), sung, danced, painted on bark, rocks or inside caves or sculpted on the ground.

There are no accurate figures for the Indigenous population before European settlement but estimates range from 300 000 to over 1 million.

The northern shores were visited by Asian sailors and traders for hundreds of years before Dutchman Willem Jansz landed on Australian soil near the Wenlock River in Queensland in 1606. The most notable voyage by the Dutch was that of Abel Tasman, who sailed around Tasmania and to New Zealand in 1642. The first Englishman to land was William Dampier, a buccaneer who came ashore in 1688, in the vicinity of the Western Australian town that is now named after him.

In 1770 Captain James Cook became the first European to navigate the south-eastern coastline. He wrote a favourable report about the land he named New South Wales. This was remembered when the British parliament needed somewhere to establish a new penal colony, to relieve the overcrowded British prisons. In 1788, the 11 ships of the First Fleet, carrying a motley collection of sailors, soldiers and convicts, under the command of Captain Arthur Phillip, sailed into Sydney Harbour.

The first few years were very difficult for the little settlement, with starvation always threatening until farms could be established in the unfamiliar land. The Aboriginal population also suffered greatly, subjected to murder, rape, the devastating introduction of diseases for which they had no immunity and ultimately the dispossession of their land.

The Second Fleet arrived in 1790. A year later the arrival of the Third Fleet increased the British population to 4000.

For the first 20 years, the spread of settlement was slow. Sydney was established and there were small penal settlements at Norfolk Island and Hobart. Expansion inland was restricted until the formidable barrier of the Blue Mountains, west of Sydney, was crossed by Europeans in 1813.

This feat began a tide of exploration and movement of people across the land to take up vast rural holdings where they introduced cattle, sheep and crops such as wheat. Explorers whose names have gone down in history and folklore, such as Charles Sturt, Ludwig Leichhardt, Augustus Gregory, and Burke and Wills, made incredible journeys across this uncharted country.

Australia's geographical shape wasn't confirmed until Matthew Flinders made his circumnavigation in 1803. Flinders was also the first person to use the name 'Australia' in his three-volume work *Voyage to Terra Australis*.

Initially, the whole landmass, except Western Australia (which was created as an independent colony in 1829), was known as New South Wales. This huge entity was gradually reduced as the settlements established at Hobart, Brisbane, Adelaide and Melbourne became colonies in their own right.

In 1851, gold was discovered near Orange in New South Wales. This was the first of many discoveries of gold and other sought-after metals during the second half of the century. As miners rushed to the diggings, the population boom opened up Australia. Wealth from the mines helped to build inland cities and, when the gold rushes were over, many of the miners stayed, turning to farming and other trades.

GOVERNMENT

Australia's political stability has helped it rank as the 18th most peaceful country in the world in the Global Peace Index, published by the Institute for Economics and Peace. However, it is also considered by some to be one of the most over-governed nations in the world, with a complex three-tiered system of government – federal, state and local – which evolved from when the country was a collection of six self-governing colonies.

Although first discussed 50 years before, it was not until 1 January 1901 that the Commonwealth of Australia finally came into being. Rivalry between Sydney and Melbourne (which to some extent survives today) led to a new national capital being built in the specially created Australian Capital Territory. This had to be established 'no less than 100 miles from Sydney'. In 1911 land was acquired by the Commonwealth Government in the Brindabella Ranges, 290 kilometres south-west of Sydney, and a competition was launched for the design of a new capital city, Canberra.

The first Parliament House building was completed in 1927, and was situated among grazing sheep. Although it was only intended as a temporary home for the Parliament, it was used for 60 years until a more permanent one was completed in 1988.

As the nation's capital, Canberra is the site of national monuments and institutions, many of them attractively placed around the shores of Lake Burley Griffin.

THE PEOPLE

Australia today is a diverse, truly multicultural society. More than 20 per cent of Australians are foreign-born and more than 40 per cent are of mixed cultural origin. Of the 226 languages spoken among Australians, English is the most popular followed by Italian, Greek, Cantonese and Arabic.

As a nation, Australians embrace a rainbow of religious beliefs, from strong and vibrant Aboriginal traditions through to Christian churches to Hindu, Sikh and Buddhist temples, mosques and Jewish synagogues. This rich cultural heritage is also reflected in our food and festivals.

In the years before World War II, Australians were primarily of English, Scottish or Irish descent, a mix of free settlers and descendants of the convicts. There was also a minority of people from lands, such as China, who had made their way here as prospectors during the 19th-century gold rushes and as refugees.

The post-war immigration scheme, with the theme 'populate or perish', changed the ethnic mix, bringing in thousands of refugees from Italy, Greece, Yugoslavia, Germany and other parts of war-torn Europe.

A new wave of refugees and migrants came from Asia after the Vietnam War in the 1960s.

Immigration continues to play an important role in this country. It makes up about 60 per cent of our population growth each year.

ECONOMY

Mining and agriculture remain important to the Australian economy. The minerals industry is Australia's largest export earner, with mineral exports accounting for nearly 50 per cent of the annual value of total exports of goods and services in recent years. We are among the world's leaders in many commodities, including coal, gold, silver, nickel, lead and uranium.

Australia has 120 000 farms that are dedicated to producing agricultural products including wool, meat, milk, wheat, rice, fruit and vegetables. Australian farmers produce more than 90 per cent of Australia's food supply, but we also export some 60 per cent of total agricultural production.

Tourism is our biggest service export generating more than $40 billion a year.

Late afternoon in Stirling Range National Park, Western Australia

Australia's national parks

The Australian landscape offers great diversity: unspoilt coastline, vast deserts, tangled rainforests, pristine islands, majestic alpine areas and unique bushland. Fortunately, many of the continent's most outstanding areas of natural beauty have been preserved in national parks, state parks, nature reserves, sanctuaries, historic and Aboriginal sites and recreation and wilderness areas.

Australia possesses close to 6000 protected areas covering around 100 million hectares and including 19 World Heritage sites – a key source of delight for Australian and overseas visitors seeking to experience the great outdoors.

Many national parks are easily accessible, provide excellent public facilities and a great variety of activities. It is also rewarding to explore some of Australia's more remote areas, which are less frequented. Walking is one of the best and most popular ways to appreciate the natural surroundings, and Australia's national parks offer an array of marvellous opportunities, from easy day walks to wilderness treks. State national park services run guided walks and activities, and many cities and regional centres have bushwalking clubs. Other popular pursuits include fishing, swimming and camping.

The parks are a refuge for Australia's native wildlife, encompassing many rare and endangered species. Native plants are also protected, with some parks hosting dazzling displays of wildflowers in spring and summer.

Some of Australia's national parks also have a deep historic value because they contain evidence of a unique cultural heritage. Aboriginal rock art and sacred sites are features of various national parks, giving us a glimpse into the distant past, depicting stories of the life of the Aboriginal people thousands of years ago.

Some of Australia's best assets – panoramic views, open spaces, native plants and wildlife and remarkable natural environments – are found in its protected areas. When planning to visit a national park be mindful that each park has its own particular environmental needs. To get the most out of your visit look at the state websites listed on the following pages before you go. Some parks, especially the larger and more popular ones, have information centres on site. The following charts cover the most popular national parks.

AUSTRALIAN CAPITAL TERRITORY

www.tams.act.gov.au
Ph: 13 2281 or (02) 6207 2900

| Namadgi | 29 B4 |

NEW SOUTH WALES

www.environment.nsw.gov.au/nationalparks
Ph: 1300 361 967

Park	Map Ref
Abercrombie River	48 E6
Bald Rock	45 G2
Barrington Tops	49 H2
Ben Boyd	52 D6
Bindarri	45 H4
Blue Mountains	49 F5
Booderee (Comm. Territory)	52 E2
Boonoo Boonoo	45 G2
Booti Booti	49 K3
Border Ranges	45 H1
Bouddi	49 H5
Bournda	52 D5
Budderoo	52 E2
Bundjalung	45 J3
Carrai	45 G5
Cathedral Rock	45 G5
Cattai	36 D1
Chaelundi	45 G4
Cocoparra	47 J6
Conimbla	48 C5
Coolah Tops	49 F2
Cottan–Bimbang	49 J1
Crowdy Bay	49 K2
Culgoa	43 H2
Deua	52 D4
Dharug	49 G4
Eurobodalla	52 D4
Gibraltar Range	45 G3
Goobang	48 C3
Goulburn River	49 F3
Gundabooka	43 F4
Guy Fawkes River	45 G4
Hat Head	45 H5
Heathcote	38 E6
Kanangra–Boyd	49 F5
Kinchega	46 C3
Kings Plains	45 F3
Koreelah	45 G1
Kosciuszko	52 B3
Ku-ring-gai Chase	37 H2
Kwiambal	44 E2
Lane Cove	37 G5
Marramarra	37 F1
Mebbin	45 H1
Meroo	52 E3
Mimosa Rocks	52 D5
Morton	52 D2
Mount Kaputar	44 D4
Mount Royal	49 H3
Mummel Gulf	45 F6
Mungo	46 E5
Murramarang	52 E3
Mutawintji	42 A6
Myall Lakes	49 J3
Nangar	48 D4
New England	45 G5
Nymboi–Binderay	45 H4
Nymboida	45 G3
Oxley Wild Rivers	45 F5
Richmond Range	45 H2
Royal	39 F6
South East Forest	52 C6
Sturt	41 C2
Tapin Tops	49 J2
Timallallie	(not on map)
Toonumbar	45 H1
Towarri	49 G2
Turon	49 F4
Wadbilliga	52 C4
Wallingat	49 J3
Warrabah	44 E5
Warrumbungle	44 B6
Washpool	45 G3
Watagans	49 H4
Weddin Mountains	48 C5
Werrikimbe	45 G6
Willandra	47 G4
Woko	49 H2
Wollemi	49 F4
Yarrigan	(not on map)
Yengo	49 G4
Yuraygir	45 J4

Remarkable Rocks, Flinders Chase National Park, Kangaroo Island, South Australia

SYMBOLS

- Barbecue
- Picnic area
- Toilets
- Vehicle-based camping
- Fishing
- Swimming
- Walking trails
- Disabled access
- Information
- Camping fee

These symbols are used for Australian National Parks chart only

VICTORIA
www.parkweb.vic.gov.au
Ph: 13 1963

Park	Map Ref	BBQ	Picnic	Toilets	Camping	Fishing	Swimming	Walking	Disabled	Info	Fee
Alpine	77 G5		⌇	♿	⛺		🏊	🚶	♿	ℹ	
Baw Baw	80 E2		⌇	♿	⛺		🏊	🚶		ℹ	
Brisbane Ranges	79 J2		⌇	♿	⛺			🚶		ℹ	$
Burrowa–Pine Mountain	77 H2		⌇	♿	⛺					ℹ	
Chiltern–Mt Pilot	77 F2		⌇	♿		🎣		🚶			
Cobboboonee	78 C3		⌇					🚶	♿	ℹ	
Coopracambra	82 C3				⛺						
Croajingolong	82 C4		⌇	♿	⛺	🎣	🏊	🚶	♿	ℹ	$
Errinundra	82 A3			♿	⛺						
French Island	71 K4			♿				🚶		ℹ	$
Grampians	74 E6		⌇	♿	⛺			🚶	♿	ℹ	$
Great Otway	79 C4		⌇	♿	⛺		🏊	🚶	♿	ℹ	$
Greater Bendigo	75 J4		⌇	♿				🚶		ℹ	$
Hattah–Kulkyne	72 E3		⌇	♿	⛺		🏊	🚶		ℹ	$
Heathcote–Graytown	76 A4		⌇	♿							
Kinglake	80 B1			♿				🚶	♿	ℹ	$
Lake Eildon	76 D5	🔥	⌇	♿	⛺		🏊	🚶		ℹ	$
Little Desert	74 B4		⌇	♿	⛺			🚶		ℹ	$
Lower Glenelg	78 B3		⌇	♿	⛺			🚶		ℹ	$
Mitchell River	81 G2			♿	⛺			🚶			
Mount Buffalo	77 F4		⌇	♿	⛺			🚶		ℹ	
Mount Eccles	78 D3		⌇	♿	⛺			🚶		ℹ	$
Murray–Sunset	72 B4			♿							
St Arnaud Range	75 G4		⌇	♿	⛺				♿	ℹ	
Snowy River	77 K5		⌇	♿	⛺	🎣	🏊	🚶			$
Terrick Terrick	75 J2		⌇	♿	⛺			🚶		ℹ	
The Lakes	81 H3		⌇	♿	⛺	🎣	🏊	🚶			$
Wilsons Promontory	80 E5	🔥	⌇	♿	⛺	🎣	🏊	🚶	♿	ℹ	$
Wyperfeld	72 C6		⌇	♿	⛺			🚶	♿	ℹ	$

QUEENSLAND
www.derm.qld.gov.au
Ph: 1300 130 372

Park	Map Ref	BBQ	Picnic	Toilets	Camping	Fishing	Swimming	Walking	Disabled	Info	Fee
Auburn River	109 H2	🔥	⌇	♿	⛺		🏊	🚶	♿	ℹ	$
Barnard Island Group	(not on map)		⌇								$
Barron Gorge	(not on map)	🔥		♿	⛺			🚶			$
Blackdown Tableland	105 F5			♿	⛺			🚶			$
Bladensburg	103 G4		⌇		⛺						$
Boodjamulla (Lawn Hill)	100 A5		⌇	♿	⛺						$
Bowling Green Bay	104 D1	🔥	⌇	♿	⛺		🏊	🚶	♿	ℹ	$
Bribie Island	95 H1		⌇	♿	⛺		🏊				$
Bulburin	(not on map)		⌇								
Bunya Mountains	109 H3	🔥	⌇	♿	⛺			🚶	♿	ℹ	$
Burrum Coast	109 J2		⌇	♿	⛺		🏊	🚶		ℹ	$
Byfield	105 G4			♿	⛺		🏊				$
Camooweal Caves	102 B1		⌇	♿	⛺					ℹ	$
Cania Gorge	105 H6	🔥	⌇	♿	⛺		🏊	🚶	♿	ℹ	$
Cape Hillsborough	(not on map)		⌇	♿	⛺			🚶		ℹ	$
Cape Melville	99 D6			♿	⛺			🚶			$
Cape Palmerston	105 F3		⌇		⛺						$
Cape Upstart	104 D1				⛺		🏊				$
Capricornia Cays	105 J5			♿				🚶			$
Carnarvon	108 D1	🔥	⌇	♿	⛺		🏊	🚶	♿	ℹ	$
Cedar Bay (Mangkal-Mangkalba)	101 J2			♿	⛺						
Conway	104 E2		⌇	♿				🚶			$
Crows Nest	109 J4		⌇	♿	⛺			🚶			$
Culgoa Floodplain	108 C5			♿							
Currawinya	107 H5		⌇	♿	⛺		🏊	🚶			$
Curtis Island	105 H5				⛺						$
D'Aguilar	(not on map)							🚶			$
Daintree – Cape Tribulation	101 H2			♿	⛺					ℹ	$
Dalrymple	101 J6				⛺						$
Davies Creek	(not on map)		⌇	♿	⛺		🏊				$
Deepwater	105 J6		⌇	♿	⛺		🏊				$
Diamantina	102 E5			♿	⛺						$
Dinden	(not on map)			♿			🏊				$
Dryander	104 E1		⌇	♿	⛺		🏊				$
Eungella	104 E2			♿	⛺			🚶		ℹ	$
Eurimbula	105 H5		⌇	♿	⛺						$
Expedition	109 F2			♿	⛺			🚶		ℹ	$
Family Islands	(not on map)	🔥	⌇	♿	⛺		🏊	🚶	♿		$
Flinders Group	99 D5		⌇	♿	⛺	🎣					$
Forest Den	104 B3			♿				🚶			$
Frankland Group	(not on map)		⌇	♿	⛺		🏊	🚶			$
Girraween	109 H6		⌇	♿	⛺			🚶	♿	ℹ	$
Girringun	104 J4	🔥	⌇	♿	⛺		🏊	🚶	♿	ℹ	$
Gloucester Island	104 E1			♿				🚶			$
Goold Island	101 J4	🔥		♿	⛺		🏊				$
Great Sandy (Cooloola)	109 K3		⌇	♿	⛺		🏊	🚶		ℹ	$
Great Sandy (Fraser Island)	109 K2		⌇	♿	⛺	🎣	🏊	🚶		ℹ	$
Hinchinbrook Island	101 J4		⌇	♿	⛺		🏊	🚶			$
Hope Islands	(not on map)		⌇								$
Idalia	107 J1			♿	⛺			🚶			$
Iron Range	99 C4			♿	⛺		🏊				$
Isla Gorge	109 F2		⌇	♿	⛺					ℹ	$
Jardine River	99 B2			♿	⛺						$
Keppel Bay Islands	105 H4		⌇	♿	⛺		🏊				$
Kroombit Tops	105 G6			♿	⛺			🚶			$
Lakefield	101 G1	🔥	⌇	♿	⛺	🎣					$
Lamington	109 J5	🔥	⌇	♿	⛺			🚶		ℹ	$
Lindeman Islands	105 F2						🏊				$
Lizard Island	99 E6	🔥	⌇	♿		🎣	🏊	🚶			$

AUSTRALIA'S NATIONAL PARKS

Park	Map Ref
Lochern	103 G5
Main Range	109 J5
Mariala	107 J3
Molle Islands	(not on map)
Moogerah Peaks	(not on map)
Moorrinya	104 A3
Moreton Island	109 K4
Mount Barney	109 J5
Mount Walsh	109 H2
Mungkan Kandju	99 B5
Newry Islands	(not on map)
Nuga Nuga	(not on map)
Orpheus Island	101 K5
Paluma Range	101 J5
Porcupine Gorge	104 A2
Repulse Islands	(not on map)
Rundle Range	(not on map)
Russell River	101 J3
Simpson Desert	106 B1
Snapper Island	(not on map)
Springbrook	109 K5
Sundown	109 H5
Thrushton	108 D4
Tully Gorge	101 J4
Turtle Group	101 J1
Undara Volcanic	101 H4
Welford	107 G2
White Mountains	104 A2
Whitsunday Islands	105 F1
Wooroonooran	101 J3

SOUTH AUSTRALIA
www.environment.sa.gov.au/parks
Ph: (08) 8204 1910

Park	Map Ref
Belair	120 E2
Canunda	131 H6
Coffin Bay	130 B1
Coorong	131 G3
Flinders Chase	130 D3
Flinders Ranges	129 F3
Gawler Ranges	128 B4
Innes	130 D2
Lake Eyre	124 D4
Lincoln	130 B2
Mount Remarkable	128 E5
Murray River	131 H1
Naracoorte Caves	131 J5
Nullarbor	126 C3
Vulkathunha–Gammon Ranges	129 G1
Witjira	124 B1

WESTERN AUSTRALIA
www.dec.wa.gov.au
Ph: (08) 6467 5000

Park	Map Ref
Avon Valley	148 C1
Cape Arid	150 D5
Cape Le Grand	150 C5
Cape Range	144 A4
D'Entrecasteaux	148 B6
Fitzgerald River	150 A5
Francois Peron	146 A1
Goldfields Woodlands	147 H6
Goongarrie	150 C2
Karijini	144 E4
Karlamilyi	145 J4
Kennedy Range	144 B6
Leeuwin–Naturaliste	148 A5
Millstream–Chichester	144 E3
Mitchell River	143 F2
Peak Charles	150 B4
Purnululu	143 J4
Shannon	148 C6
Stirling Range	148 E5
Stokes	150 B5
Walpole–Nornalup	148 B6
Walyunga	(not on map)
Warren	148 B5
Waychinicup	149 F6
Wellington	148 C4
West Cape Howe	148 E6
Windjana Gorge	143 F4
Wolfe Creek Crater	143 H6
Yalgorup	148 B3

NORTHERN TERRITORY
www.nt.gov.au/nreta/parks
Ph: (08) 8999 5511

Park	Map Ref
Barranyi (North Island)	169 J2
Davenport Range	172 A3
Elsey	165 G6
Finke Gorge	174 C3
Garig Gunak Barlu	164 E1
Gregory	167 C2
Kakadu	165 F3
Keep River	167 A2
Limmen	165 J6
Litchfield	164 D4
Mary River	164 E2
Nitmiluk (Katherine Gorge)	165 F5
Uluru–Kata Tjuta	173 D4
Watarrka	174 B3
West MacDonnell	174 C2

TASMANIA
www.parks.tas.gov.au
Ph: 1300 135 513

Park	Map Ref
Ben Lomond	187 G4
Cradle Mountain–Lake St Clair	186 A5
Douglas–Apsley	187 J4
Franklin–Gordon Wild Rivers	189 D3
Freycinet	187 J6
Hartz Mountains	190 D5
Maria Island	191 J2
Mount Field	190 D2
Mount William	181 J1
Narawntapu	186 D2
South Bruny	191 F6
Southwest	190 B4
Strzelecki	188 D3
Tasman	191 H4

Australian intercity distance chart

Approximate Distance	Adelaide SA	Albany WA	Albury NSW	Alice Springs NT	Ayers Rock/Yulara NT	Bairnsdale VIC	Ballarat VIC	Bathurst NSW	Bega NSW	Bendigo VIC	Bordertown SA	Bourke NSW	Brisbane QLD	Broken Hill NSW	Broome WA	Bunbury WA	Cairns QLD	Canberra ACT	Carnarvon WA	Ceduna SA	Charleville QLD	Coober Pedy SA	Darwin NT	Dubbo NSW	Esperance WA	Eucla WA	Geraldton WA	Grafton NSW
Albury NSW	950	3424		2458	2502	310	372	443	426	297	665	847	1387	866	4905	3637	2650	346	4338	1551	918	1619	3662	531	2950	2038	3865	1162
Bairnsdale VIC	1015	3648	310	2532	2574		395	724	326	432	739	1157	1687	1120	5215	3861	2960	450	4562	1775	1611	1843	3972	841	3174	2262	4089	1334
Ballarat VIC	615	3253	372	2137	2181	395		815	721	121	344	995	1737	753	5436	3466	2830	718	4167	1380	1449	1448	3629	882	2779	1867	3694	1522
Bathurst NSW	1195	3664	443	2548	2592	724	815		468	740	1093	574	1142	958	5015	3877	2325	274	4578	1791	1028	1859	3772	206	3190	2278	4105	735
Bega NSW	1339	3810	426	2694	2738	326	721	468		758	1065	965	1366	1292	5406	4023	2723	222	4724	1937	1419	2005	4163	604	3336	2424	4251	1034
Bendigo VIC	645	3251	297	2135	2179	432	121	740	758		368	874	1615	697	4851	3464	2795	643	4165	1378	1328	1446	3627	761	2777	1865	3692	1401
Bourke NSW	1121	3366	847	2250	2294	1157	995	574	965	874	1242		920	615	4441	3601	1835	743	4246	1493	454	1561	3204	365	2892	1986	3770	808
Brisbane QLD	2037	4287	1387	2994	3215	1687	1737	1142	1366	1615	1922	920		1535	4664	4521	1701	1233	5165	2413	749	2483	3416	851	3817	2905	4690	327
Broken Hill NSW	506	2751	866	1635	1679	1120	753	958	1292	697	781	615	1535		4351	2964	2633	1080	3665	878	1069	946	3127	752	2277	1365	3192	1399
Cairns QLD	3139	5384	2650	2407	2852	2960	2830	2325	2723	2795	3160	1835	1701	2633	4077	5619		2435	5429	3328	1381	3092	2831	2119	4911	4004	5642	2048
Canberra ACT	1183	3634	346	2518	2562	450	718	274	222	643	1011	743	1233	1080	5184	3847	2435		4548	1761	1197	1829	3941	382	3160	2248	4075	884
Carnarvon WA	3521	1302	4338	4128	4516	4562	4167	4578	4724	4165	3823	4246	5165	3665	1461	1080	5429	4548		2787	4734	3783	3268	4417	1600	2255	476	4993
Ceduna SA	769	1873	1551	1685	1729	1775	1380	1791	1937	1378	1036	1493	2413	878	3569	2105	3328	1761	2787		1947	996	3177	1630	1399	492	2314	2206
Charleville QLD	1574	3820	918	2332	2748	1611	1449	1028	1419	1328	1779	454	749	1069	3987	4033	1381	1197	4734	1947		2015	2751	822	3346	2434	4261	997
Coober Pedy SA	837	2869	1619	685	733	1843	1448	1859	2005	1446	1104	1561	2483	946	3413	3106	3092	1829	3783	996	2015		2168	1698	2395	1483	3310	2274
Darwin NT	3005	4393	3662	1482	1928	3972	3629	3772	4163	3627	3285	3204	3416	3127	1870	4210	2831	3941	3268	3177	2751	2168		3566	4377	3658	3734	3662
Dubbo NSW	1185	3503	531	2387	2431	841	882	206	604	761	1085	365	851	752	4809	3716	2119	382	4417	1630	822	1698	3566		3029	2117	3944	640
Esperance WA	2168	474	2950	3084	3128	3174	2779	3190	3336	2777	2435	2892	3817	2277	2948	803	4911	3160	1600	1399	3346	2395	4377	3029		912	1319	3605
Eucla WA	1261	1379	2038	2176	2222	2262	1867	2278	2424	1865	1523	1986	2905	1365	3082	1613	4004	2248	2255	492	2434	1483	3658	2117	912		1784	2693
Geraldton WA	3045	825	3865	3999	4043	4089	3694	4105	4251	3692	3350	3770	4690	3192	1934	607	5642	4075	476	2314	4261	3310	3734	3944	1319	1784		4520
Grafton NSW	1833	4079	1162	2963	3007	1334	1522	735	1034	1401	1725	808	327	1399	4901	4292	2048	884	4993	2206	997	2274	3662	640	3605	2693	4520	
Horsham VIC	431	3066	508	1950	1994	582	187	951	908	211	157	1088	1829	609	4666	3279	3006	854	3980	1193	1539	1261	3442	972	2592	1680	3507	1612
Kalgoorlie/Boulder WA	2158	860	2935	3069	3113	3159	2764	3175	3321	2762	2420	2883	3802	2262	2185	764	4901	3145	1161	1389	3331	2380	3987	3014	389	897	988	3590
Katherine NT	2693	4081	3353	1170	1615	3663	3884	3463	3854	3318	2976	2889	3107	2818	1558	3898	2519	3632	2945	2868	2435	1872	312	3257	3998	3346	3418	3349
Kununurra WA	3207	3567	3865	1695	2137	4175	4396	3975	4366	3830	3488	3401	3619	3330	1044	3384	3033	4144	2433	3380	2947	2384	826	3769	3486	3860	2906	3861
Longreach QLD	2089	4334	1432	1818	2260	1671	1963	1542	1933	1842	2293	968	1182	1583	3473	4547	1053	1711	4954	2461	514	2507	2236	1336	3860	2948	4775	1428
Mackay QLD	2570	4712	2009	2396	2838	2319	2341	1684	2082	2220	2588	1346	974	2064	4051	4925	729	1860	5532	2839	892	2907	2875	1478	4238	3326	5153	1319
Meekatharra WA	2872	1123	3654	3788	3832	3837	3483	3894	4040	3481	3139	3596	4521	2981	1466	940	5344	3864	1014	2108	4050	3099	3270	3733	1108	1616	540	4309
Melbourne VIC	733	3375	332	2256	2301	283	114	777	609	157	460	984	1690	861	4985	3609	2896	674	4254	1502	1650	1571	3741	832	2901	1994	3778	1477
Mildura VIC	390	2849	571	1733	1777	821	454	811	957	398	374	877	1660	299	4449	3062	2749	781	3763	97z6	1368	1044	3225	803	2375	1463	3290	1443
Moree NSW	1560	3812	904	2696	2740	1214	1255	579	977	1134	1458	445	475	1061	4616	4025	1790	755	4726	1939	629	2007	3422	373	3338	2426	4253	368
Mt Gambier SA	435	3077	677	1961	2005	695	305	1120	1026	426	183	1300	2033	870	4677	3290	3135	1023	3991	1204	1754	1272	3453	1187	2603	1691	3518	1827
Mount Isa QLD	2694	4726	2074	1171	1616	2313	2605	2184	2575	2484	2852	1610	1823	2225	2841	4947	1236	2353	4239	2855	1156	1856	1595	1974	4279	3348	4697	2067
Newcastle NSW	1542	3884	693	2768	2812	865	1065	326	570	990	1358	749	818	1133	5099	4097	2339	415	4798	2011	1121	2079	3856	381	3410	2498	4325	479
Perth WA	2697	400	3480	3612	3659	3712	3312	3749	3830	3335	2970	3422	4342	2807	2229	1179	5440	3736	903	1928	3875	2925	4031	3559	709	1433	428	4206
Port Augusta SA	305	2337	1087	1221	1265	1319	916	1356	1473	942	577	1029	1949	414	3413	2572	3047	1343	3217	464	1483	532	2701	1166	1863	957	2741	1813
Port Hedland WA	3749	1997	4526	3349	3791	4750	4355	4766	4912	4353	4011	4474	5278	3853	614	1812	4691	4736	874	2975	4533	3971	2417	4605	1980	2488	1340	5447
Port Lincoln SA	642	2277	1424	1558	1602	1648	1253	1664	1810	1251	909	1366	2286	751	3973	2509	3201	1634	3191	404	1820	869	3050	1503	1803	896	2714	2079
Renmark SA	247	2724	696	1608	1652	940	573	1714	1082	517	279	1039	1802	442	4324	2937	2874	906	3638	857	1493	919	3100	928	2250	1388	3165	1568
Rockhampton QLD	2340	4505	1676	3389	3433	1986	2027	1351	1749	1906	2230	1139	637	1836	4154	4718	1065	1527	5419	2632	780	2700	2921	1145	4031	3119	4946	986
Sydney NSW	1394	3891	567	2774	2821	744	994	199	423	872	1244	765	944	1150	5216	4127	2395	290	4772	2020	1219	2089	3969	400	3420	2512	4296	618
Tamworth NSW	1528	3774	866	2658	2702	1129	1217	430	813	1096	1420	584	578	1094	4879	3987	2062	704	4688	1901	901	1969	3693	335	3300	2388	4215	305
Tennant Creek NT	2028	4060	2736	505	956	2975	2651	2846	3237	2649	2307	2272	2490	2149	2221	4295	1902	3015	3614	2199	1818	1203	978	2640	3598	2681	4087	2732
Toowoomba QLD	1910	4158	1250	2867	3086	1560	1601	925	1314	1480	1786	791	125	1407	4534	4371	1655	1205	5072	2285	622	2353	3291	719	3684	2772	4599	371
Townsville QLD	2797	4854	2303	2067	2509	2613	2483	1978	2420	2362	2813	1488	1360	2291	3722	5067	343	2088	5203	2981	1034	3049	2489	1772	4380	3468	5295	1701
Wagga Wagga NSW	937	3417	125	2301	2345	462	554	318	402	432	804	722	1260	860	5017	3630	2525	244	4331	1544	1176	1612	3793	409	2943	2031	3858	1046
Warrnambool VIC	642	3259	544	2143	2187	513	171	986	839	292	365	1162	1908	850	4859	3472	3001	889	4173	1386	1621	922	3635	1053	2785	1873	3700	1693
West Wyalong NSW	927	3400	278	2284	2328	588	626	264	501	505	829	572	1110	846	5000	3613	2375	271	4314	1527	1026	1595	3776	259	2926	2014	3841	896

AUSTRALIAN INTERCITY DISTANCE CHART

Approximate Distance

	Horsham VIC	Kalgoorlie/Boulder WA	Katherine NT	Kununurra WA	Longreach QLD	Mackay QLD	Meekatharra WA	Melbourne VIC	Mildura VIC	Moree NSW	Mt Gambier SA	Mount Isa QLD	Newcastle NSW	Perth WA	Port Augusta SA	Port Hedland WA	Port Lincoln SA	Renmark SA	Rockhampton QLD	Sydney NSW	Tamworth NSW	Tennant Creek NT	Toowoomba QLD	Townsville QLD	Wagga Wagga NSW	Warrnambool VIC	West Wyalong NSW
Albury NSW	508	2935	3353	3865	1432	2009	3654	332	571	904	677	2074	693	3480	1087	4526	1424	696	1676	567	866	2736	1250	2303	125	544	278
Bairnsdale VIC	582	3159	3663	4175	1671	2319	3837	283	821	1214	695	2313	865	3712	1319	4750	1648	940	1986	744	1129	2975	1560	2613	462	513	588
Ballarat VIC	187	2764	3884	4396	1963	2341	3483	114	454	1255	305	2605	1065	3312	916	4355	1253	573	2027	994	1217	2651	1601	2483	554	171	626
Bathurst NSW	951	3175	3463	3975	1542	1684	3894	777	811	579	1120	2184	326	3749	1356	4766	1664	1714	1351	199	430	2846	925	1978	318	986	264
Bega NSW	908	3321	3854	4366	1933	2082	4040	609	957	977	1026	2575	570	3830	1473	4912	1810	1082	1749	423	813	3237	1314	2420	402	839	501
Bendigo VIC	211	2762	3318	3830	1842	2220	3481	157	398	1134	426	2484	990	3335	942	4353	1251	517	1906	872	1096	2649	1480	2362	432	292	505
Bourke NSW	1088	2883	2889	3401	968	1346	3596	984	877	445	1300	1610	749	3422	1029	4474	1366	1039	1139	765	584	2272	791	1488	722	1162	572
Brisbane QLD	1829	3802	3107	3619	1182	974	4521	1690	1660	475	2033	1823	818	4342	1949	5278	2286	1802	637	944	578	2490	125	1360	1260	1908	1110
Broken Hill NSW	609	2262	2818	3330	1583	2064	2981	861	299	1061	870	2225	1133	2807	414	3853	751	442	1836	1150	1094	2149	1407	2291	860	850	846
Cairns QLD	3006	4901	2519	3033	1053	729	5344	2896	2749	1790	3135	1236	2339	5440	3047	4691	3201	2874	1065	2395	2062	1902	1655	343	2525	3001	2375
Canberra ACT	854	3145	3632	4144	1711	1860	3864	674	781	755	1023	2353	415	3736	1343	4736	1634	906	1527	290	704	3015	1205	2088	244	889	271
Carnarvon WA	3980	1161	2945	2433	4954	5532	1014	4254	3763	4726	3991	4239	4798	903	3217	874	3191	3638	5419	4772	4688	3614	5072	5203	4331	4173	4314
Ceduna SA	1193	1389	2868	3380	2461	2839	2108	1502	976	1939	1204	2855	2011	1928	464	2975	404	857	2632	2020	1901	2199	2285	2981	1544	1386	1527
Charleville QLD	1539	3331	2435	2947	514	892	4050	1650	1368	629	1754	1156	1121	3875	1483	4533	1820	1493	780	1219	901	1818	622	1034	1176	1621	1026
Coober Pedy SA	1261	2380	1872	2384	2507	2907	3099	1571	1044	2007	1272	1856	2079	2925	532	3971	869	919	2700	2089	1969	1203	2353	3049	1612	922	1595
Darwin NT	3442	3987	312	826	2236	2875	3270	3741	3225	3422	3453	1595	3856	4031	2701	2417	3050	3100	2921	3969	3693	978	3291	2489	3793	3635	3776
Dubbo NSW	972	3014	3257	3769	1336	1478	3733	832	803	373	1187	1974	381	3559	1166	4605	1503	928	1145	400	335	2640	719	1772	409	1053	259
Esperance WA	2592	389	3998	3486	3860	4238	1108	2901	2375	3338	2603	4279	3410	709	1863	1980	1803	2250	4031	3420	3300	3598	3684	4380	2943	2785	2926
Eucla WA	1680	897	3346	3860	2948	3326	1616	1994	1463	2426	1691	3348	2498	1433	957	2488	896	1388	3119	2512	2388	2681	2772	3468	2031	1873	2014
Geraldton WA	3507	988	3418	2906	4775	5153	540	3778	3290	4253	3518	4697	4325	428	2741	1340	2714	3165	4946	4296	4215	4087	4599	5295	3858	3700	3841
Grafton NSW	1612	3590	3349	3861	1428	1319	4309	1477	1443	368	1827	2067	479	4206	1813	5447	2079	1568	986	618	305	2732	371	1701	1046	1693	896
Horsham VIC		2577	3133	3645	2053	2431	3296	299	314	1345	261	2695	1201	3128	735	4168	1066	429	2117	1086	1307	2464	1691	2573	646	241	580
Kalgoorlie/Boulder WA	2577		3669	3157	3845	4223	719	2891	2360	3323	2588	4264	3395	598	1854	1591	1793	2235	4016	3409	3285	3583	3669	4365	2928	2770	2911
Katherine NT	3133	3669		512	1921	2499	2958	3426	2916	3064	3144	1283	3547	3719	2389	2098	2741	2791	2602	3657	3327	665	2982	2170	3484	3326	3467
Kununurra WA	3645	3157	512		2433	3011	2444	4252	3428	3576	3656	1797	4059	3205	2903	1586	3253	3303	3114	4171	3839	1181	3494	2682	3996	3838	3979
Longreach QLD	2053	3845	1921	2433		793	4564	2165	1845	1143	2268	642	1626	4390	1997	4068	2334	2007	685	1733	1406	1304	1055	706	1690	2134	1540
Mackay QLD	2431	4223	2499	3011	793		4942	2321	2223	1105	2624	1280	1764	4871	2478	4646	2712	2385	337	1723	1377	1882	973	386	1884	2512	1734
Meekatharra WA	3296	719	2958	2444	4564	4942		3605	3079	4042	3307	4241	4114	761	2568	872	2513	2954	4735	4123	4004	3617	4288	5094	3647	3489	3630
Melbourne VIC	299	2891	3426	4252	2165	2321	3605		561	1212	426	2806	1043	3430	1037	4482	1375	703	1984	895	1174	2763	1563	2538	459	261	573
Mildura VIC	314	2360	2916	3428	1845	2223	3079	561		1176	571	2524	1137	2931	538	3951	849	125	1948	1017	1138	2247	1522	2365	560	551	550
Moree NSW	1345	3323	3064	3576	1143	1105	4042	1212	1176		1560	1827	492	3867	1475	4914	1812	1301	772	610	272	2447	348	1443	779	1426	629
Mt Gambier SA	261	2588	3144	3656	2268	2624	3307	426	571	1560		2910	1370	3133	740	4179	1077	462	2332	1290	1522	2475	1906	2788	850	206	795
Mount Isa QLD	2695	4264	1283	1797	642	1280	4241	2806	2524	1827	2910		2356	4781	2390	3455	2734	2649	1323	2375	2098	666	1696	894	2332	2776	2182
Newcastle NSW	1201	3395	3547	4059	1626	1764	4114	1043	1137	492	1370	2356		4096	1703	4986	1884	1262	1264	148	277	2930	789	1992	591	1236	590
Perth WA	3128	598	3719	3205	4390	4871	761	3430	2931	3867	3133	4781	4096		2393	1635	2330	2789	4643	3948	3901	4116	4215	5098	3491	3339	3481
Port Augusta SA	735	1854	2389	2903	1997	2478	2568	1037	538	1475	740	2390	1703	2393		3445	337	396	2250	1555	1508	1724	1821	2705	1098	946	1098
Port Hedland WA	4168	1591	2098	1586	4068	4646	872	4482	3951	4914	4179	3455	4986	1635	3445		3776	3826	5607	5000	4876	2767	5080	4317	4519	4361	4502
Port Lincoln SA	1066	1793	2741	3253	2334	2712	2513	1375	849	1812	1077	2734	1884	2330	337	3776		724	2505	1894	1774	2072	2158	2854	1417	1259	1400
Renmark SA	429	2235	2791	3303	2007	2385	2954	703	125	1301	462	2649	1262	2789	396	3826	724		2073	1159	1263	2122	1647	2527	702	676	672
Rockhampton QLD	2117	4016	2602	3114	685	337	4735	1984	1948	772	2332	1323	1264	4643	2250	5607	2505	2073		1386	1044	1985	640	723	1554	2198	1401
Sydney NSW	1086	3409	3657	4171	1733	1723	4123	895	1017	610	1290	2375	148	3948	1555	5000	1894	1159	1386		395	3040	901	2053	466	1142	465
Tamworth NSW	1307	3285	3327	3839	1406	1377	4004	1174	1138	272	1522	2098	277	3901	1508	4876	1774	1263	1044	395		2710	506	1715	741	1388	591
Tennant Creek NT	2464	3583	665	1181	1304	1882	3617	2763	2247	2447	2475	666	2930	4116	1724	2767	2072	2122	1985	3040	2710		2362	1553	2815	2657	2798
Toowoomba QLD	1691	3669	2982	3494	1055	973	4288	1563	1522	348	1906	1696	789	4215	1821	5080	2158	1647	640	901	506	2362		1312	1125	1772	975
Townsville QLD	2573	4365	2170	2682	706	386	5094	2538	2365	1443	2788	894	1992	5098	2705	4317	2854	2527	723	2053	1715	1553	1312		2178	2654	2028
Wagga Wagga NSW	646	2928	3484	3996	1690	1884	3647	459	560	779	850	2332	591	3491	1098	4519	1417	702	1554	466	741	2815	1125	2178		702	150
Warrnambool VIC	241	2770	3326	3838	2134	2512	3489	261	551	1426	206	2776	1236	3339	946	4361	1259	676	2198	1142	1388	2657	1772	2654	702		661
West Wyalong NSW	580	2911	3467	3979	1540	1734	3630	573	550	629	795	2182	590	3481	1098	4502	1400	672	1401	465	591	2798	975	2028	150	661	

Australian route maps

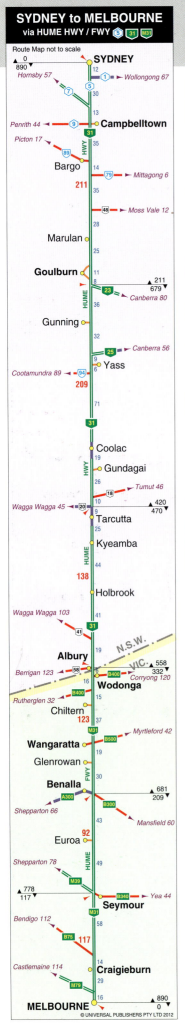

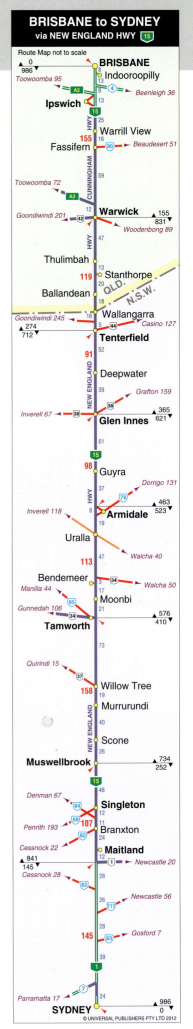

AUSTRALIAN ROUTE MAPS 19

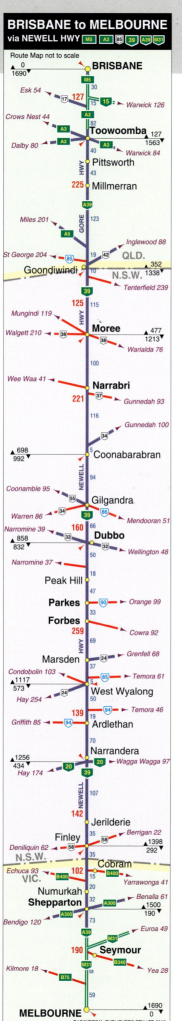

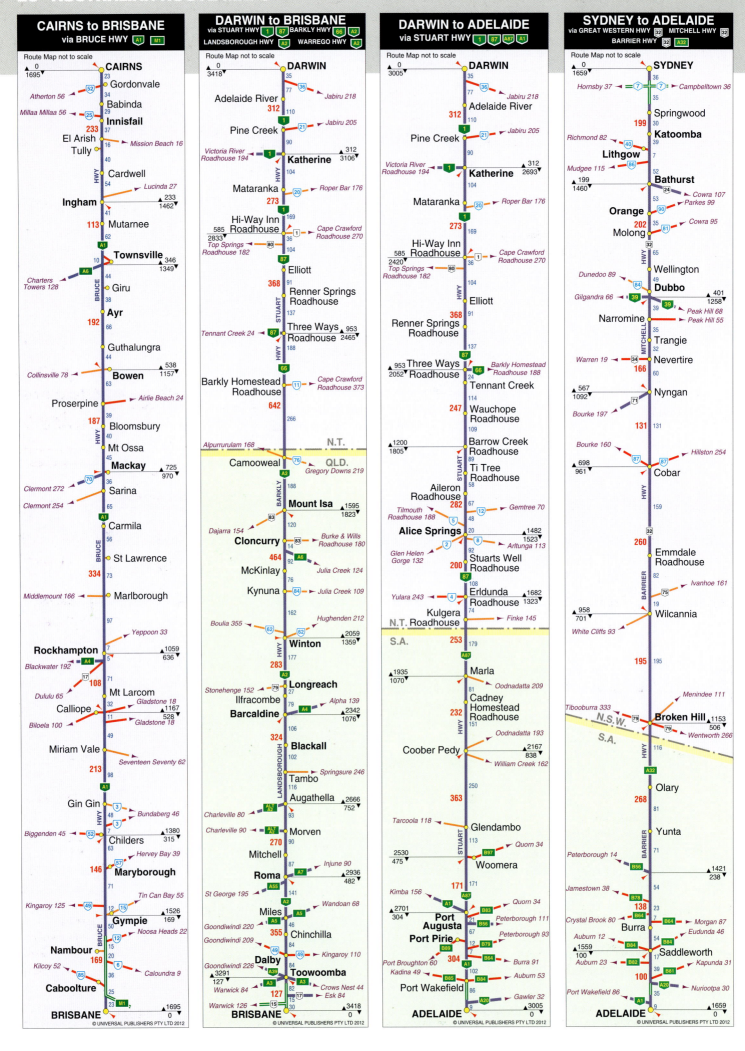

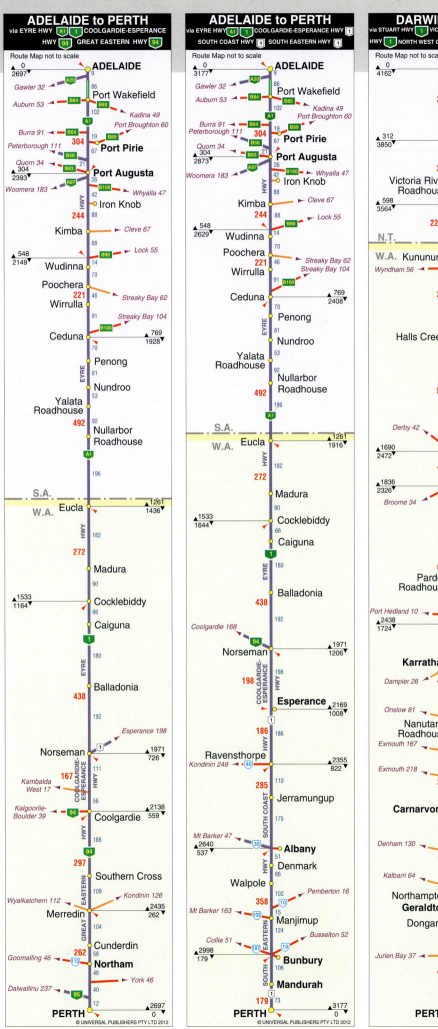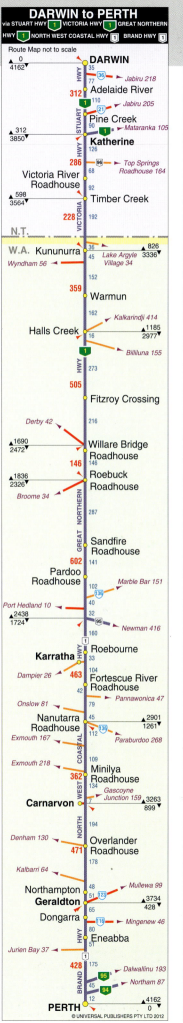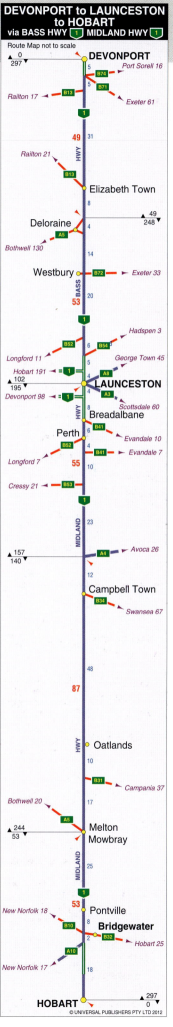

Australian Route Maps 21

Explanation of map symbols

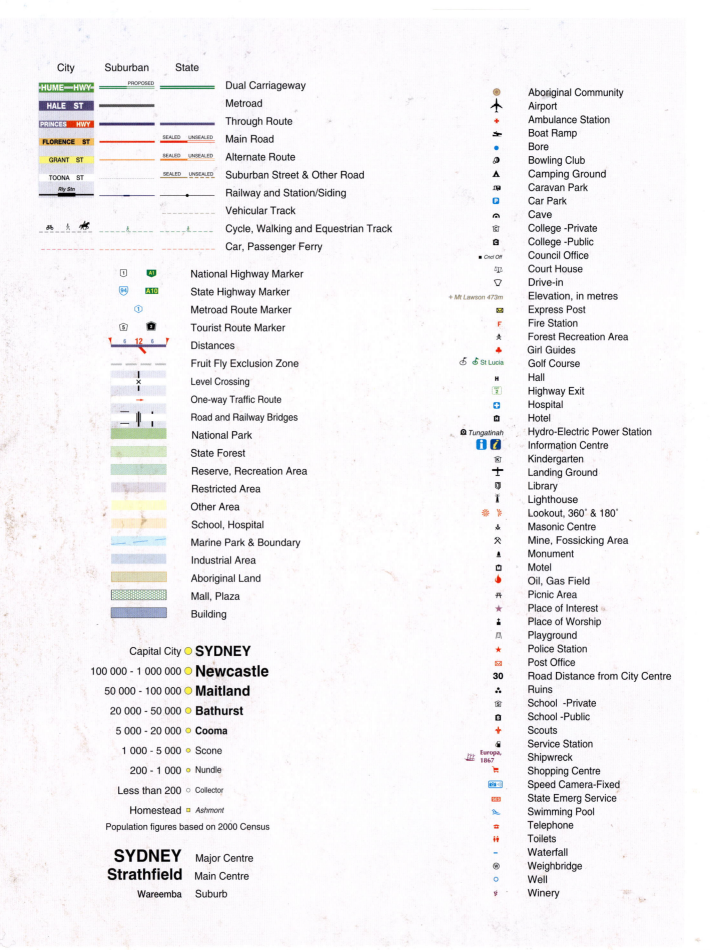

A highway near Uluṟu, Uluṟu–Kata Tjuṯa National Park, Northern Territory

AUSTRALIAN CAPITAL TERRITORY

The Australian Capital Territory encompasses only 0.03 per cent of the entire continent, yet it is the political centre of the nation and is rich with history and fine examples of modern architecture, art and culture.

Located on perhaps some of the best sheep and cattle grazing land in Australia, the Australian Capital Territory is bordered by farmland, bushland and national parks. Particularly in the south-west, Namadgi National Park, with its beautiful environment of mountains, valleys and bush, covers almost half of the Australian Capital Territory.

The Australian Capital Territory itself is completely surrounded by New South Wales and was selected as the site of the national capital in 1909, eight years after Federation. The creation of the Australian Capital Territory was literally a physical compromise to appease bitter interstate rivalry between New South Wales and Victoria, as it lies in the middle of these states' capital cities.

The Australian Capital Territory has more to offer than just an insight into the political workings of the country, although it does this well. It's a place where Australia's history comes face-to-face with architectural modernity and cutting-edge advancements in science and sport. Venture back in time to the dinosaurs at the National Dinosaur Museum, pay your respects to soldiers who fought and died in the wars at the Australian War Memorial, create your own dollar coin at the Royal Australian mint, discover the scientific workings of the universe at the Canberra Space Dome and Observatory or catch a close-up view of the fittest bodies on the continent at the Australian Institute of Sport. See art works from all over the world at the galleries and museums, cycle around or sail on the large, man-made Lake Burley Griffin, visit Australia's only combined zoo and aquarium, stroll through the Australian National Botanic Gardens or rise above it all in a hot air balloon. The Australian Capital Territory has a diverse range of attractions and sights to suit every taste.

Its capital, Canberra, has the distinction of being Australia's only planned modern capital city and the only Australian capital city located inland. Many visitors are attracted by Canberra's impressive national collections or the experience of witnessing federal politics, but the city has much more to offer including cool-climate wineries, top-class restaurants and bars and an annual balloon festival.

Museum of Australian Democracy at Old Parliament House

Places of interest

	MAP REF
Australian Institute of Sport	28 C2
Australian National Botanic Gardens	27 A1
Australian Reptile Centre/Bird Walk	29 C1
Australian War Memorial	27 E2
Black Mountain Tower	28 C2
Calthorpes' House	28 B4
Canberra Deep Space Communication Complex	29 C3
Canberra Space Dome and Observatory	28 D2
Cockington Green Gardens	29 C1
Corin Forest	29 B4
CSIRO Discovery Centre	27 B1
Gold Creek Village/Ginninderra Village	29 C1
High Court of Australia	27 D4
Lake Burley Griffin	27 A3
Lanyon Historic Homestead	29 C3
Molonglo Gorge	29 D2
Mount Ainslie Lookout	28 D2
Mugga-Mugga Cottage	28 D4
Museum of Australian Democracy at Old Parliament House	27 C4
Namadgi National Park	29 B4
National Dinosaur Museum	29 C1
National Film and Sound Archive	27 C2
National Gallery of Australia	27 D4
National Library of Australia	27 C4
National Museum of Australia	27 C3
National Zoo & Aquarium	28 B3
Parliament House	27 C5
Questacon — the National Science & Technology Centre	27 D4
Royal Australian Mint	28 B4
Tidbinbilla Nature Reserve	29 B3

Map reference

AUSTRALIAN CAPITAL TERRITORY
	MAP
Australian Capital Territory	29

CANBERRA
City	27
Suburbs	28

MAIN INFORMATION CENTRE

Canberra and Region Visitor Centre
330 Northbourne Ave
Dickson, ACT 2602
Ph: 1300 554 114
www.visitcanberra.com.au

A winter sunrise at Lake Burley Griffin

Canberra

The area that is now known as Canberra was called the Limestone Plains in 1820 by the first European settlers.

In 1824, Joshua Moore was the first European settler on a property of 2500 hectares beside the Murrumbidgee River.

He named his property 'Canberry', an Aboriginal word meaning 'meeting place', and it is thought that the name Canberra derives from this.

In 1825, wealthy Sydney merchant Robert Campbell took up 10 000 hectares of land, forming the first part of the Duntroon Estate. In 1911, the Commonwealth Government acquired the surrounding land for the new capital city of Canberra. Construction began on the first public buildings in 1913, and the railway between Sydney and Canberra was built in 1914.

Canberra is one of the world's best planned cities. American architect Walter Burley Griffin designed the city, which occupies about 15 per cent of the Australian Capital Territory.

The Molonglo River, a tributary of the Murrumbidgee, was dammed in 1964 to create Lake Burley Griffin, Canberra's shimmering centrepiece. Many of Canberra's most important public buildings are situated close to its 35 kilometre shoreline. Ferries offer day and dinner cruises and the lake is popular for water activities such as swimming, sailing, sailboarding, rowing and fishing. A special time to visit Canberra is during Floriade, the annual spring flower festival celebrated in September/October in Commonwealth Park on the banks of Lake Burley Griffin.

Places of interest

	MAP REF			MAP REF
Anzac Parade	29 E3	Lake Burley Griffin	29 A3
Australian National Botanic Gardens	29 A2	Museum of Australian Democracy at Old Parliament House	29 C4
Australian National University	29 B2		
Australian War Memorial	29 E2	National Carillon	29 E4
Blundell's Cottage	29 E3	National Film and Sound Archive	29 C2
Canberra Theatre Centre	29 D2	National Gallery of Australia	29 D4
Captain Cook Memorial Water Jet	29 C3	National Library of Australia	29 C4
Casino Canberra	29 D2	National Museum of Australia	29 C3
City Hill Lookout	29 C2	National Portrait Gallery	29 D4
Commonwealth Park	29 D3	Parliament House	29 C5
CSIRO Discovery Centre	29 B1	Questacon — the National Science & Technology Centre	29 D4
Gorman House Arts Centre	29 D2		
High Court of Australia	29 D4		

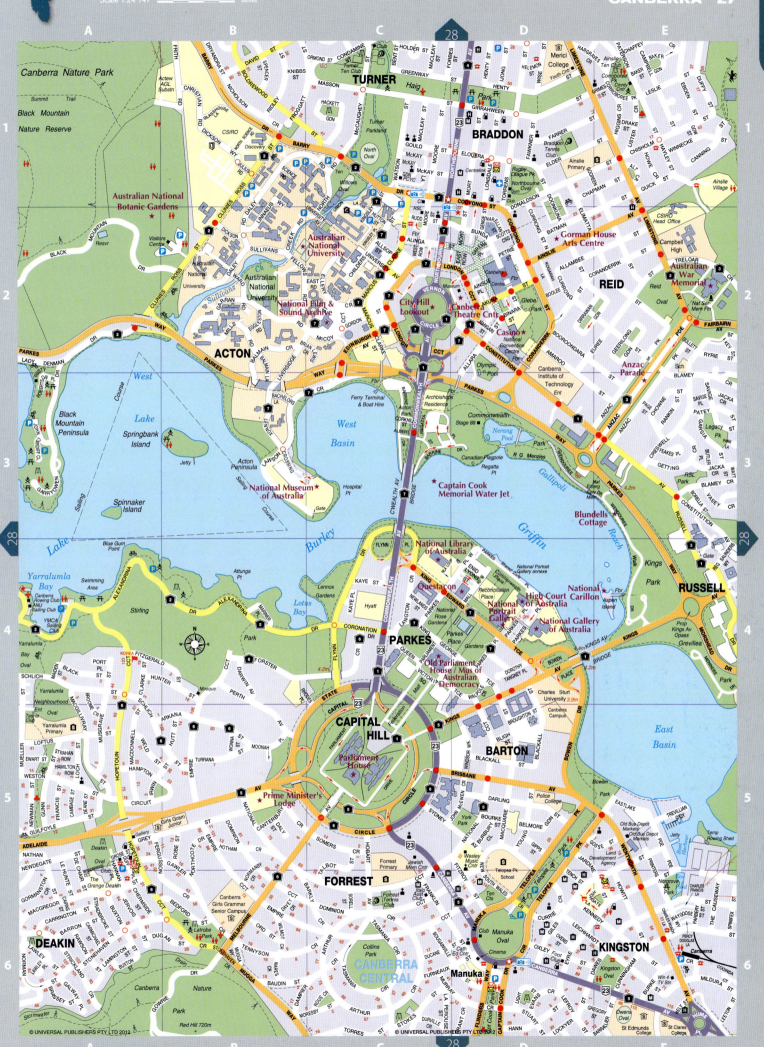

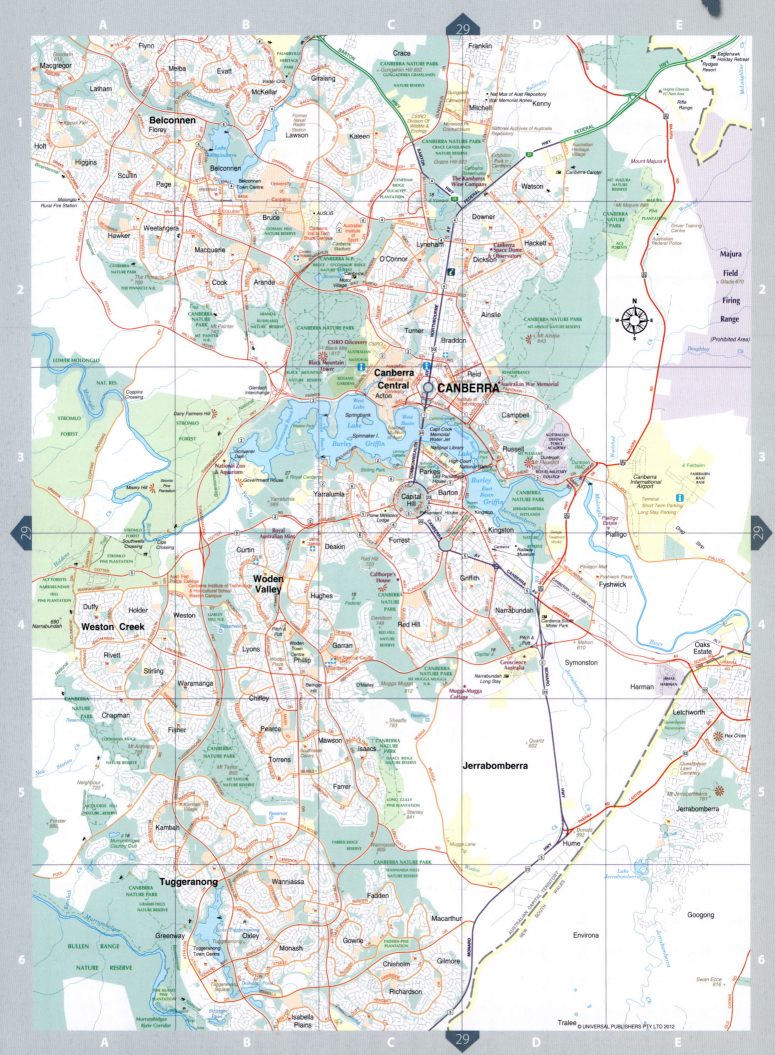

AUSTRALIAN CAPITAL TERRITORY

NEW SOUTH WALES

The oldest state in Australia, New South Wales is a prime example of the diversity of the continent's landscape and climate. From the Snowy Mountains in the south to the beaches of the east coast, there is something for everyone.

Spend a few days skiing in the Snowy Mountains region, close to the Victorian border and where you'll find Mount Kosciuszko, Australia's highest peak; explore the magnificent gorges and waterfalls of the Blue Mountains; take a tour of the Hunter Valley, home to some of the best wineries in Australia; discover hidden rainforests in the state's north-east; fish in some of the country's most secluded spots; sail or cruise the bays of Sydney Harbour; watch whales and dolphins off the coast; visit the country's oldest townships; or just let a saltwater wave wash you ashore onto one of the state's golden beaches.

Located in the south-east of the country, New South Wales is seven times the size of Great Britain and the same size as California. It boasts the largest population of any state or territory in Australia with around 7.2 million people. The climate varies from subtropical temperatures in the north and along parts of the coast, to the dry, desert-like conditions of the far-west, and the snowfalls of the southern alps.

Throughout New South Wales there are many reminders of a rich historical and cultural heritage. Aboriginal middens, rock art and artefacts can be seen in caves and national parks all over the state and are amongst the lasting legacy of the first Australians. Lake Mungo, in Mungo National Park, was the site of the discovery of Mungo Man and Woman: the miraculously preserved remains of two ancient Aboriginal people found in a dune over three decades ago and estimated to be around 40 000 years old.

European settlement, despite its relatively shorter history, has had a profound impact on the land. Initially it was the solution to overcrowded British prisons after the American War of Independence spelt the end of British penal settlements in North America. Later, the discovery of gold saw the beginning of the Australian gold rush era. The relics of penal settlements and goldmining towns, heritage-listed buildings and the present-day built environment are testament to the tremendous changes that have taken place since Captain Arthur Phillip raised the British flag at Sydney Cove in 1788.

Sydney, the state capital, also has the largest population of any city in the country and is widely accepted as the business and financial capital of Australia. Its bright lights and sophistication sit beside the sparkling waters of the largest natural harbour in the world. Since the 2000 Olympics, Sydney has cemented its reputation as a city with a uniquely welcoming and cosmopolitan atmosphere.

Grose Valley wilderness, Blue Mountains National Park

Places of interest

	MAP REF			MAP REF	
Abercrombie Caves	48	E5	Moree Artesian Spa Baths	44	C3
Age of Fishes Museum, Canowindra	48	D5	Mount Warning National Park	45	J1
Australian Reptile Park	49	H5	Mungo National Park	46	E5
Bald Rock National Park	45	G2	Murramarang National Park	52	E3
Barrington Tops National Park	49	H2	Myall Lakes National Park	49	J3
Blue Mountains National Park	49	F4	Port Stephens	49	K3
Bondi Beach	39	J2	The Rocks, Sydney	35	C2
Cape Byron	45	J2	Royal National Park	39	F6
Central Tilba	52	D4	Shear Outback, Hay	47	G6
Cowra Japanese Garden	48	D5	Siding Spring Observatory	48	D1
CSIRO Parkes Radio Telescope	48	C4	Sofala and Hill End	48	E4
Darling Harbour	35	B4	Sydney Harbour Bridge	35	C1
Dorrigo National Park	45	H4	Sydney Opera House	33	D2
Eden Killer Whale Museum	52	D6	Sydney Tower	33	C3
The Great Lakes, Forster	49	K3	Taronga Western Plains Zoo, Dubbo	48	C3
Hunter Valley wineries	49	G3	Taronga Zoo, Sydney	37	J6
The International Cricket Hall of Fame	54		The Three Sisters, Katoomba	49	F5
Jenolan Caves	49	F5	Timbertown, Wauchope	49	K1
Kiama Blowhole	52	E2	Trial Bay Gaol, South West Rocks	45	H5
Kosciuszko National Park	52	B3	Warrumbungle National Park	48	D1
Lake Macquarie	49	H4	Wellington Caves & Phosphate Mine	48	D3
Maitland and Morpeth	49	H3	Wombeyan Caves	52	D1
Menindee Lakes	46	C3	Zig Zag Railway, Lithgow	49	F5

Map reference

NEW SOUTH WALES

	MAP
Key map	32
North Western	41
Central Northern	42
North Eastern	44
Far Western	46
Central Eastern	48
South Western	50
South Eastern	52

SYDNEY

City	35
Northern suburbs	36
Southern suburbs	38
CITY AND TOWN CENTRES	53

MAIN SYDNEY VISITOR CENTRE

Cnr Argyle and Playfair sts
The Rocks, NSW 2000
Ph: 1800 067 676 or (02) 9240 8788
www.visitnsw.com

32 NEW SOUTH WALES KEY MAP

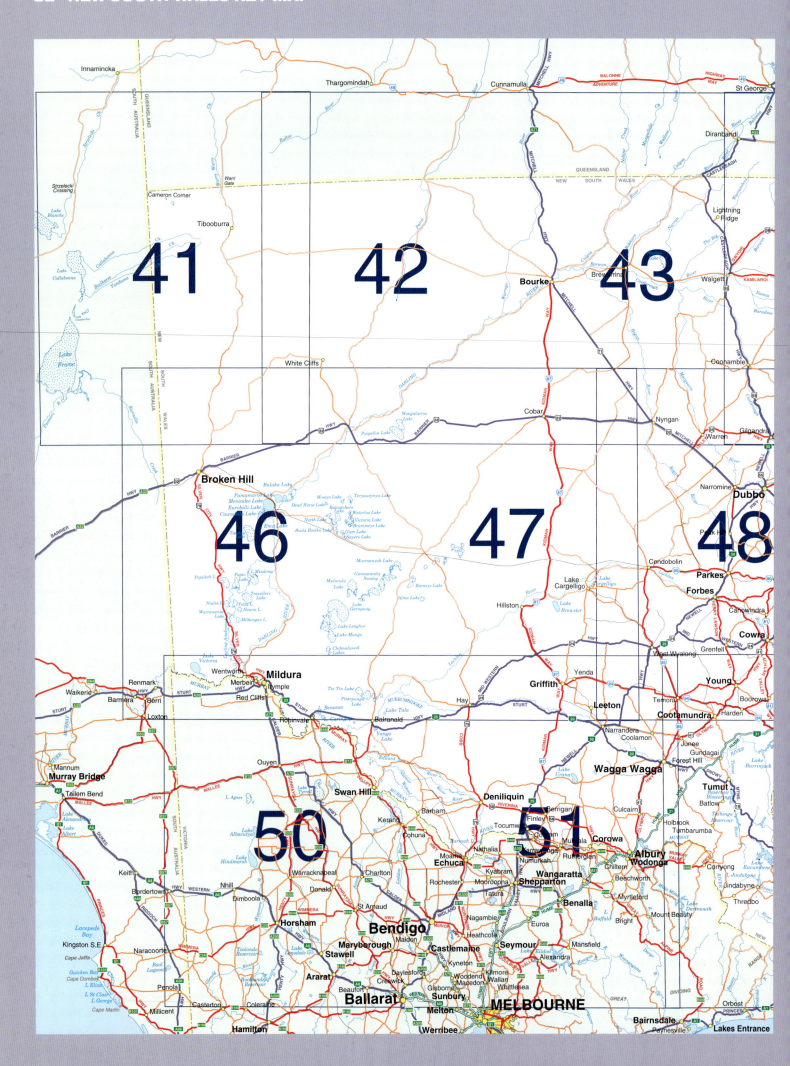

Beaches of Eastern Sydney

Sydney

Sydney Cove, now known as Circular Quay, was where Captain Arthur Phillip proclaimed the colony of New South Wales on 26 January 1788. First Fleet convicts laboured to clear the site around Sydney Cove that was later to become the City of Sydney. The Rocks is an integral part of Sydney's history and the sandstone buildings and winding lanes built by the convicts in this area are still in use today.

Sydney is a cosmopolitan city that offers a huge variety of attractions for visitors. The magnificent natural harbour defines the city. Along its shores are Sydney's major icons: the Sydney Harbour Bridge and Sydney Opera House. Circular Quay, the Rocks, Darling Harbour, Cockle Bay and the Royal Botanic Gardens are also around the harbour's shoreline and are main attractions for visitors and locals. Sightseeing and getting around Sydney's CBD is fairly easy.

Sydney's surburbia reaches out to the Hawkesbury River to the north, the Blue Mountains to the west and Royal National Park to the south. Historic suburbs that reflect early colonial times include Richmond, Windsor and Parramatta. A string of easily accessible family and surf beaches runs all the way from Palm Beach to Manly, north of the harbour, and from world-famous Bondi to Cronulla in the south.

Places of interest

Name	MAP REF		Name	MAP REF	
Anzac War Memorial	35	C4	National Maritime Museum	35	B3
Archibald Fountain	35	C4	National Trust Centre	35	B2
Art Gallery of New South Wales	35	D3	Powerhouse Museum	35	B4
Australian Museum	35	C4	Queen Victoria Building	35	C4
Cadman's Cottage	35	C2	The Rocks	35	C2
Chinatown	35	B4	Royal Botanic Gardens	35	D2
Chinese Garden of Friendship	35	B4	St Mary's Cathedral	35	C3
Circular Quay	35	C2	Star City Casino	35	A3
Customs House	35	C2	State Library of New South Wales	35	C3
Darling Harbour	35	B4	Sydney Aquarium	35	B3
Fort Denison	35	E1	Sydney Entertainment Centre	35	B4
Hyde Park	35	C4	Sydney Harbour Bridge	35	C1
Justice & Police Museum	35	C2	Sydney Observatory	35	B2
Martin Place	35	C3	Sydney Opera House	35	D2
Museum of Contemporary Art	35	C2	Sydney Tower	35	C3
Museum of Sydney	35	C3	Sydney Town Hall	35	C4

36 SYDNEY NORTHERN SUBURBS

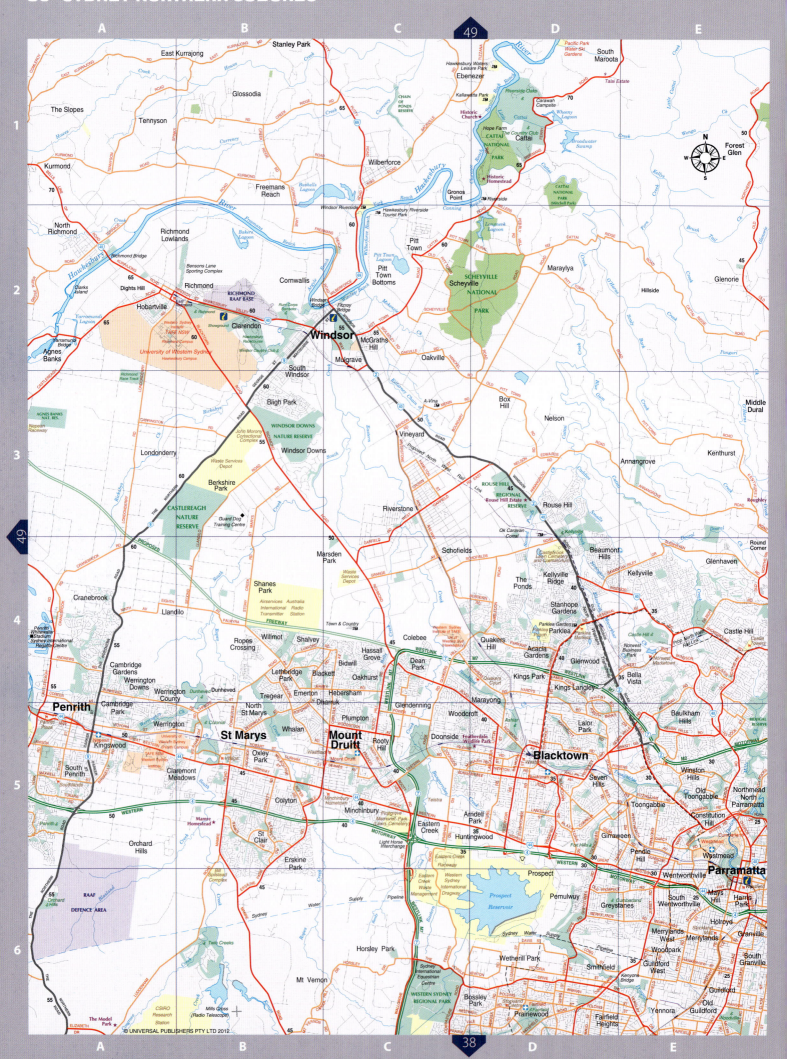

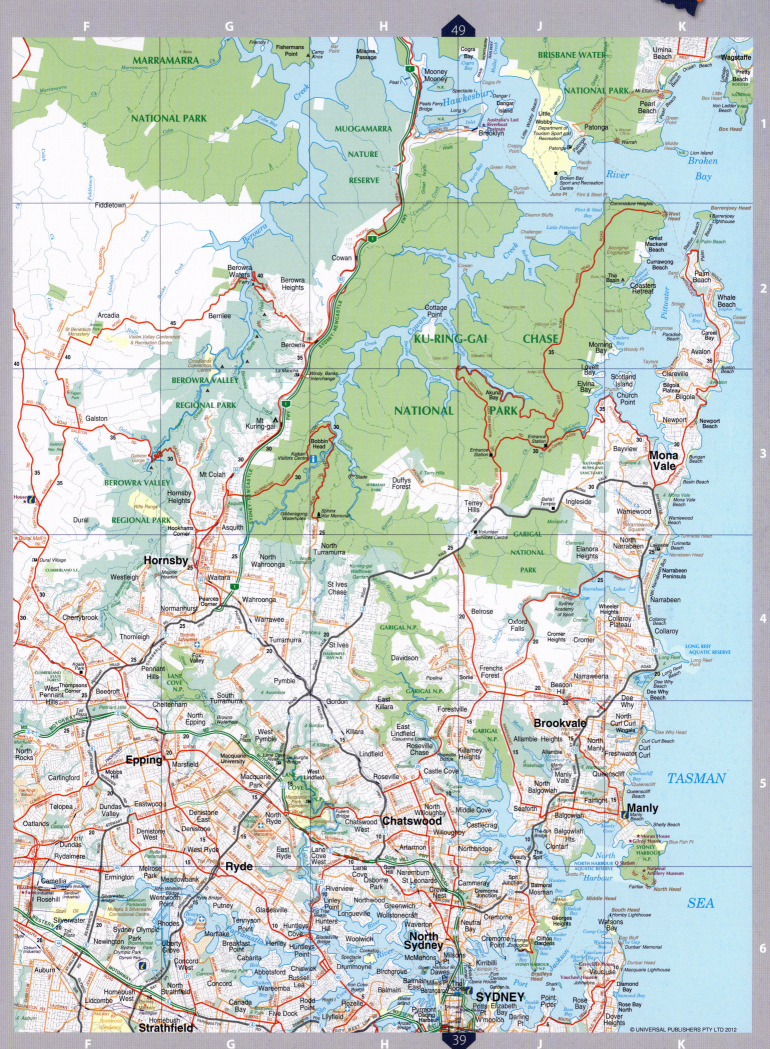

38 SYDNEY SOUTHERN SUBURBS

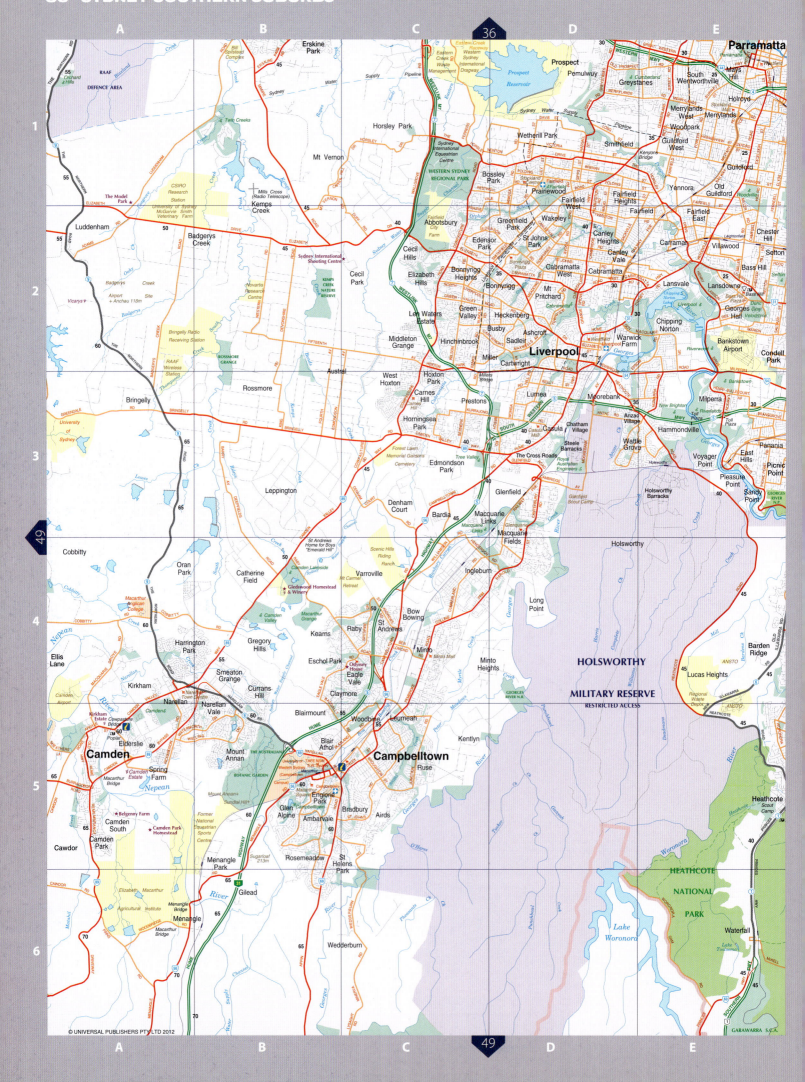

Emus in Sturt National Park, New South Wales

NORTH WESTERN NEW SOUTH WALES 41

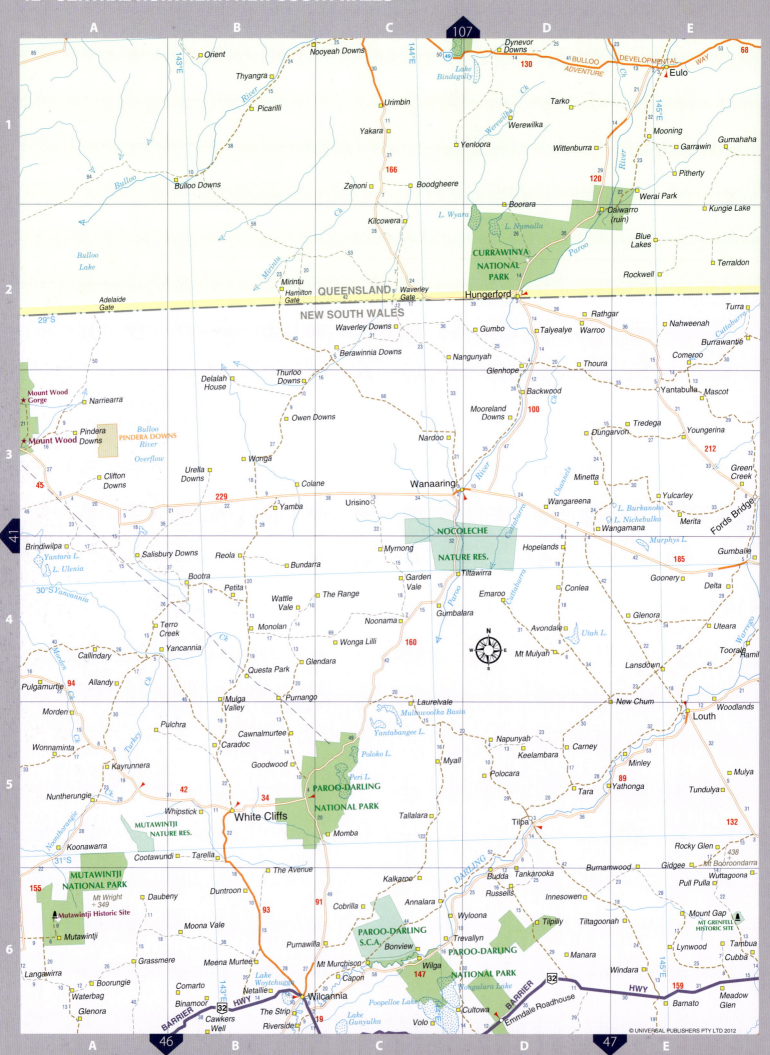

44 NORTH EASTERN NEW SOUTH WALES

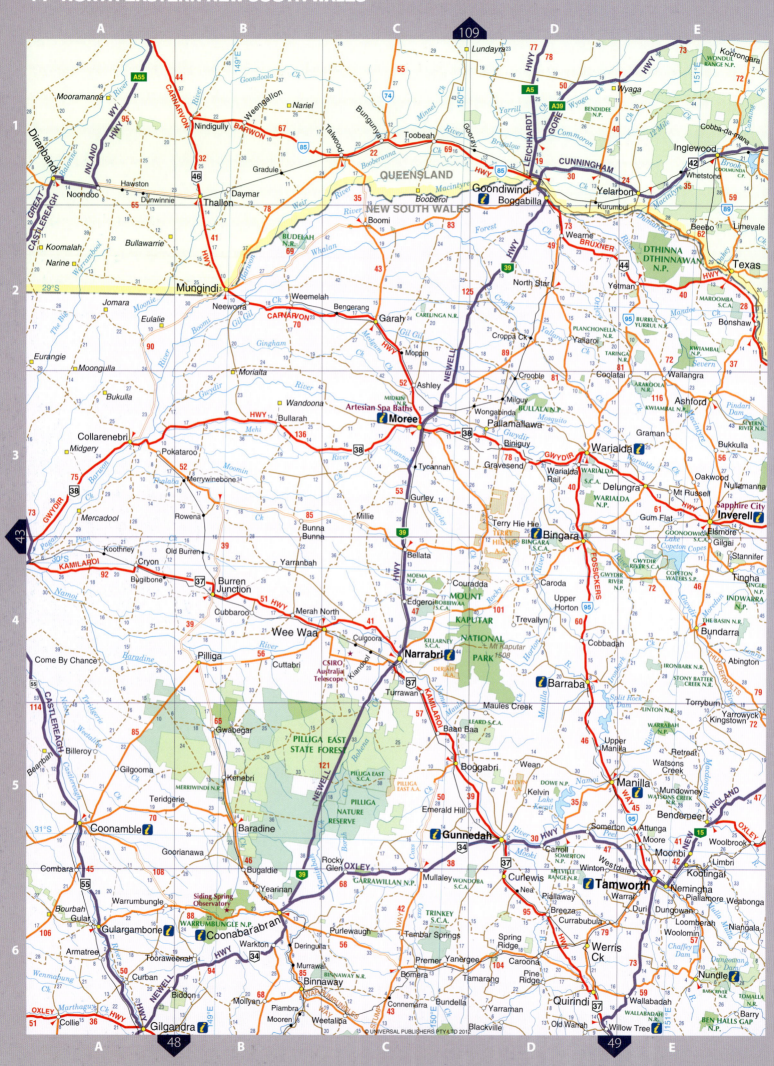

46 FAR WESTERN NEW SOUTH WALES

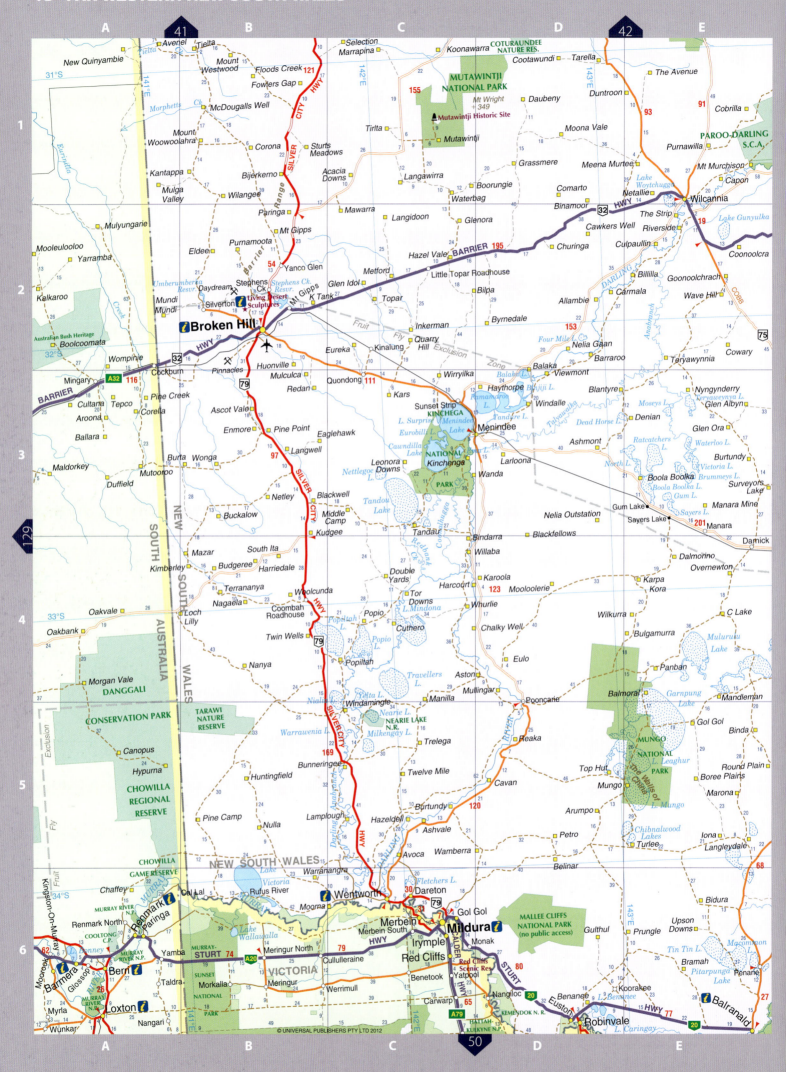

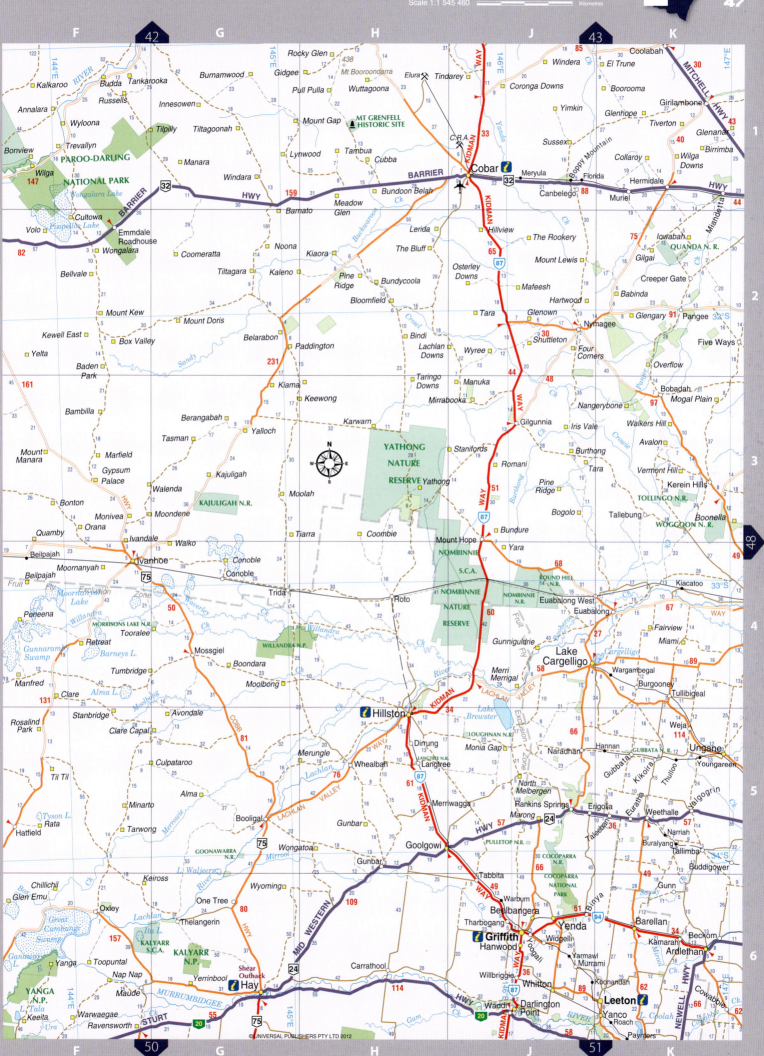

48 CENTRAL EASTERN NEW SOUTH WALES

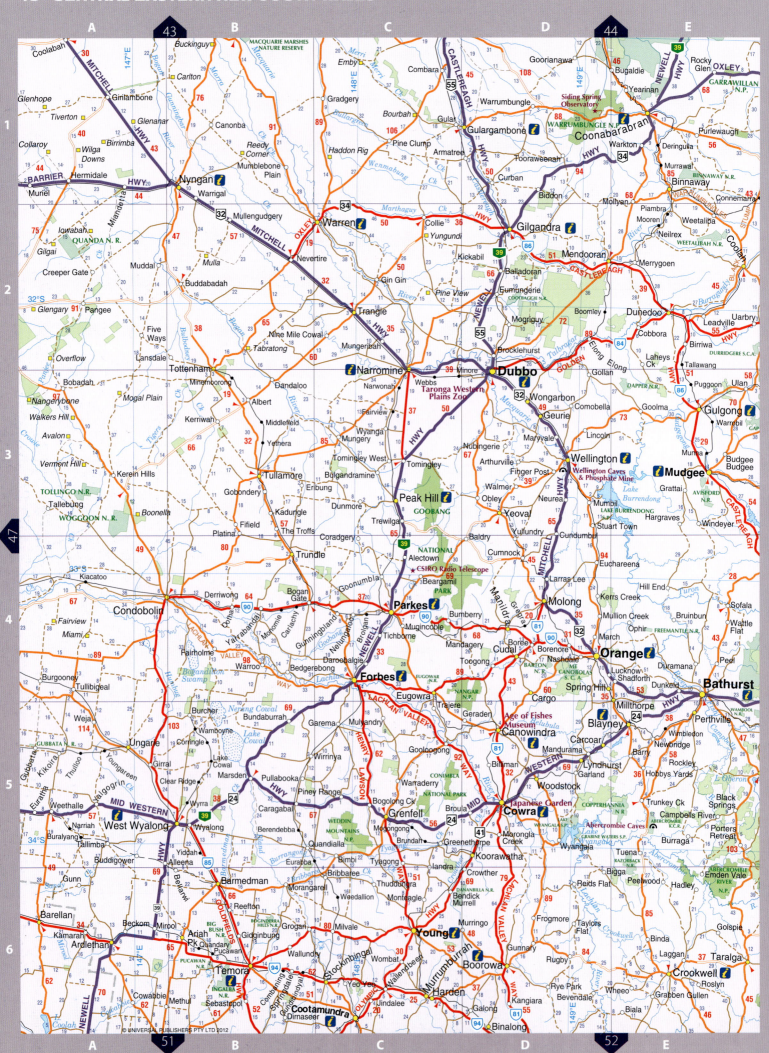

50 SOUTH WESTERN NEW SOUTH WALES

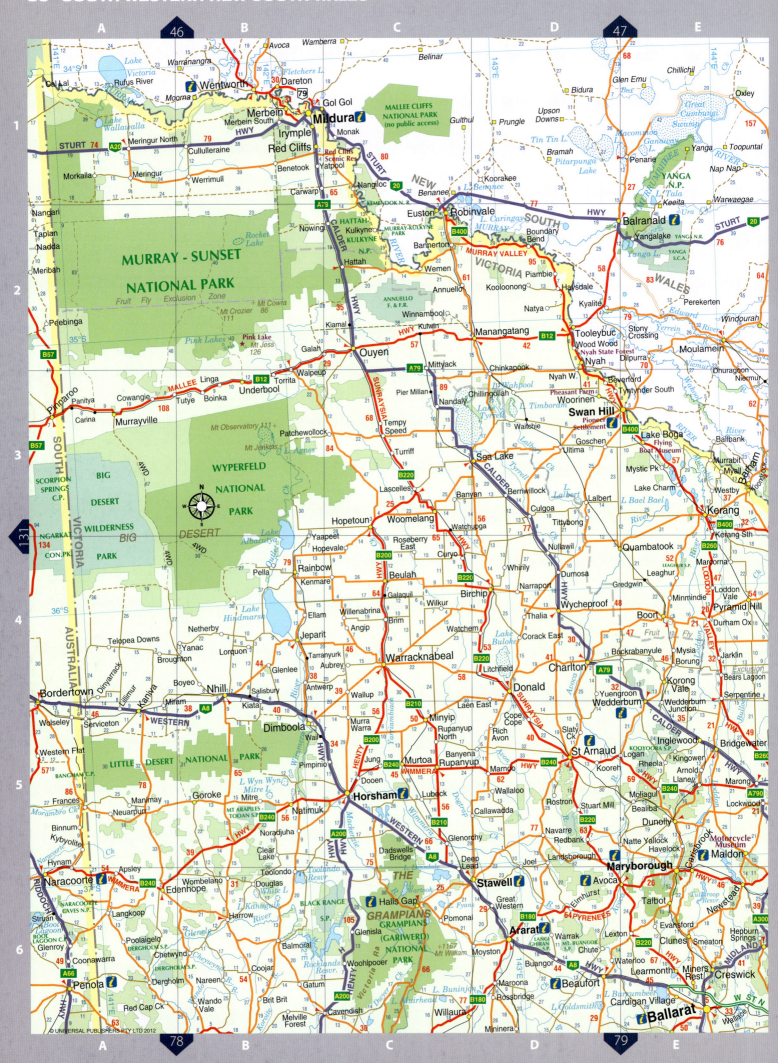

52 SOUTH EASTERN NEW SOUTH WALES

Scale 1:1 545 460

CITY AND TOWN CENTRES 53

ALBURY page 51 J4
Railway Pl
Cnr Smollett & Young Sts, Albury
Ph: 1300 252 879
www.visitalburywodonga.com.au

ARMIDALE page 45 F5
82 Marsh St
Ph: (02) 6770 3888
www.armidaletourism.com.au

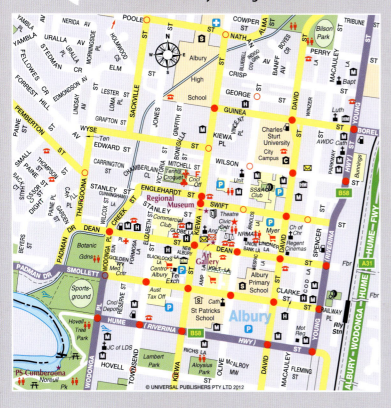

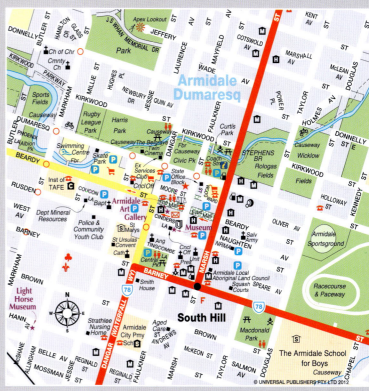

BALLINA page 45 J2
Cnr River St/Las Balsas Plaza
Ph: (02) 6686 3484 or 1800 777 666
www.discoverballina.com

BATEMANS BAY page 52 D3
Princes Hwy/Beach Rd
Ph: (02) 4472 6900 or 1800 802 528
www.eurobodalla.com.au

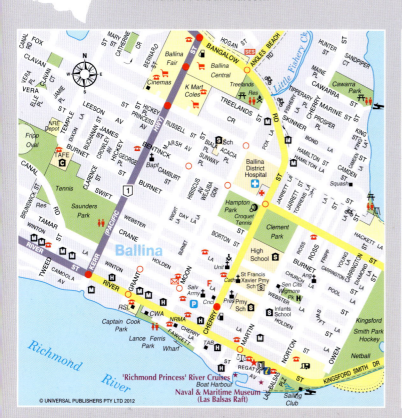

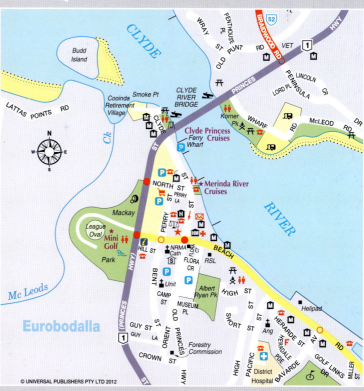

54 CITY AND TOWN CENTRES

BATHURST page 48 E4
1 Kendall Av
Ph: 1800 681 000 or (02) 6332 1444
www.visitbathurst.com.au

BERRIMA page 52 E1
Berrima Court House
Ph: (02) 4877 1505
www.southern-highlands.com.au

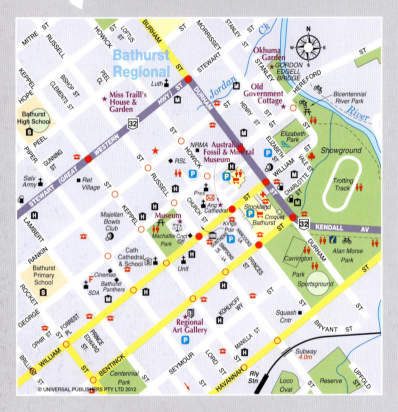

BOWRAL page 52 E1
62-70 Main St
Mittagong
Ph: (02) 4871 2888 or 1300 657 559
www.southern-highlands.com.au

BROKEN HILL page 46 B2
Cnr Blende & Bromide Sts
Ph: (08) 8088 3560
www.visitbrokenhill.com.au

BYRON BAY page 45 J2
80 Jonson St
Ph: (02) 6680 8558
www.visitbyronbay.com

CESSNOCK page 49 H4
455 Wine Country Dr Pokolbin
Ph: (02) 4990 0900
www.winecountry.com.au

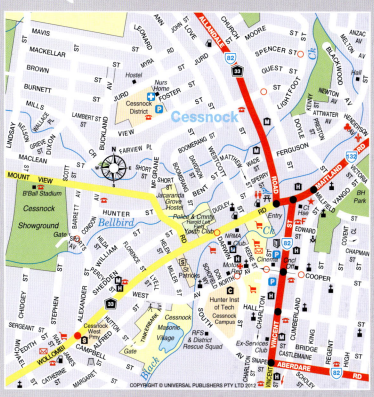

COFFS HARBOUR page 45 H4
Cnr Pacific Hwy & McLean St
Ph: (02) 6648 4990 or 1300 369 070
www.coffscoast.com.au

COOMA page 52 C4
119 Sharp St
Ph: (02) 6455 1742 or 1800 636 525
www.visitcooma.com.au

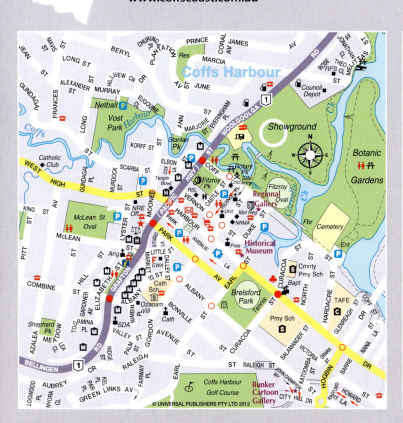

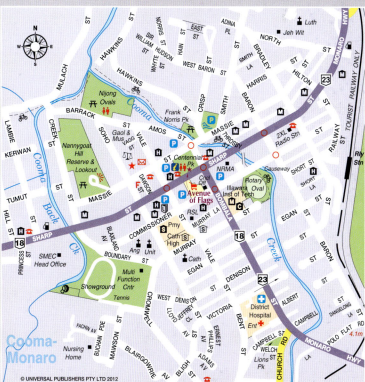

56 CITY AND TOWN CENTRES

COOTAMUNDRA page 52 A2
Railway Station
Hovell St
Ph: (02) 6942 4212
www.visitcootamundra.nsw.gov.au

DUBBO page 48 D3
Cnr Macquarie & Erskine Sts
Ph: (02) 6801 4550
www.dubbo.com.au

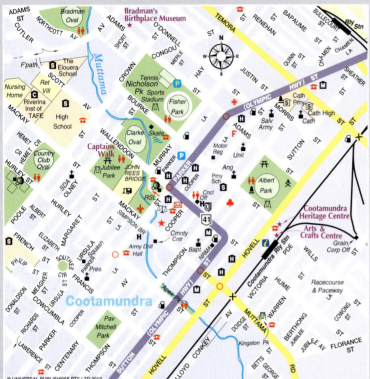

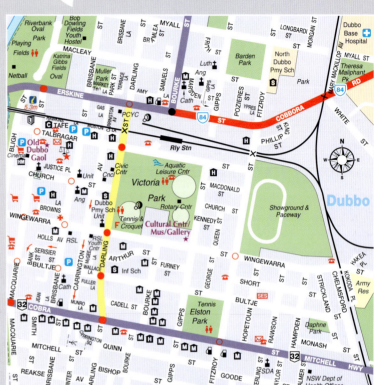

FORSTER/TUNCURRY page 49 K3
Little St, Forster
Ph: (02) 6554 8799
www.greatlakes.org.au

GOSFORD page 49 H5
52 The Avenue, Kariong; Ph: 1300 132 975
200 Mann St, Gosford; (02) 4343 4444
www.visitcentralcoast.com.au

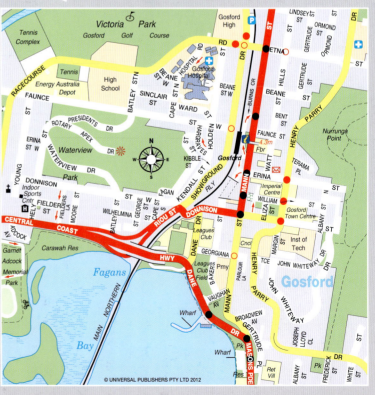

GOULBURN page 52 D2
201 Sloane St
Ph: (02) 4823 4492 or 1800 353 646
www.igoulburn.com

GRAFTON page 45 H3
Cnr Pacific Hwy & Spring St
South Grafton
Ph: (02) 6642 4677
www.clarencetourism.com

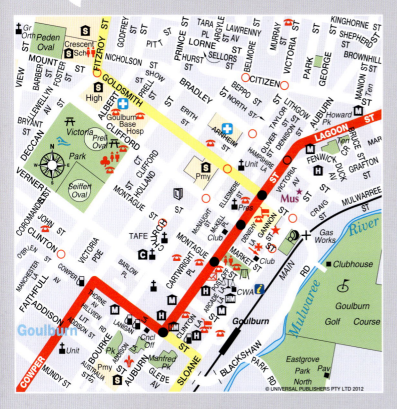

GRIFFITH page 47 J6
Cnr Banna & Jondaryan Aves
Ph: (02) 6962 4145
www.griffith.com.au
www.visitriverina.com.au

KATOOMBA page 49 F5
Echo Point
Ph: 1300 653 408
www.visitbluemountains.com.au

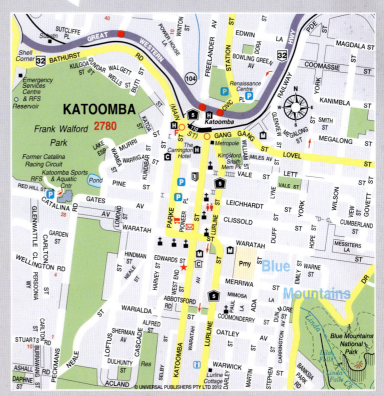

58 CITY AND TOWN CENTRES

 LISMORE page 45 J2
Cnr Ballina & Molesworth Sts
Ph: (02) 6622 0122 or 1300 369 795
www.visitlismore.com.au

MAITLAND page 49 H3
Cnr New England Hwy & High St
Ph: (02) 4931 2800
www.maitlandhuntervalley.com.au

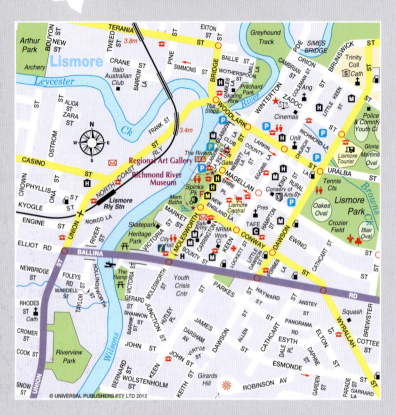

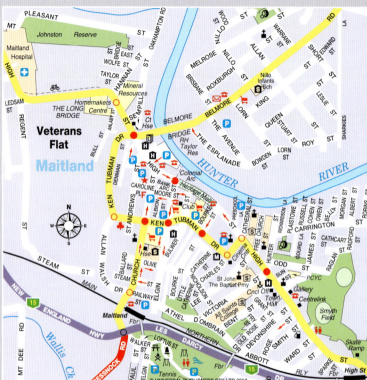

 MUDGEE page 48 E3
84 Market St
Ph: (02) 6372 1020 or 1800 816 304
www.visitmudgeeregion.com.au

 NEWCASTLE page 49 H4
3 Honeysuckle Dr
Ph: (02) 4929 2588
www.maritimecentrenewcastle.org.au

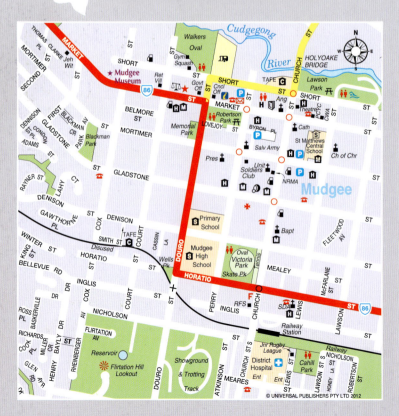

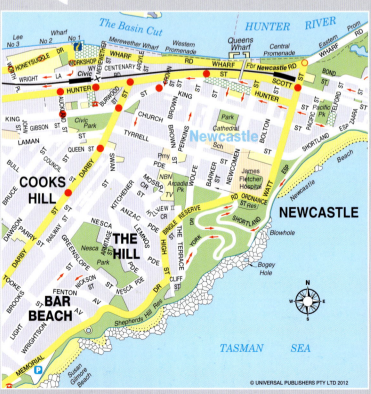

NOWRA page 52 E2
Cnr Princes Hwy & Pleasant Way
Ph: (02) 4421 0778
www.shoalhavenholidays.com.au

ORANGE page 48 D4
Cnr Byng & Peisley Sts
Ph: (02) 6393 8226 or 1800 069 466
www.visitorange.com.au

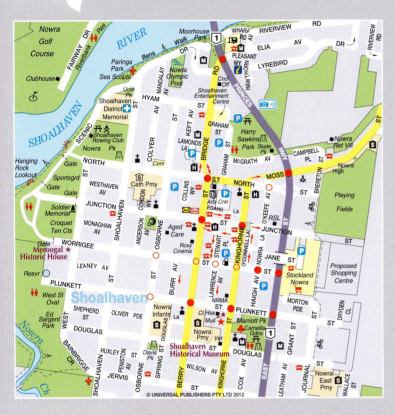

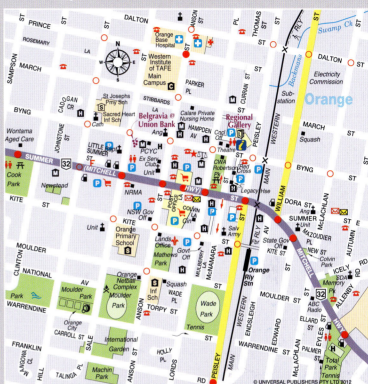

PORT MACQUARIE page 49 K1
Cnr Clarence & Hay Sts
Ph: (02) 6581 8000 or 1300 303 155
www.portmacquarieinfo.com.au

QUEANBEYAN page 52 C3
1 Farrer Pl
Ph: (02) 6299 7307
www.visitqueanbeyan.com.au

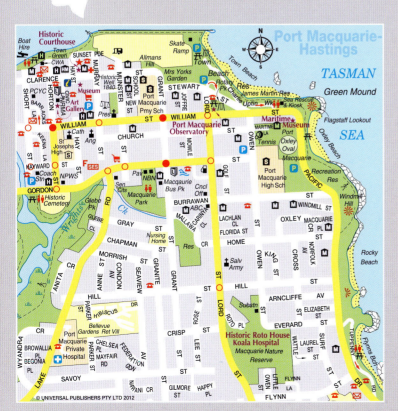

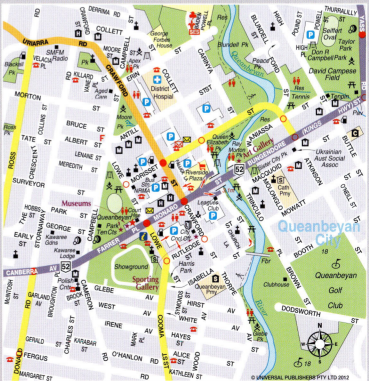

60 CITY AND TOWN CENTRES

SINGLETON *page 49 H3*
Town Head Park
New England Hwy
Ph: (02) 6571 5888 or 1800 449 888
www.singletontourism.com.au

TAMWORTH *page 49 G1*
Cnr Peel & Murray Sts
Ph: (02) 6767 5300
www.visittamworth.com

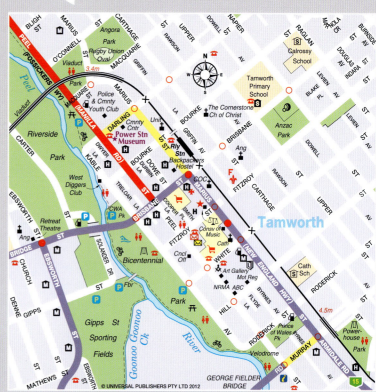

TAREE *page 49 K2*
21 Manning River Dr
Taree North
Ph: (02) 6592 5444 or 1800 182 733
www.manningvalley.info

TWEED HEADS *page 45 J1*
Cnr Wharf & Bay Sts
Ph: (07) 5536 6737 or 1800 674 414
www.tweedtourism.com.au

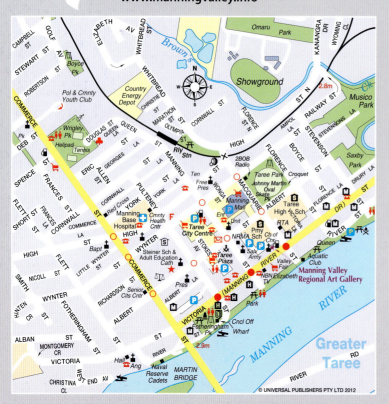

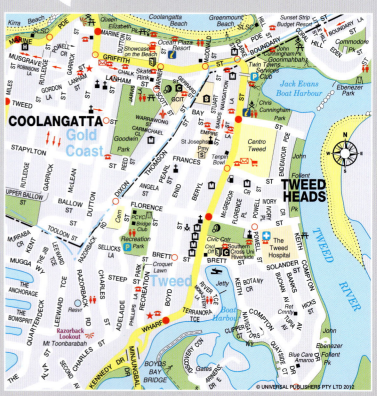

ULLADULLA page 52 E3
Civic Centre
Princes Hwy
Ph: (02) 4455 1269
www.shoalhavenholidays.com.au

WAGGA WAGGA page 51 K2
Tarcutta St
Ph: (02) 6926 9621 or 1300 100 122
www.visitwaggawagga.com.au

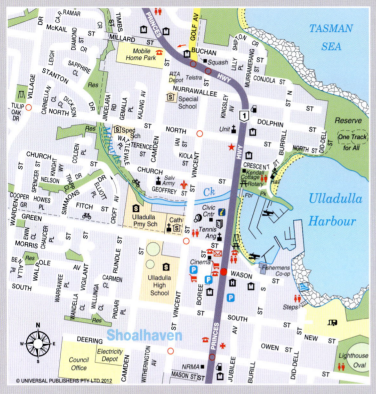

WOLLONGONG page 52 E1
93 Crown St
Ph: (02) 4227 5545
www.visitwollongong.com.au

YASS page 52 B2
259 Comur St
Ph: (02) 6226 2557
www.yassvalley.com.au

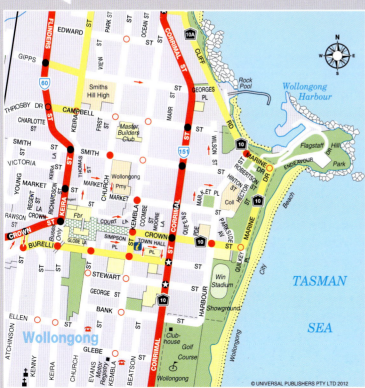

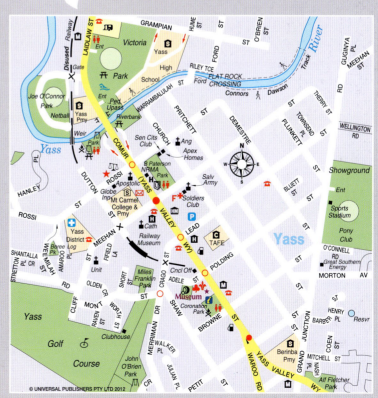

VICTORIA

In a country full of mind-numbing distances, nothing seems far away in Victoria and there is a huge array of natural, cultural and historic areas just waiting to be discovered.

Victoria packs a lot within its borders. The Murray River stretches along the northern border with New South Wales and is a delightful destination. The southern coastline is spectacular and varied, taking in the Great Ocean Road to the west and Wilsons Promontory and the beautiful Gippsland Lakes area to the east. Victoria's magnificent alpine region, boasting the beautiful peaks of Mount Buller and Mount Hotham, has much to explore, and the goldfields districts, including the towns of Ballarat and Bendigo, reveal an exciting episode in the state's history. Tranquil lakes, an amazing selection of national parks, cool forests and fertile countryside await the visitor, with cities, towns and villages along the way offering their hospitality.

Covering 227 600 square kilometres of the south-eastern corner of Australia, Victoria is a relatively compact state – the second smallest after Tasmania. The state's mostly temperate climate has four distinct seasons, each with its own attractions making Victoria a destination to visit and explore at any time of the year.

Victoria's manageable size and efficient road system make travelling within the state easy and comfortable. Transport options are excellent: coaches, trains and planes carry visitors into and around the state, and for those who want to explore independently, touring by car is convenient. Most places in the state can be reached within a day's drive of the capital city, Melbourne. In a half-hour drive from Melbourne you could be taking in mist-laden mountain ranges and fern gullies; in an hour you could be lying on a sandy beach in a sheltered bay, or surfing the rugged Southern Ocean; in around four hours you could be standing on the edge of an immense desert that stretches away into Australia's centre.

The discerning traveller will find plenty to enjoy in Victoria. Wine-lovers can select from over 850 wineries across 21 wine regions, ranging from the Grampians in the south-west to Rutherglen in the north-east. Fresh produce is also a specialty throughout the state, with specific gourmet focal points like the Milawa Gourmet Region and Gippsland Gourmet Country.

Melbourne, the state's capital, is a vibrant city. Its calendar is full of events and festivals including the Melbourne Food & Wine Festival, the Comedy Festival and the Melbourne Festival. It is also the nation's sporting capital hosting major sporting events including the Australian Open Tennis Championships and the Melbourne Cup.

Bushwalkers at Wilsons Promontory National Park

Places of interest

	MAP REF			MAP REF	
Alexandra Timber Tramway	76	C5	Melbourne Zoo	68	C1
Alpine National Park	77	H4	Milawa Gourmet Region	76	E3
Beechworth	77	F3	Mornington Peninsula	70, 71	
Buchan Caves	81	J1	Mount Buffalo National Park	77	F4
Central Deborah Gold Mine, Bendigo	75	J4	Murray River	72, 73, 75, 76, 77	
Croajingolong National Park	82	C4	Otway Fly Treetop Walk	79	H4
Dandenong Ranges National Park	69	J2	Phillip Island Penguin Parade	80	B4
Federation Square, Melbourne	67	D3	Pioneer Settlement, Swan Hill	73	G5
Flagstaff Hill Maritime Village, Warrnambool	87		Port Campbell National Park	79	F4
			Port of Echuca	76	A2
Gippsland Heritage Park, Moe	80	E3	Portland Maritime Discovery Centre	86	
Gippsland Lakes	81	H3	PowerWorks, Morwell	80	E3
Glenrowan	76	E3	Puffing Billy Steam Train	69	J3
Golden Dragon Museum, Bendigo	83		Rutherglen wineries	76	E2
Grampians National Park	74	E6	Sovereign Hill, Ballarat	79	H2
Great Ocean Road	79	J4	Surf World Museum, Torquay	79	K4
Gum San Chinese Heritage Centre, Ararat	75	F6	Tarra–Bulga National Park	80	E4
			Tower Hill State Game Reserve	78	E4
Hanging Rock	75	K6	Victorian Goldfields Railway	75	J5
Healesville Sanctuary	80	C2	Werribee Open Range Zoo	80	A3
Lake Eildon	76	D5	William Ricketts Sanctuary, Mt Dandenong	69	J2
Melbourne Cricket Ground (MCG)	67	E3			
Melbourne Museum	67	D1	Wilsons Promontory	80	E5

Map reference

VICTORIA

	MAP
Key map	64
North Western	72
Central Western	74
Central Northern	76
South Western	78
Central Southern	80
Eastern	82

MELBOURNE

City	67
Northern suburbs	68
Southern suburbs	70
CITY AND TOWN CENTRES	83

MAIN INFORMATION CENTRE

Melbourne Visitor Centre
Federation Square
Cnr Flinders and Swanston sts
Melbourne, Vic. 3000
Ph: (03) 9658 9658
www.visitvictoria.com

64 VICTORIA KEY MAP

City Circle tram outside Flinders Street Station

Melbourne

Melbourne, the capital of Victoria, is a culturally sophisticated city with a decidedly European feel. Grand buildings and a vibrant network of laneways invite visitors to explore theatres, art galleries and boutique shops. But sport is also intrinsic to the Melbourne identity and watching an AFL footy match at the MCG is a must.

In 1851 gold was discovered in Victoria's north-west and Melbourne became a wealthy city. The impressive buildings, wide streets and boulevards and beautiful public gardens all reflect the wealth of this time.

Today, Melbourne is renowned for its fine dining and love of sport. Foodie hubs are scattered throughout the city, where you can savour a multicultural smorgasbord made from quality produce. Melbourne also hosts many major sporting events including the Australian Open Tennis Championships, the Formula 1 Australian Grand Prix and the Melbourne Cup.

Shopping is another highlight in Melbourne. Many of the city's major stores and unique boutiques can be found on the streets running west from Swanston Street. Brunswick Street is also known for its vibrant and eclectic shops, as well as its fine restaurants.

Happily, Melbourne's many attractions can be visited by travelling on its famous trams. With their old-world charm, they are one of the most unique public transport systems in Australia.

Places of interest

	MAP REF
Albert Park	67 C6
The Arts Centre	67 D4
Australian Centre for Contemporary Art	67 D4
Australian Centre for the Moving Image	67 D3
Carlton Gardens	67 D1
Champions – Australian Racing Museum	67 D3
Chinatown	67 C2
City Museum at Old Treasury	67 D3
Crown Entertainment Complex	67 C4
Eureka Skydeck	67 C4
Federation Square	67 D3
Fitzroy Gardens	67 E2
Immigration Museum	67 C3
Melbourne Aquarium	67 B4

	MAP REF
Melbourne Cricket Ground (MCG) and National Sports Museum	67 E3
Melbourne Museum	67 D1
Melbourne and Olympic Parks	67 E4
Museum of Chinese Australian History	67 D2
National Gallery of Victoria	67 D4
Old Melbourne Gaol	67 C2
Parliament House	67 D2
Polly Woodside, Maritime Museum	67 B4
Queen Victoria Market	67 B2
Royal Botanic Gardens Melbourne	67 E5
Royal Exhibition Building	67 D1
Sidney Myer Music Bowl	67 D4
Southgate	67 C4
State Library of Victoria	67 C2

68 MELBOURNE NORTHERN SUBURBS

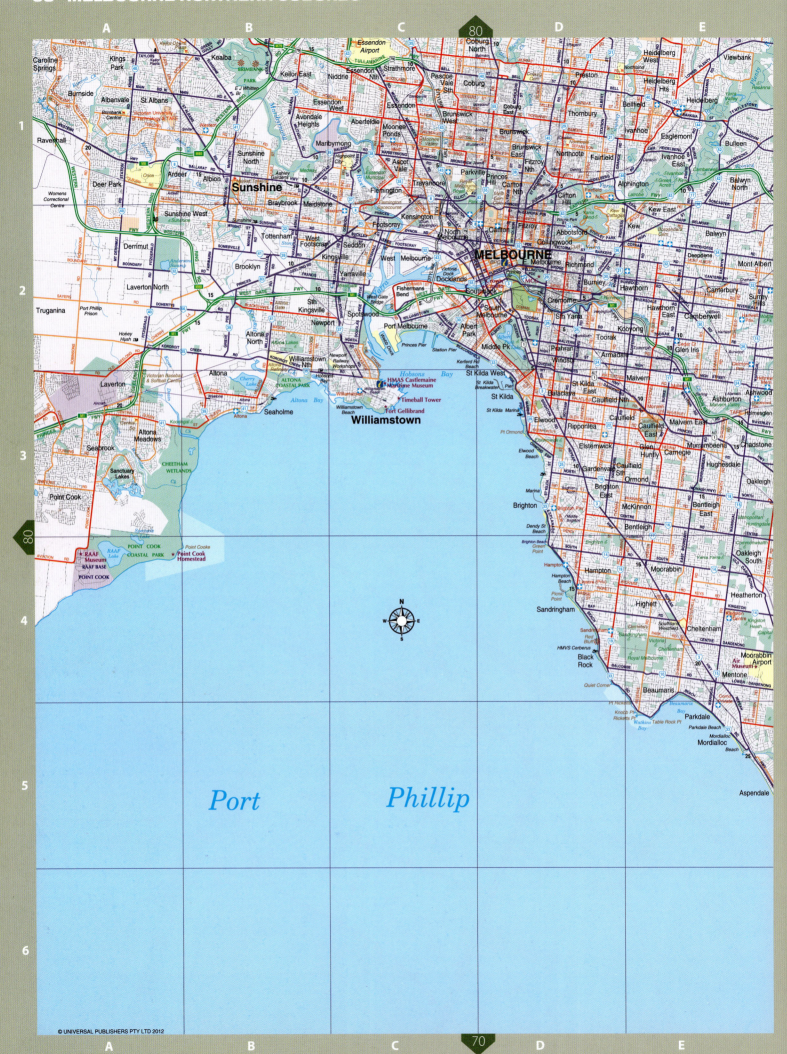

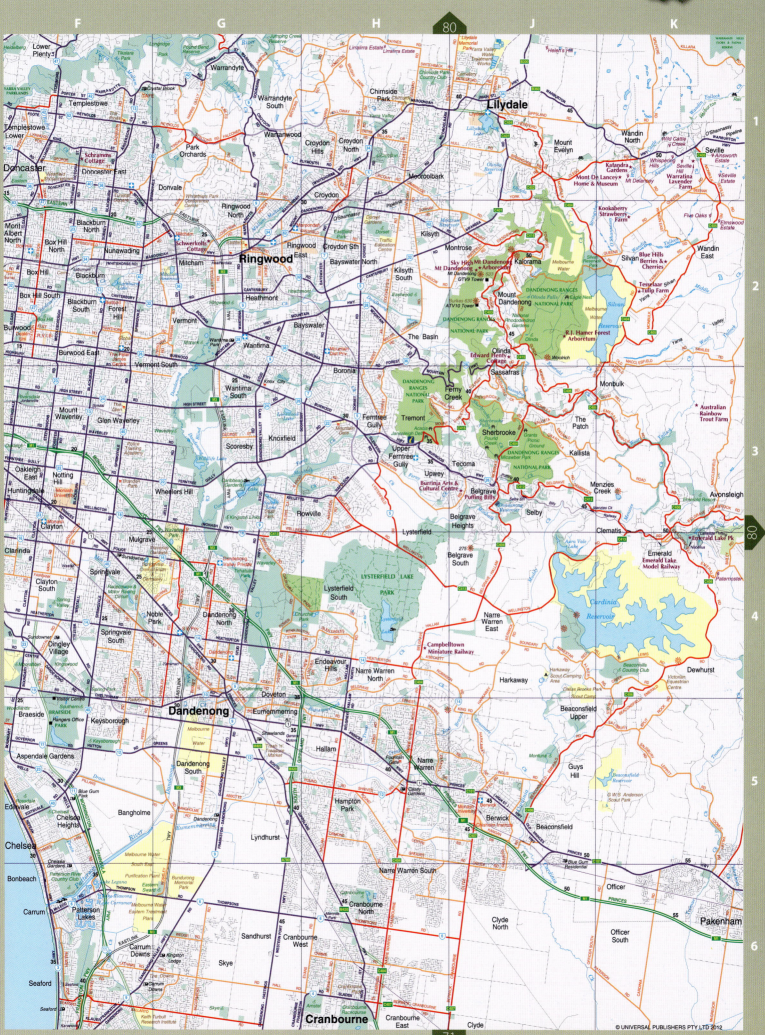

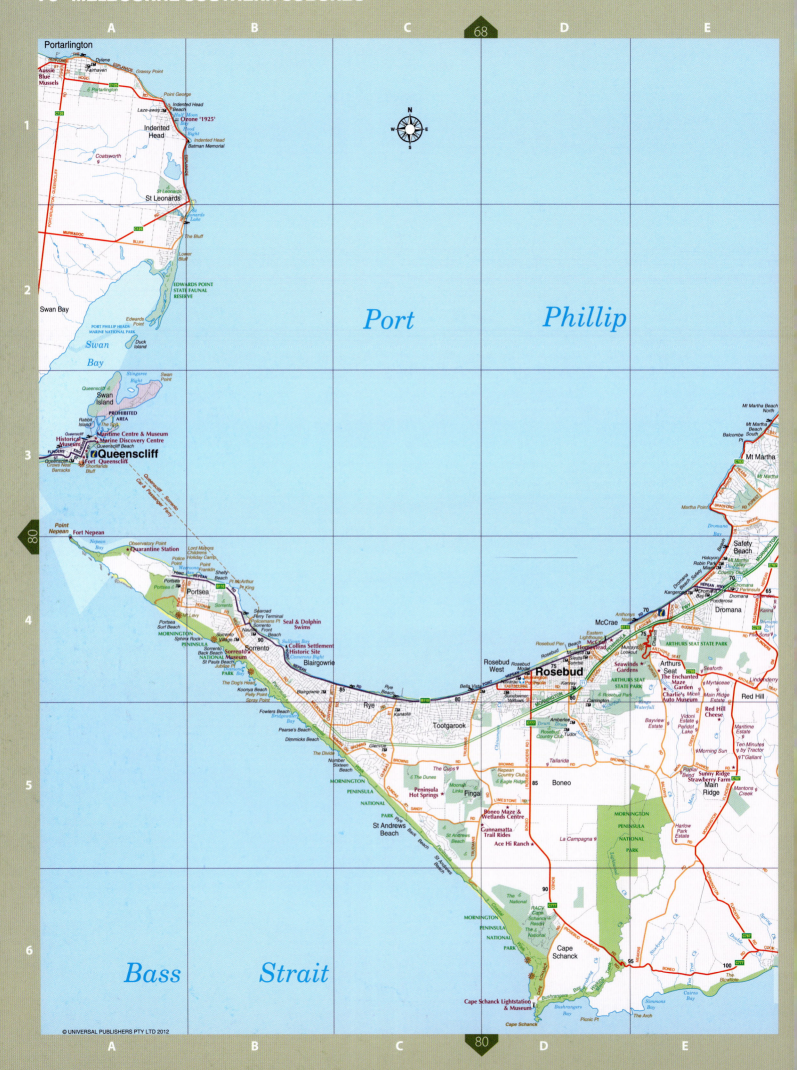

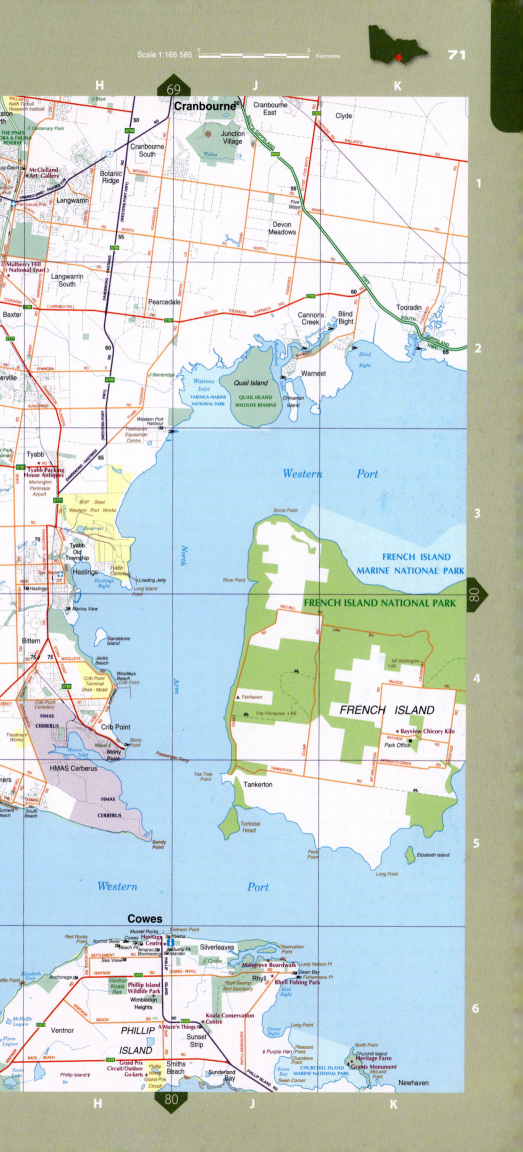

72 NORTH WESTERN VICTORIA

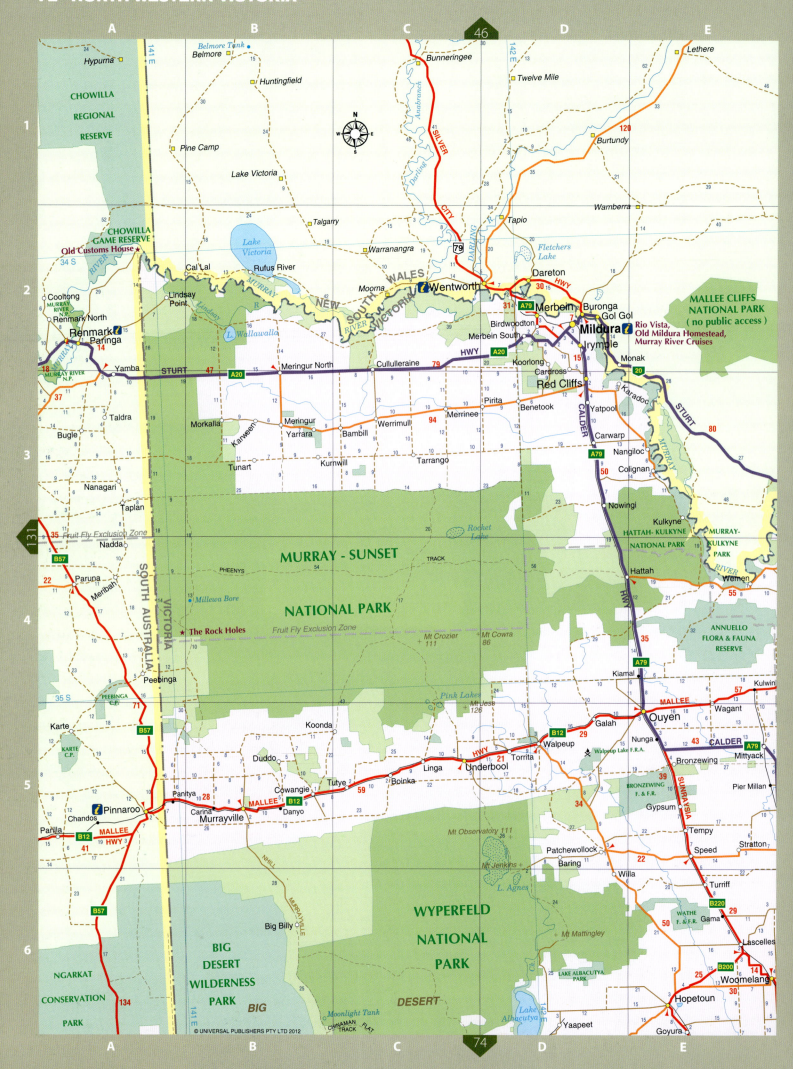

74 CENTRAL WESTERN VICTORIA

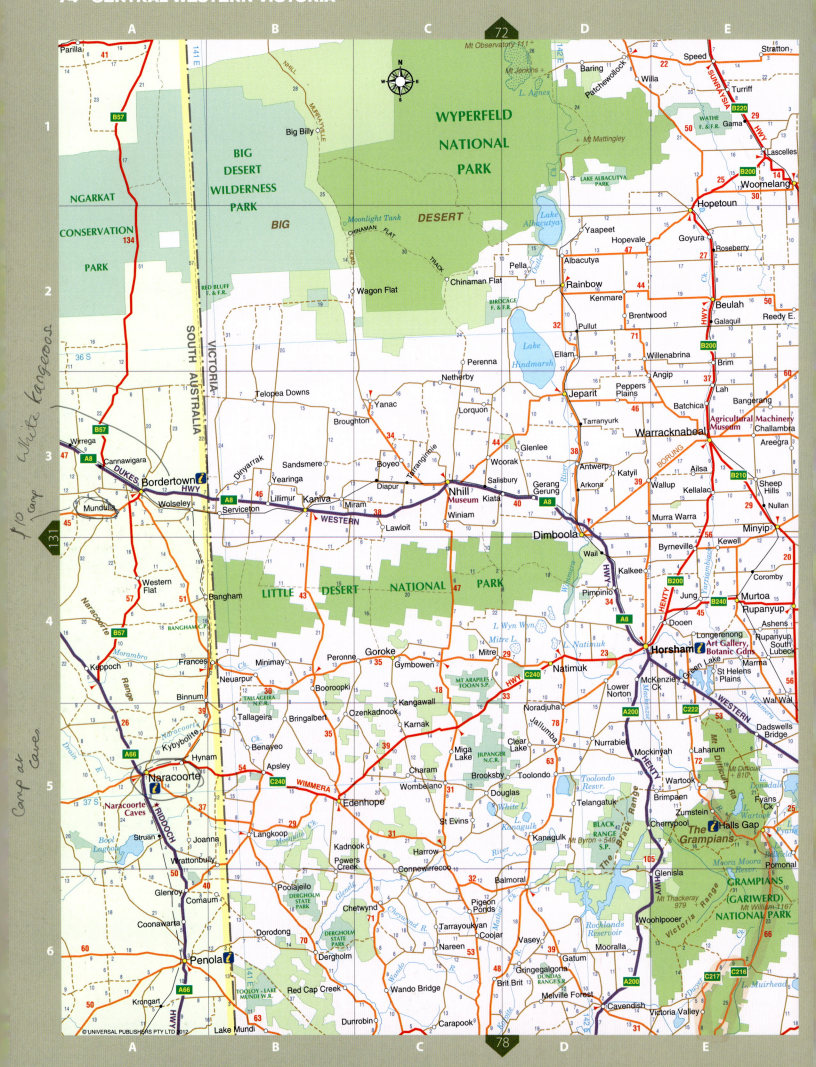

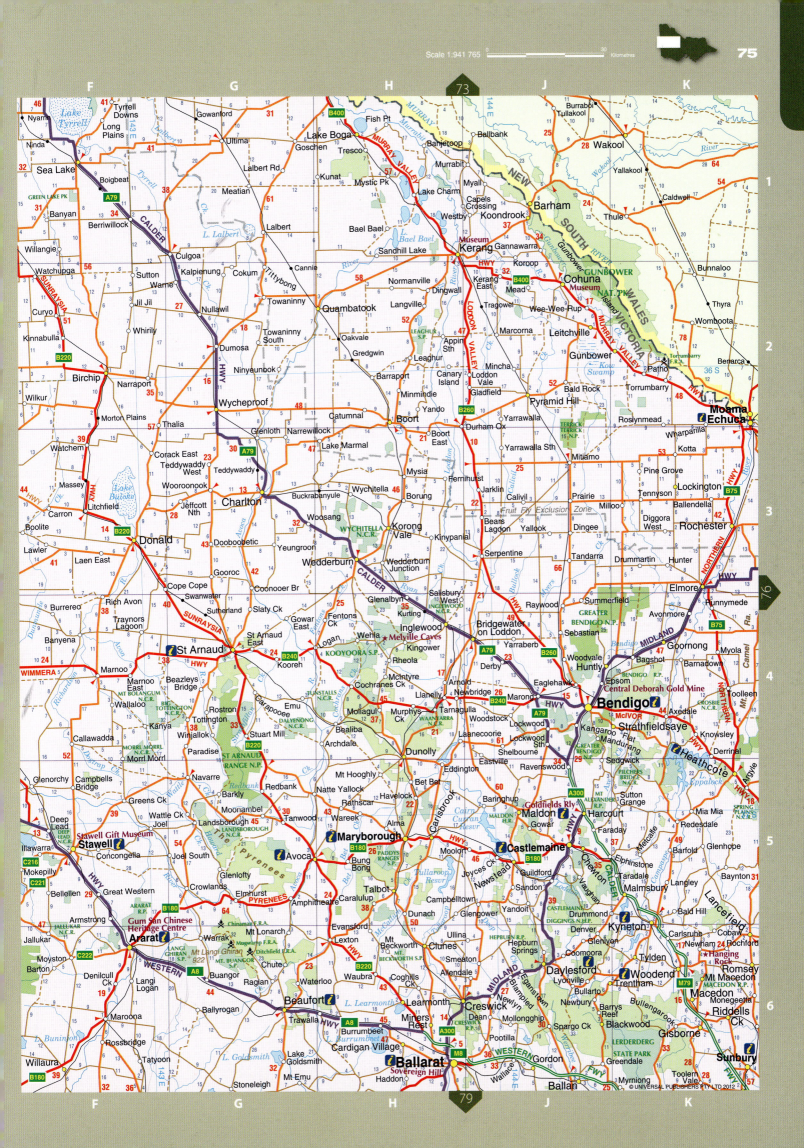

76 CENTRAL NORTHERN VICTORIA

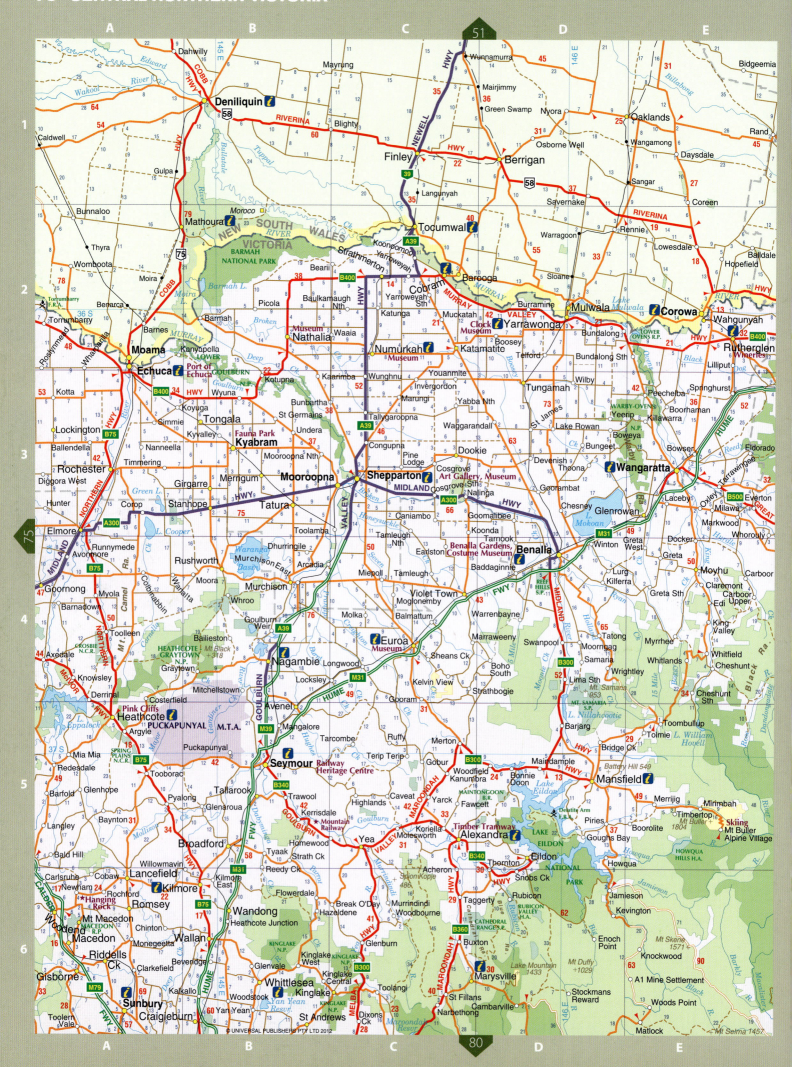

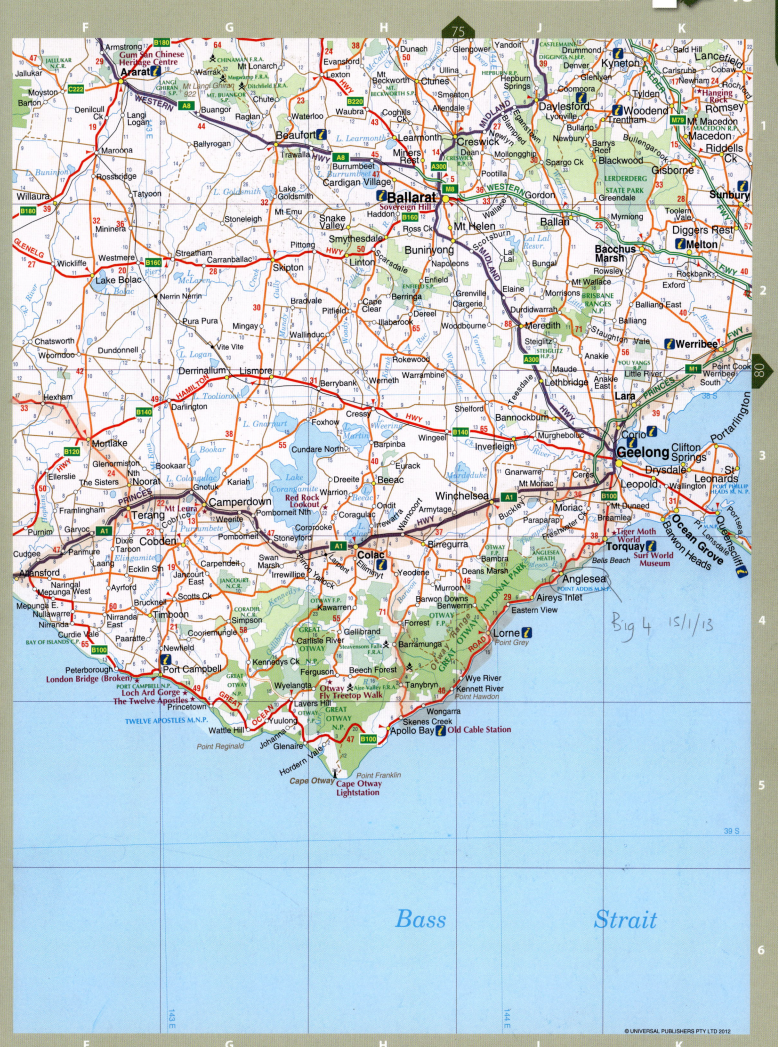

80 CENTRAL SOUTHERN VICTORIA

CITY AND TOWN CENTRES 83

BAIRNSDALE *page 81 H2*
240 Main St
Ph: (03) 5152 3444
www.gippslandtourism.com.au

BALLARAT *page 79 H1*
43 Lydiard St
North Ballarat
Ph: 1800 446 633
www.visitballarat.com.au

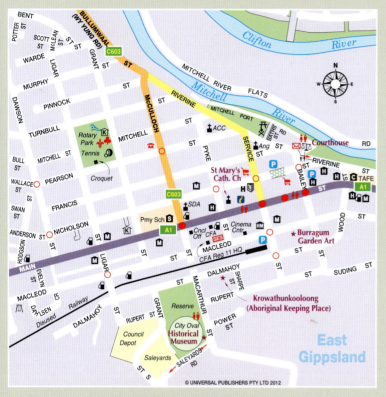
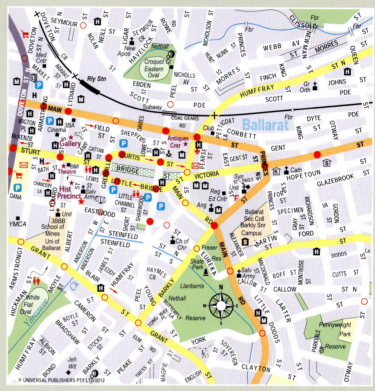

BENALLA *page 76 D4*
Costume Museum
14 Mair St
Ph: (03) 5762 1749
www.benalla.vic.gov.au

BENDIGO *page 75 J4*
Pall Mall
Ph: (03) 5434 6060
www.bendigotourism.com.au

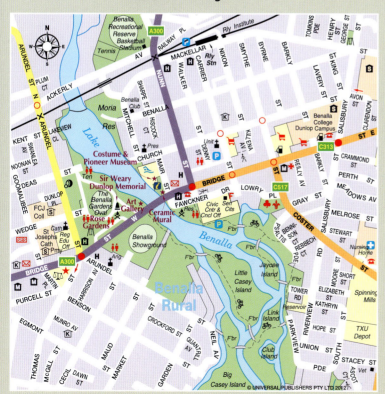
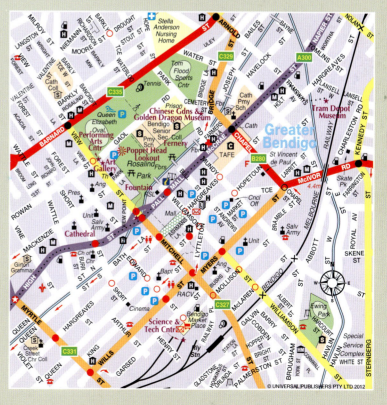

84 CITY AND TOWN CENTRES

CASTLEMAINE page 75 J5
Market Building
44 Mostyn St
Ph: (03) 5471 1795
www.maldoncastlemaine.com.au

COLAC page 79 H4
Cnr Queen & Murray Sts
Ph: (03) 5231 3730
www.travelvictoria.com.au

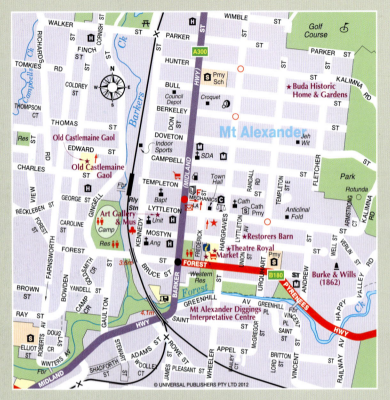

GEELONG page 79 K3
Wool Museum
Cnr Moorabool & Brougham Sts
Ph: (03) 5222 2900 or 1800 620 888
vwww.visitgreatoceanroad.org.au

HAMILTON page 78 D2
Lonsdale St
Ph: 1800 807 056
www.travelvictoria.com.au/hamilton

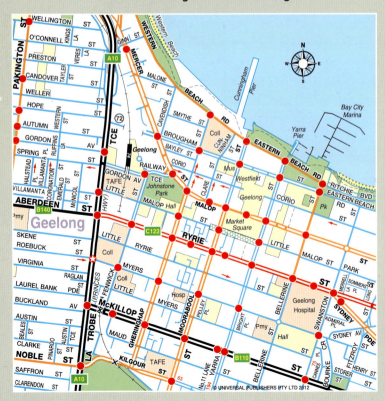

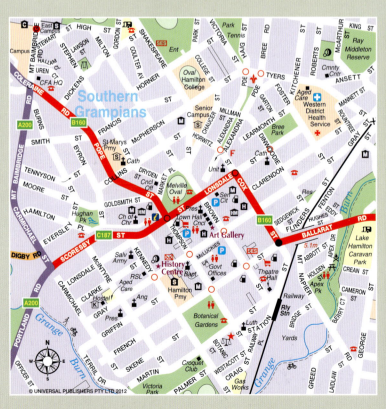

HORSHAM *page 74 D4*
20 O'Callaghans Pde
Ph: (03) 5382 1832
www.visithorsham.com.au

LAKES ENTRANCE *page 81 J2*
Cnr Marine Pde & Esplanade
Ph: 1800 637 060
www.travelvictoria.com.au/lakesentrance

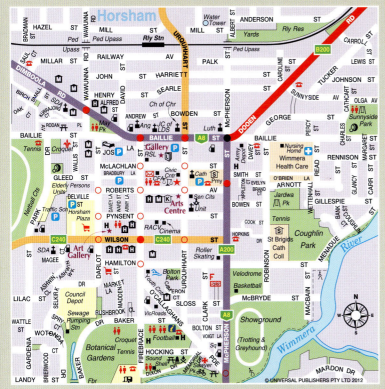

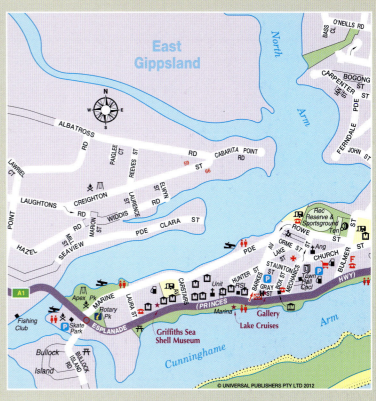

MILDURA *page 72 D2*
Alfred Deakin Centre, 180 Deakin Av
Ph: (03) 5021 4424
Visitor Info & Booking Cntr (03) 5018 8380
www.visitmildura.com.au

MORWELL *page 80 E3*
The Old White Church
Princes St, Traralgon
Ph: (03) 5174 3199 or 1800 621 409
www.travelvictoria.com.au/morwell

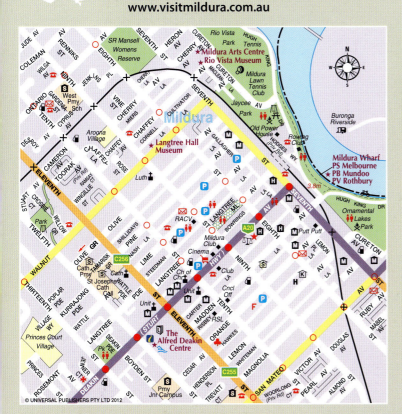

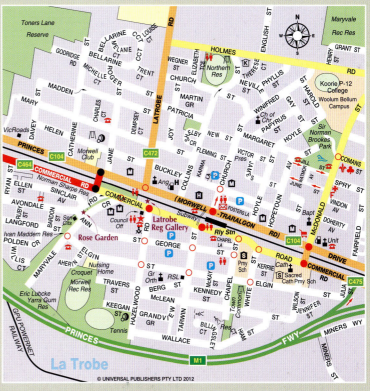

86 CITY AND TOWN CENTRES

PORTLAND page 78 C4
Maritime Discovery Centre
Lee Breakwater Rd
Ph: (03) 5523 2671 or 1800 035 567
www.travelvictoria.com.au/portland

SALE page 81 G3
Wellington Visitor Info Centre
8 Foster St (Princes Hwy)
Ph: (03) 5144 1108 or 1800 677 520
www.tourismwellington.com.au

SHEPPARTON page 76 C3
534 Wyndham St
Ph: (03) 5831 4400 or 1800 808 839
www.discovershepparton.com.au

STAWELL page 75 F5
6 Main St
Ph: (03) 5358 2314 or 1800 330 080
www.ngshire.vic.gov.au

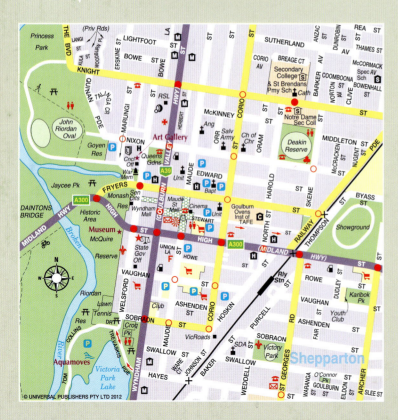

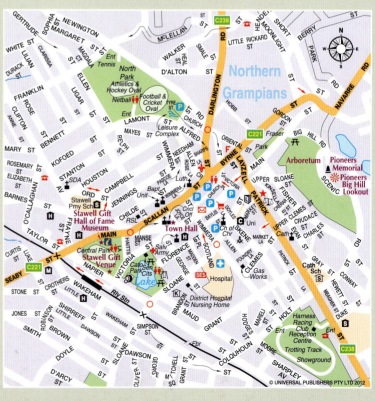

TRARALGON page 80 E3
The Old White Church
Princes St
Ph: (03) 5174 3199 or 1800 621 409
www.visitlatrobecity.com.au

WANGARATTA page 76 E3
100–104 Murphy St
Ph: (03) 5721 5711 or 1800 801 065
www.visitwangaratta.com.au

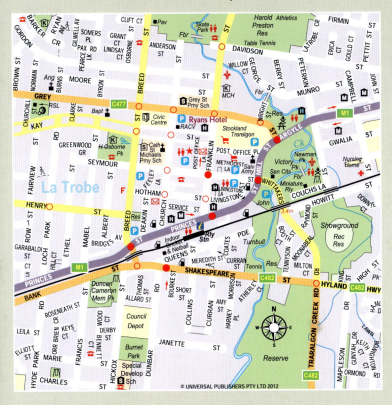

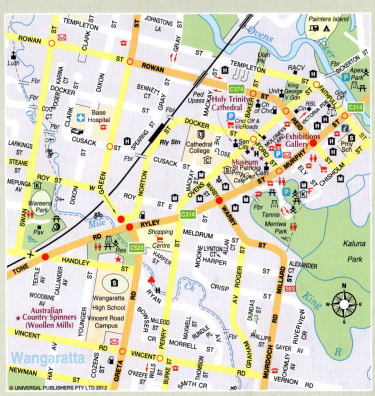

WARRNAMBOOL page 78 E4
Flagstaff Hill
Merri St
Ph: (03) 5564 7837 or 1800 637 725
www.visitwarrnambool.com.au

WODONGA page 77 F3
Gateway Complex
Lincoln Causeway
Ph: 1300 796 222
www.alburywodongaaustralia.com.au

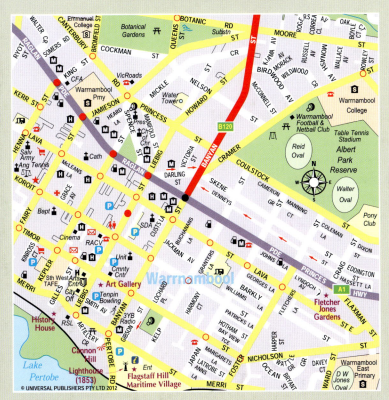

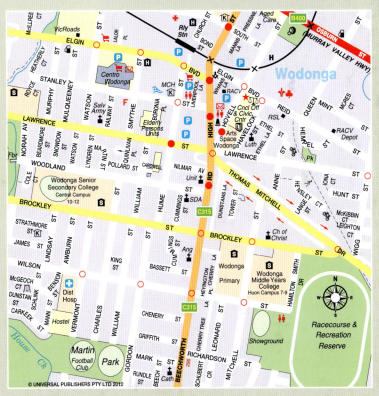

QUEENSLAND

The second largest state in Australia, Queensland is big, covering 1 727 200 square kilometres, and incredibly varied. From north to south its greatest distance is 2092 kilometres, and from east to west, 1148 kilometres.

Shadowing the coastline for about 2000 kilometres, the stunning Great Barrier Reef is one of the natural wonders of the world and perhaps the state's greatest asset. It offers the ultimate in diving, although snorkelling is also very popular, with dugongs, turtles, extensive coral gardens and 200 species of fish, all protected by World Heritage-listing. Even so, the Reef is only one of the fabulous natural attractions found throughout the state. Visitors to Queensland will also discover some of the world's most beautiful beaches, luxuriant tropical rainforests, idyllic islands, vast deserts and fascinating towns. All of this is enhanced by a relaxed pace, languid lifestyle and a climate that is close to perfect.

Evidence that Aboriginal people have lived in Queensland for many thousands of years can be seen in the traditional rock art found in such places as Carnarvon Gorge in the Central Highlands, and Quinkan Country galleries in the Laura River Valley on Cape York. Visitors can inspect these significant sites with Aboriginal guides. Visitors can also learn about Indigenous lifestyles at cultural centres such as the Dreamtime Cultural Centre near Rockhampton, or be entertained by the world-renowned Tjapukai Dance Theatre near Cairns.

European settlement of Queensland occurred quite late compared with the rest of Australia. In 1824 a convict station was built near Moreton Bay for the most intractable prisoners from the southern gaols, but after a year of active resistance from Aboriginal tribes it was abandoned and relocated to where Brisbane stands today.

Queensland's capital, Brisbane, is a very cool city, despite its subtropical climate. It is home to a lively young arts scene and is a hotbed of new music and fashion. This activity however has not affected Brisbane's open friendliness or its relaxed way of life, making it a perfect holiday destination

Touring Queensland by car is easy, although a four-wheel drive is required to reach some of the more remote outback regions. The Bruce Highway links Brisbane with Cairns and gives access to all coastal areas in between. Sealed roads continue to Cooktown, but dirt roads take over further north into the pristine wilderness of Cape York. A network of roads covers the vast outback areas, with convenient links to many points along the Bruce Highway. The enormous distances can also be covered by rail or air. Brisbane, Cairns and Coolangatta have international airports and there are regional airports at many of the larger towns and cities.

Lake McKenzie, Fraser Island, Great Sandy National Park

Places of interest

	MAP REF		MAP REF
Atherton Tableland	101 J3	Kuranda Scenic Railway	101 J3
Australia Zoo	109 J4	Lamington National Park	109 J5
Australian Stockman's Hall of Fame, Longreach	103 H5	Lone Pine Koala Sanctuary	96 D4
		Mount Coot-tha	96 D2
The Big Pineapple	109 J3	Museum of Tropical Queensland, Townsville	113
Birdsville	106 C3		
Bundaberg Rum Distillery	105 J6	Noosa National Park	109 K3
Cape York	99	Outback at Isa	112
Carnarvon Gorge	104 E6	Queen Street Mall	93 C4
Cobb & Co Museum, Toowoomba	109 H4	Queensland Art Gallery, Brisbane	93 B4
Currumbin Wildlife Sanctuary	109 K5	Queensland Museum and Sciencentre	93 B4
Daintree National Park	101 H2	Rainbow Beach	109 K3
Dreamtime Cultural Centre	105 G5	reefHQ Aquarium, Townsville	113
Dreamworld	109 K5	Roma Street Parkland	93 B3
Fraser Island	109 K2	Sea World	109 K5
Glass House Mountains	109 J4	Skyrail Rainforest Cableway	101 J3
Granite Belt Wine Country	109 H5	Surfers Paradise	109 K5
Great Barrier Reef	99,101,105	Tamborine Mountain	109 J5
Hervey Bay	109 J2	Tjapukai Aboriginal Culture Park	101 J3
Hughenden Dinosaur Centre	103 H2	Undara Lava Tubes	101 H4
Johnstone River Crocodile Farm	101 J4	UnderWater World, Mooloolaba	109 K3
Jupiters Casino, Gold Coast	109 K5	Warner Bros. Movie World	109 K5
Kronosaurus Korner	103 G2	Whitsunday Passage	104 E2

Map reference

QUEENSLAND

	MAP
Key map	90
Cape York Peninsula	99
Northern	100
Central Western	102
Central Northern	104
South Western	106
South Eastern	108

BRISBANE

City	93
Northern suburbs	94
Southern suburbs	96
CITY AND TOWN CENTRES	110

MAIN INFORMATION CENTRE

Brisbane Visitor Information Centre
Between Albert and Edward sts
Brisbane, QLD 4000
Ph: (07) 3006 6290

www.queenslandholidays.com.au

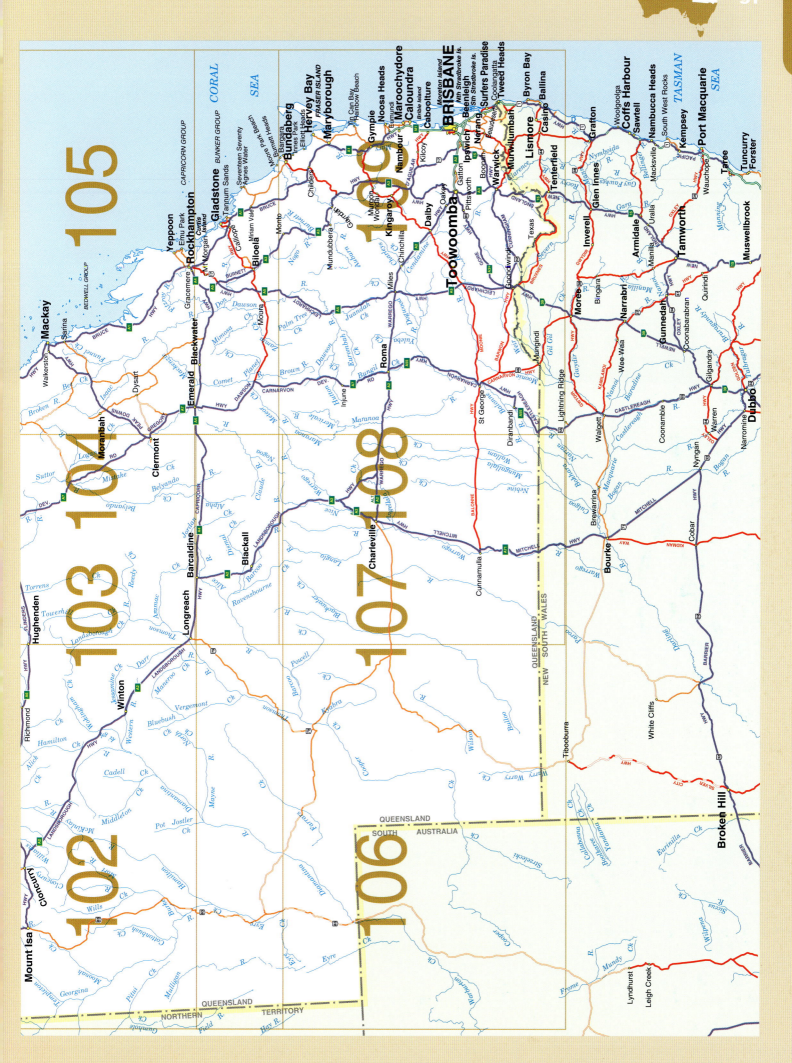

GoMA (Gallery of Modern Art), South Bank

Brisbane

Brisbane is the northernmost capital on Australia's east coast; a subtropical city on the banks of the Brisbane River. The city lies 14 kilometres inland and the river has always been an integral part of Brisbane life. Paddlesteamers, yachts, floating restaurants, ferries and cruise boats can be seen along the river, and there are restaurants and cafes with beautiful water views.

John Oxley, Surveyor-General, sailed up this river in 1823 and named it the Brisbane River after Sir Thomas Brisbane, then Governor of New South Wales. From 1825–1839, Brisbane was a penal settlement. The Old Windmill on Wickham Terrace is the city's oldest building, constructed by convicts in 1828. It became known as the 'Tower of Torture' because, when the wind dropped, the convicts had to crush the grain on a treadmill.

Today Brisbane is a busy, modern city with an extensive transport system, a variety of restaurants, entertainment and nightlife. The city has many parks and gardens with the largest, the City Botanic Gardens, situated on a bend of the Brisbane River. Roma Street Parkland is the world's largest subtropical garden in a city centre. Mount Coot-tha Botanic Gardens, at Toowong, feature a scented garden, tropical plant dome and the Sir Thomas Brisbane Planetarium.

Places of interest

	MAP REF		MAP REF
ANZAC Square	93 D3	Queensland Art Gallery	93 B4
Brisbane Convention & Exhibition Centre	93 B5	Queensland Gallery of Modern Art	93 B4
		Queensland Maritime Museum	93 C5
City Botanic Gardens	93 D4	Queensland Museum and Sciencentre	93 B4
Commissariat Store	93 C4	Queensland Performing Arts Centre	93 C4
Customs House	93 D3	Riverside Centre	93 D3
Fortitude Valley	93 E2	Roma Street Parkland	93 B3
The Gabba (Brisbane Cricket Ground)	93 E6	South Bank Parklands	93 C5
Kangaroo Point	93 E3	State Library of Queensland	93 B4
King George Square	93 C4	Story Bridge	93 E3
Old Government House	93 D5	Suncorp Stadium	93 A3
Old Windmill Observatory	93 C3	Treasury Brisbane (Casino)	93 C4
Parliament House	93 D4	Victoria Barracks	93 B3
Queen Street Mall	93 C4		

94 BRISBANE NORTHERN SUBURBS

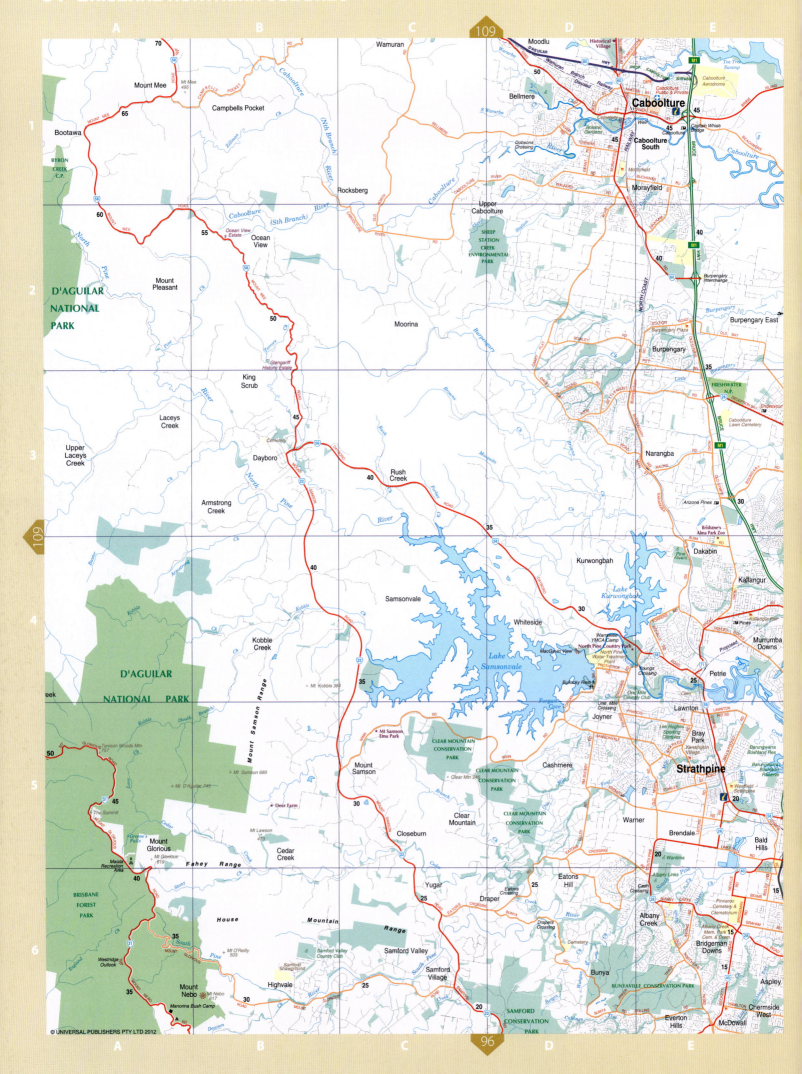

96 BRISBANE SOUTHERN SUBURBS

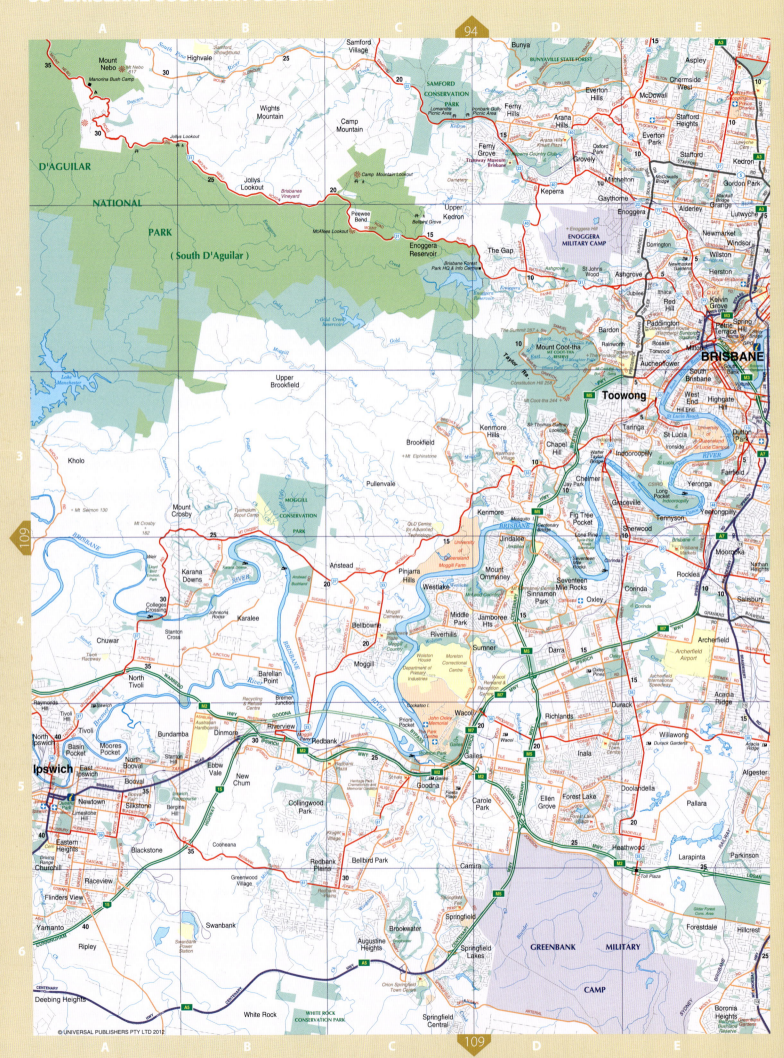

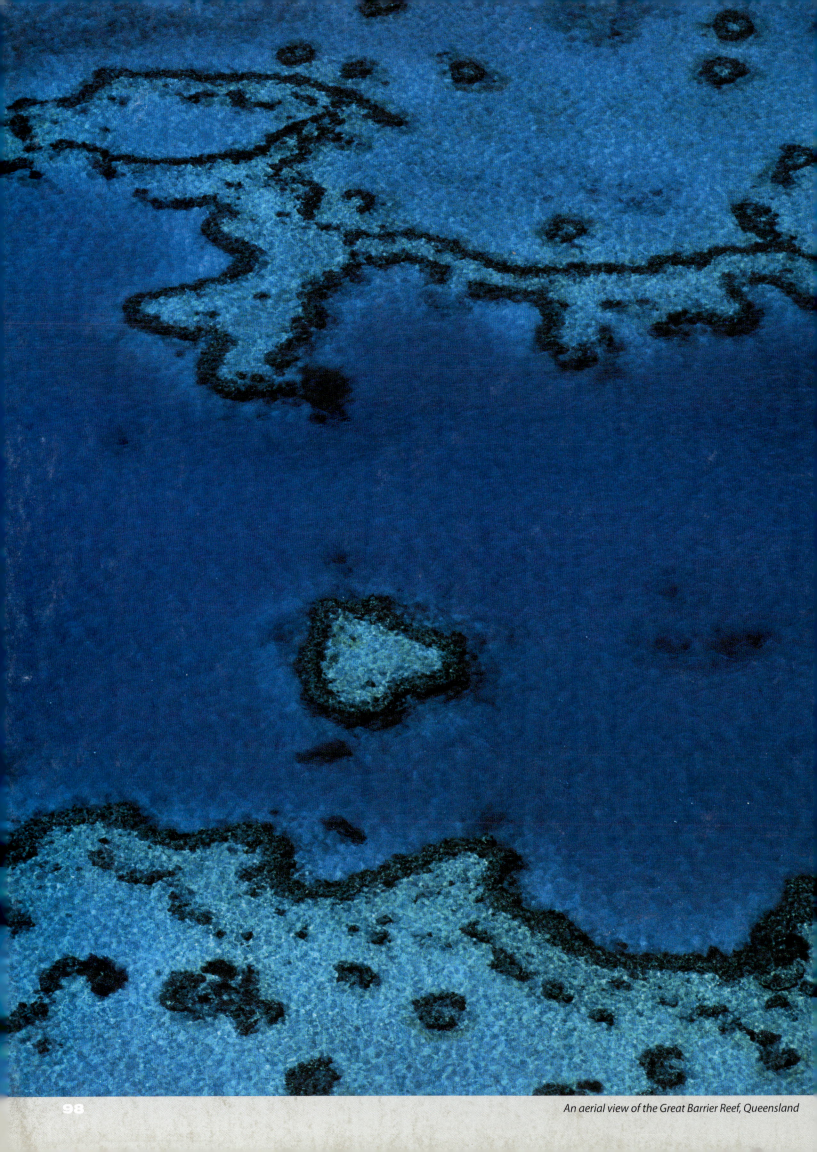
An aerial view of the Great Barrier Reef, Queensland

CAPE YORK PENINSULA

102 CENTRAL WESTERN QUEENSLAND

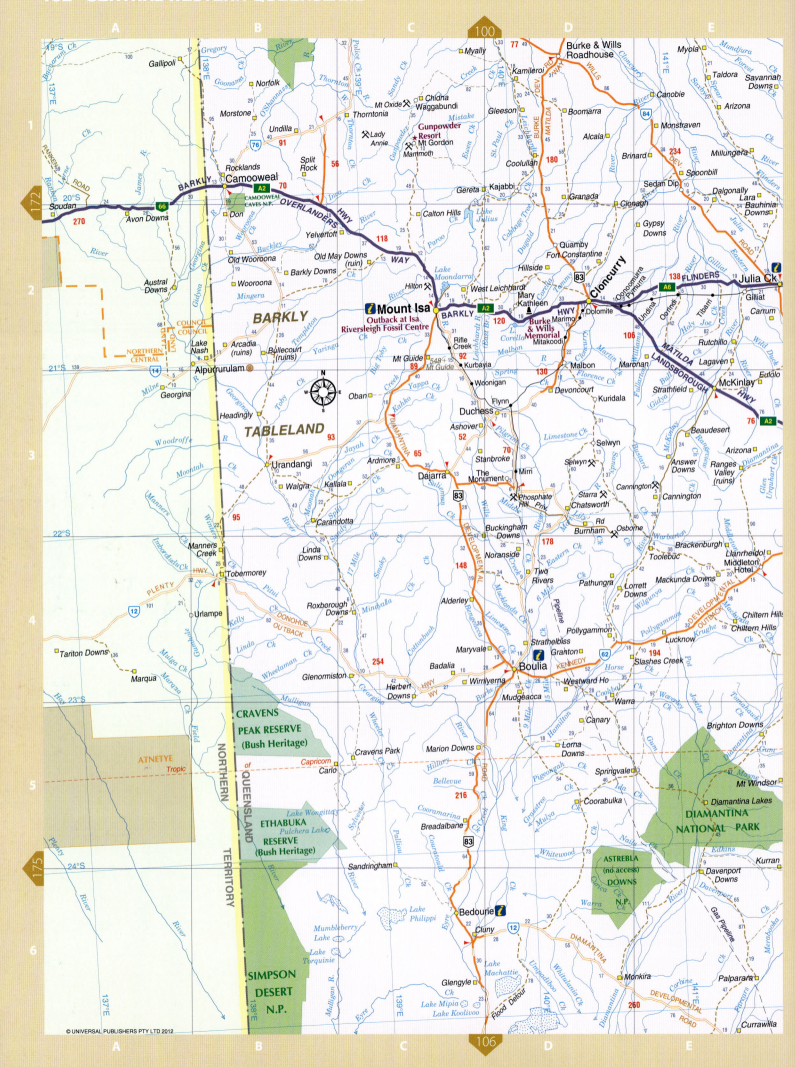

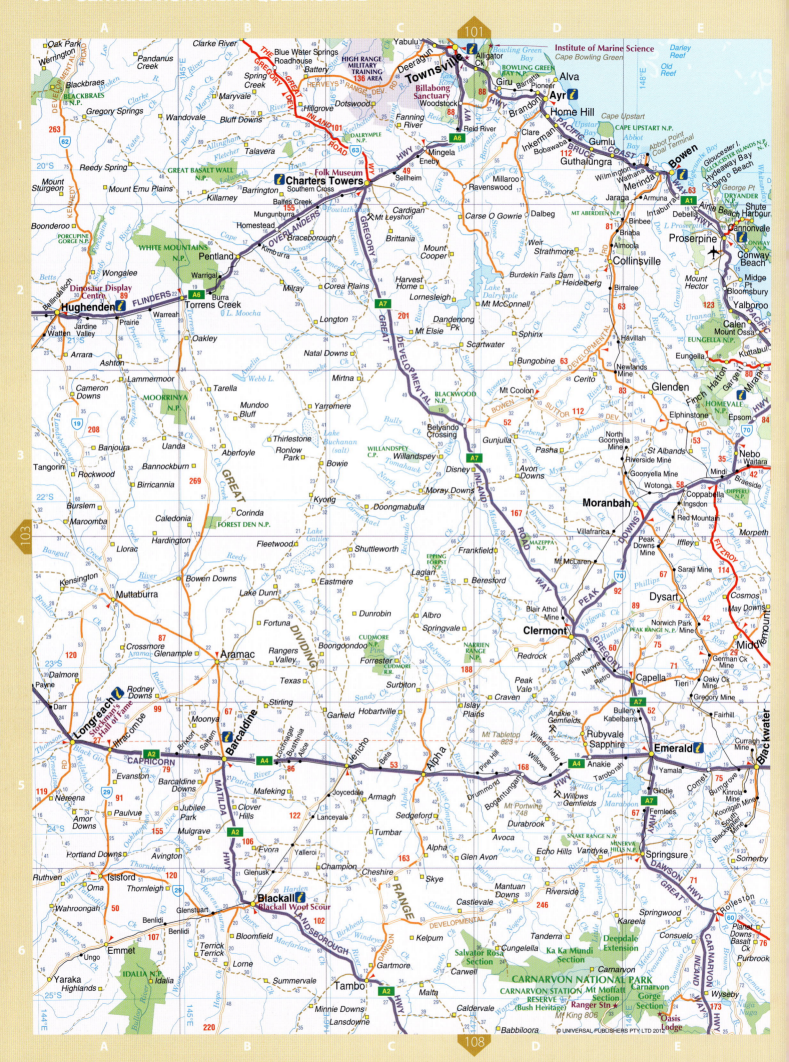

106 SOUTH WESTERN QUEENSLAND

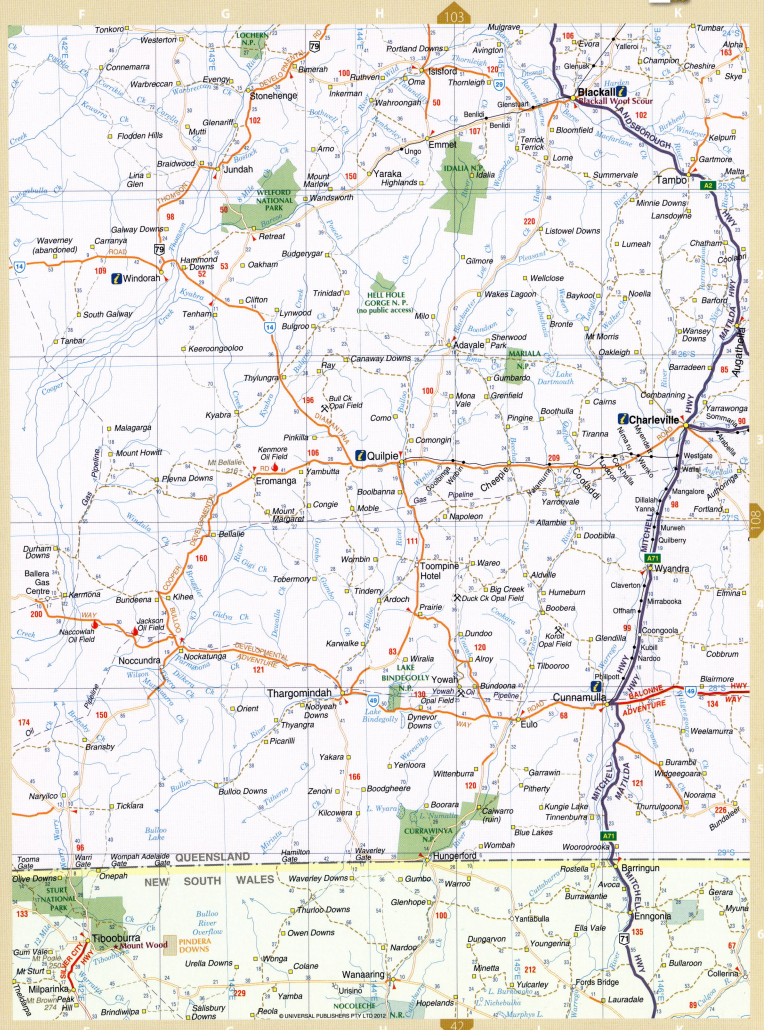

108 SOUTH EASTERN QUEENSLAND

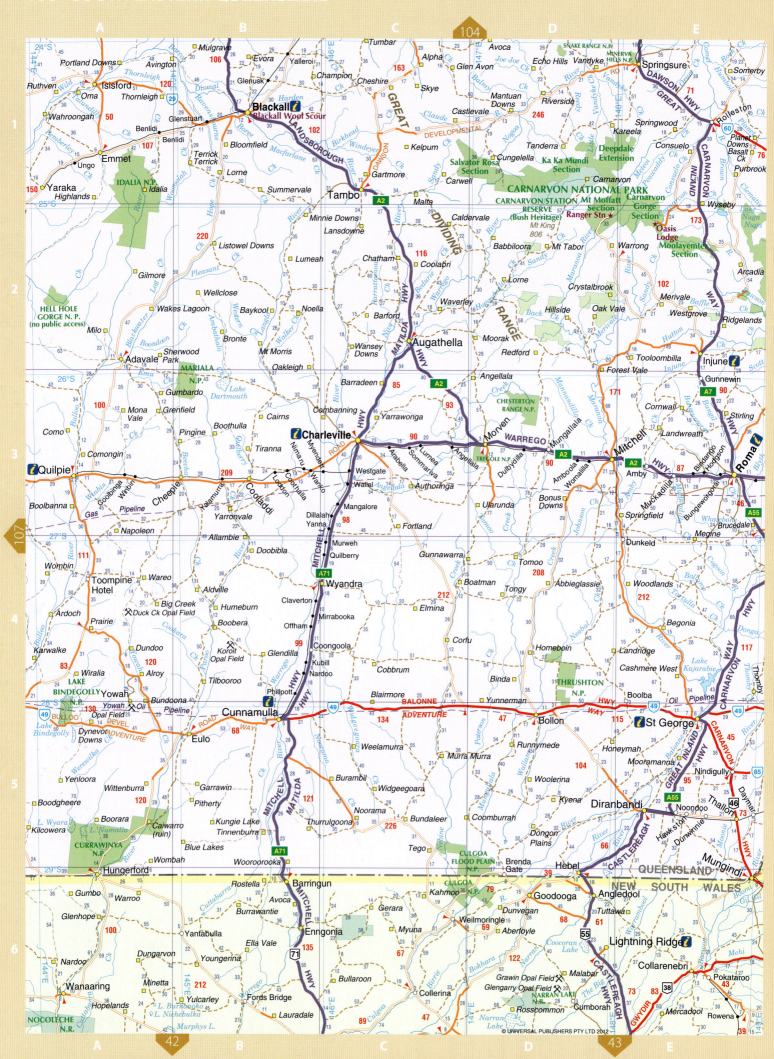

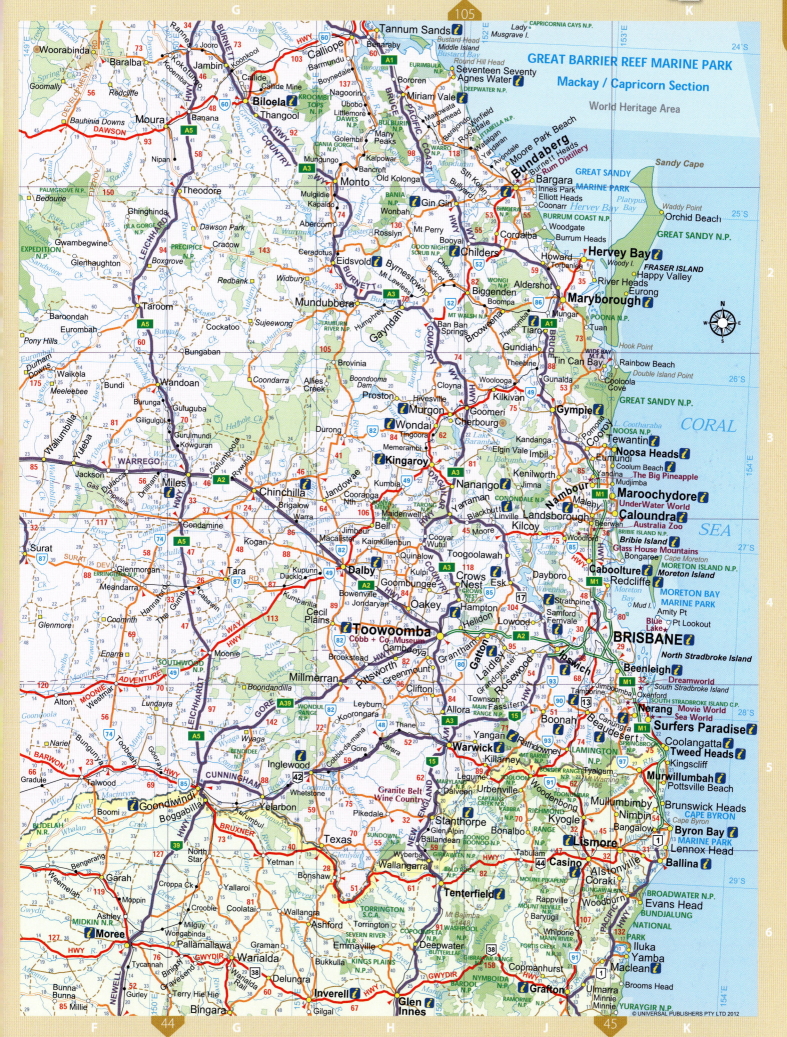

AIRLIE BEACH page 104 E2
Tourism Whitsundays
Ph: (07) 4948 5900
www.tourismwhitsundays.com.au

BUNDABERG page 109 J1
271 Bourbong St
Ph: (07) 4153 8888 or 1300 722 099
www.bundabergregion.org

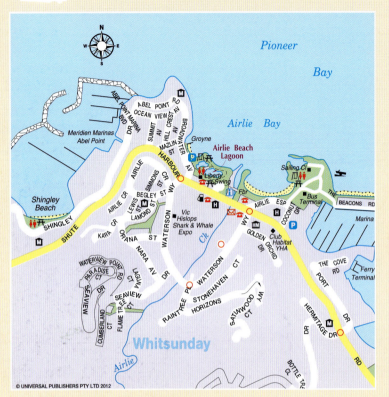

CAIRNS page 101 J3
51 Esplanade
Ph: (07) 4051 3588 or 1800 093 300
www.cairnsgreatbarrierreef.org.au

GLADSTONE page 105 H5
Marina Ferry Terminal
Bryan Jordan Dr
Ph: (07) 4972 9000
www.gladstoneregion.info

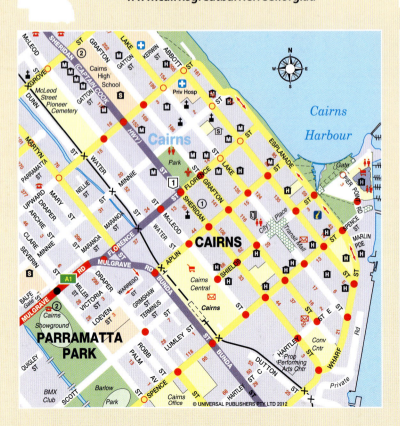

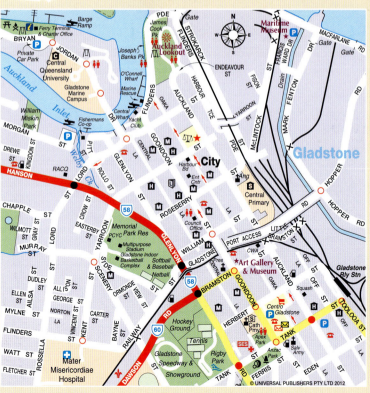

GYMPIE page 109 J3
Lake Alford
Bruce Hwy
Ph: 1800 444 222
www.cooloola.org.au

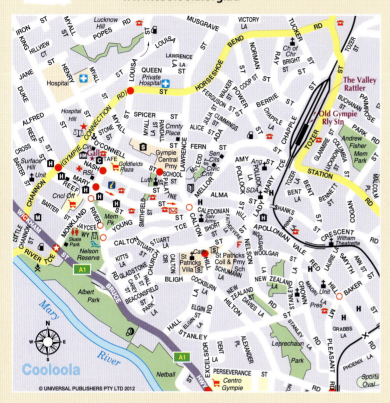

HERVEY BAY page 109 J2
227 Maryborough-
Hervey Bay Rd
Ph: 1800 811 728
www.visitherveybay.info

MACKAY page 105 F2
The Mill
320 Nebo Rd
Ph: (07) 4952 2034 or 1300 130 001
www.mackayregion.com

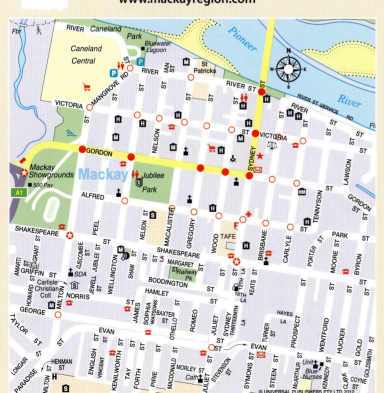

MAROOCHYDORE page 109 K3
Cnr Melrose Pde & Sixth Av
Ph: (07) 5459 9050 or 1800 644 969
www.sunshinecoastvisit.com.au

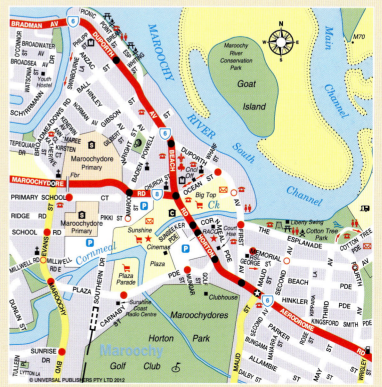

MARYBOROUGH page 109 J2
City Hall
Kent St
Ph: 1800 214 789
www.ourfrasercoast.com.au

MOUNT ISA page 102 C2
Outback at Isa, Julia Creek
19 Marian St
Ph: (07) 4749 1555 or 1300 659 660

NOOSA HEADS page 109 K3
Hastings St
Ph: (07) 5430 5000 or 1300 066 672
www.visitnoosa.com.au

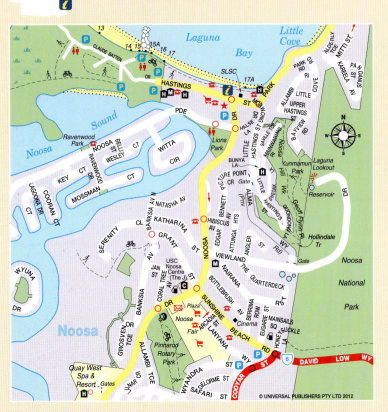

ROCKHAMPTON page 105 G5
208 Quay St
Ph: (07) 4922 5339 or 1800 676 701
www.capricornholidays.com.au

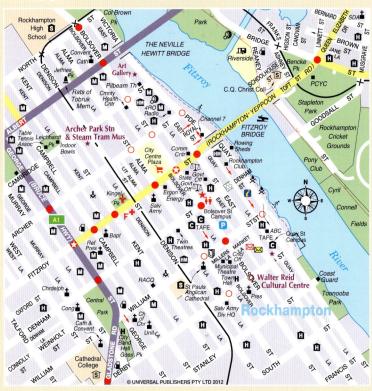

SURFERS PARADISE page 109 K5
Cavill Walk
2 Cavill Ave
Ph: (07) 5538 4419 or 1300 309 440
www.verygoldcoast.com

TOOWOOMBA page 109 H4
Cnr James & Kitchener Sts
Ph: (07) 4639 3797 or 1800 331 155
www.toowoombaholidays.info

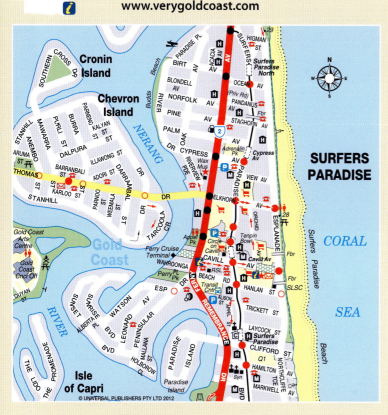

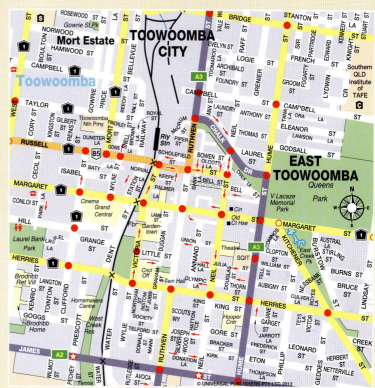

TOWNSVILLE page 101 K5
Flinders Mall, Flinders St
Ph: (07) 4721 3660
www.townsvilleholidays.info

WARWICK page 109 H5
49 Albion St
Ph: (07) 4661 3122 or 1300 766 423
www.southerndownsholidays.info

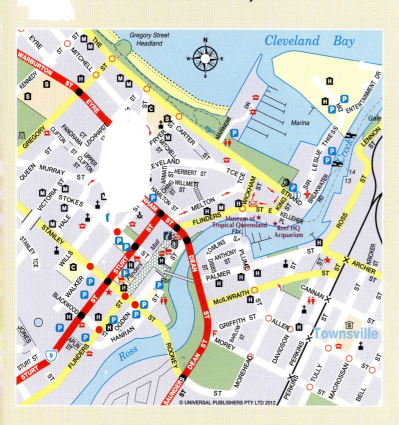

Wildflowers in the Flinders Ranges

Map reference

SOUTH AUSTRALIA	MAP
Key map	115
North Western	122
North Eastern	124
Western	126
Eastern	128
South Eastern	130

ADELAIDE	
City	117
Northern suburbs	118
Southern suburbs	120
CITY AND TOWN CENTRES	132

SOUTH AUSTRALIA

Although it's Australia's driest state, one of South Australia's many attractions is its extensive 3700 kilometre coastline, offering scenic driving and walking routes along its many indentations and offshore islands.

South Australia's north and west are dominated by a near-desert environment where immense deserts, rugged mountains and dry lakes entice many visitors; the beautiful Flinders Ranges is among the top attractions. The southern gulf lands, including the Eyre, Yorke and Fleurieu peninsulas, are fringed by quiet beaches, fishing towns and the Mount Lofty Ranges.

For travellers, South Australia is the perfect place to get off the beaten track. The outback begins just an hour or two up the road from Adelaide, the state's capital. Touring by car is easy with links from Adelaide to the Barrier, Sturt, Ouyen, Dukes and Princes highways heading to the eastern states; the Stuart Highway, crossing the continent to Darwin; and the Eyre Highway, traversing the Nullarbor Plain to Western Australia.

MAIN INFORMATION CENTRE

South Australia Visitor and Travel Centre
18 King William St
Adelaide, SA 5000
Ph: 1300 764 227 or (08) 8463 4547
www.southaustralia.com

Places of interest

	MAP REF
Adelaide Festival Centre	117 C3
Australian Arid Lands Botanic Garden	128 E4
The Barossa Goldfields	119 G2
Barossa Valley wineries	131 G1
Belair National Park	120 E2
Birdsville Track	125 F5
Blue Lake, Mount Gambier	131 H6
Clare Valley wineries	129 F6
Cleland Wildlife Park	120 E2
Coober Pedy Opal Mines	123 K5
Coonawarra wineries	131 H5
Flinders Ranges National Park	129 F3
Glenelg	120 B2
Granite Island	131 F3
Hahndorf	121 G3
Hallett Cove Conservation Park	120 B4
Koppio Smithy Museum	130 C1
Lake Eyre	124 D4
Lincoln National Park	130 B2
Loxton Historical Village	131 H1
McLaren Vale wineries	120 C6
Mount Lofty summit and Botanic Garden	120 E2
Murphy's Haystacks	127 J5
Naracoorte Caves	131 H5
National Motor Museum, Birdwood	119 J5
Nullarbor Cliffs	126 C3
Pichi Richi Railway, Quorn	128 E4
Remarkable Rocks, Kangaroo Island	130 D3
South Australian Whale Centre, Victor Harbor	133
South Australian Maritime Museum	118 B5
SteamRanger Heritage Railway, Victor Harbor	131 F3
Wadlata Outback Centre, Port Augusta	132
Wallaroo Mines Historic Area	128 D6
Wilpena Pound	129 F3

SOUTH AUSTRALIA KEY MAP 115

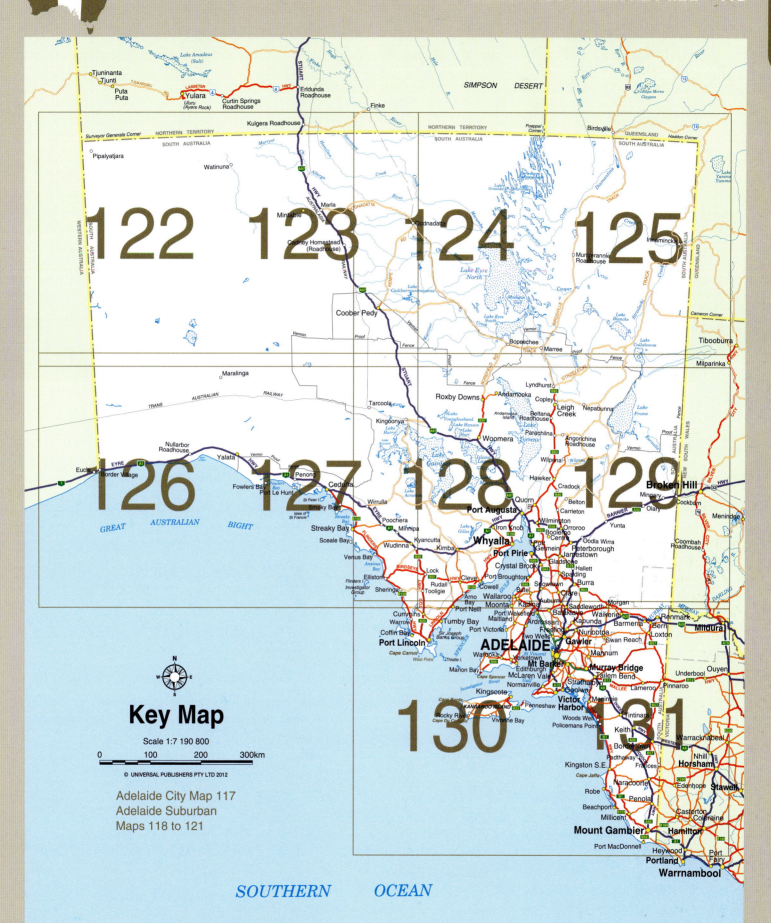

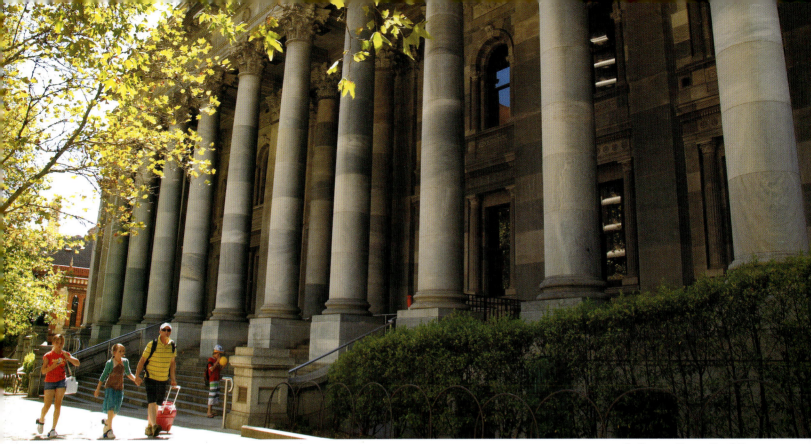

Parliament House, North Terrace

Adelaide

South Australia's capital city, Adelaide, was named after the wife of King William IV. This well-planned city of gardens, historic buildings and churches lies on a narrow coastal plain between the Mount Lofty Ranges and the waters of Gulf St Vincent.

As envisioned by Colonel William Light, Surveyor-General for the new colony from 1836, the city centre is surrounded by open parklands, which separate the CBD from the suburbs.

The tree-lined boulevard of North Terrace contains so many fine colonial buildings and places of interest that it is not uncommon to see groups of people on organised history walks. At the western end of the street is Holy Trinity Church, the oldest church in the state. Nearby are the two oldest buildings remaining in Adelaide: the Regency-style Government House, started in 1838 and not completed until 1878; and Adelaide Gaol, last used in 1988.

Adelaide is known for its cafe culture, restaurants and wines. The city has a multicultural population and this is reflected in the city's markets and restaurants.

Adelaide is also well-known for its festivals, including the legendary Adelaide Festival, the Adelaide Fringe Festival and the Adelaide International Film Festival (held in odd-numbered years).

Places of interest

Place	MAP REF	Place	MAP REF
Adelaide Central Market and Chinatown	117 C4	Light's Vision	117 C3
		Lion Arts Centre	117 C4
Adelaide Convention Centre	117 C3	Migration Museum	117 D3
Adelaide Festival Centre	117 C3	National Wine Centre of Australia	117 E3
Adelaide Gaol	117 B3	Parliament House	117 C3
Adelaide Himeji Garden	117 D5	Rundle Mall	117 D4
Adelaide Town Hall	117 D4	SKYCITY Adelaide	117 C3
Adelaide Zoo	117 D3	South Australian Museum	117 D3
Art Gallery of South Australia	117 D3	State Library of South Australia	117 D3
Ayers House	117 D3	Tandanya, National Aboriginal Cultural Institute	117 D4
Botanic Gardens of Adelaide	117 D3		
Elder Park and Rotunda	117 C3	Torrens Lake	117 C3
Glenelg Tram Terminal	117 D4	University of South Australia	117 D3
Government House	117 D3	Victoria Park Racecourse	117 E4
International Rose Garden	117 E3	Victoria Square	117 D4

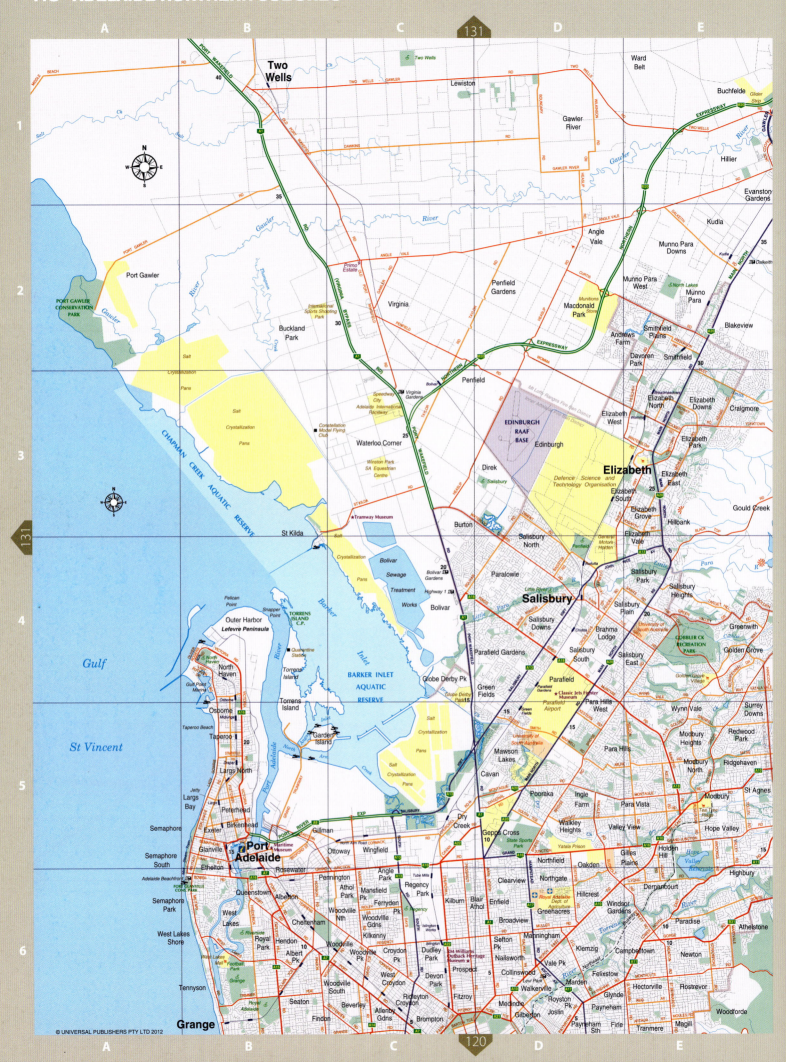

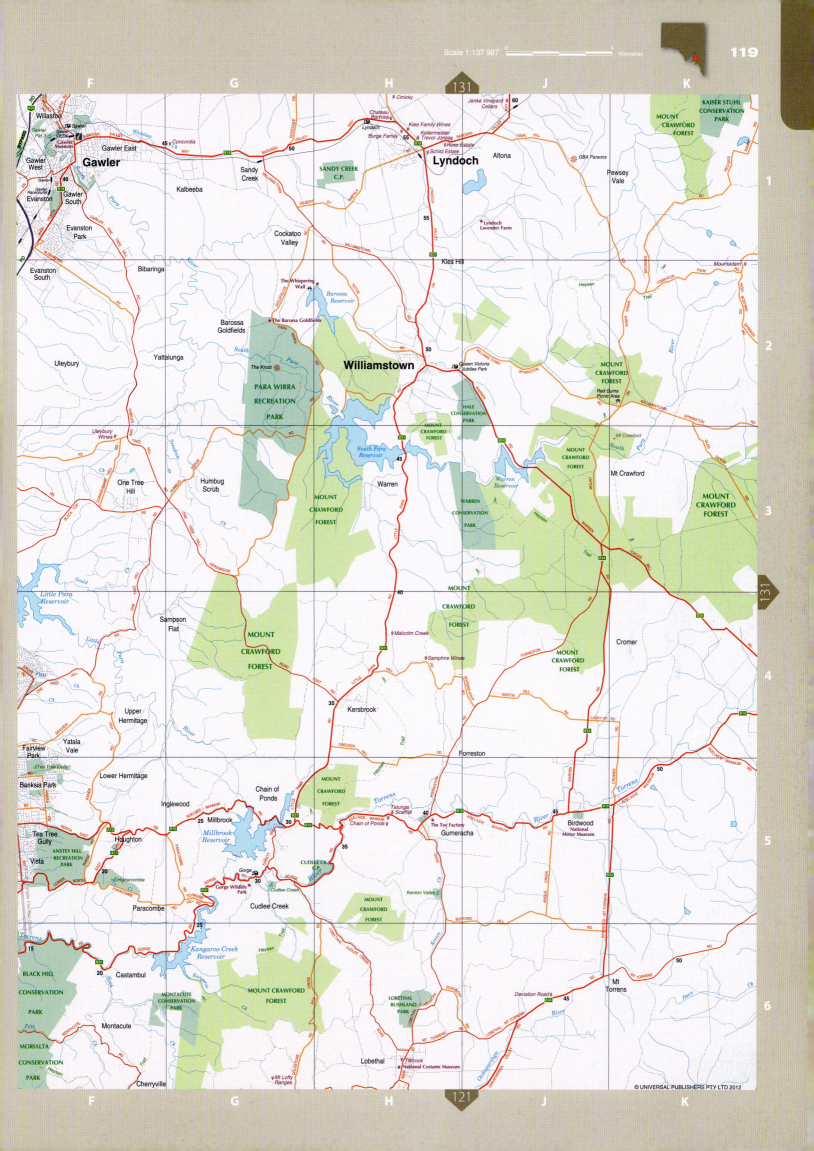

120 ADELAIDE SOUTHERN SUBURBS

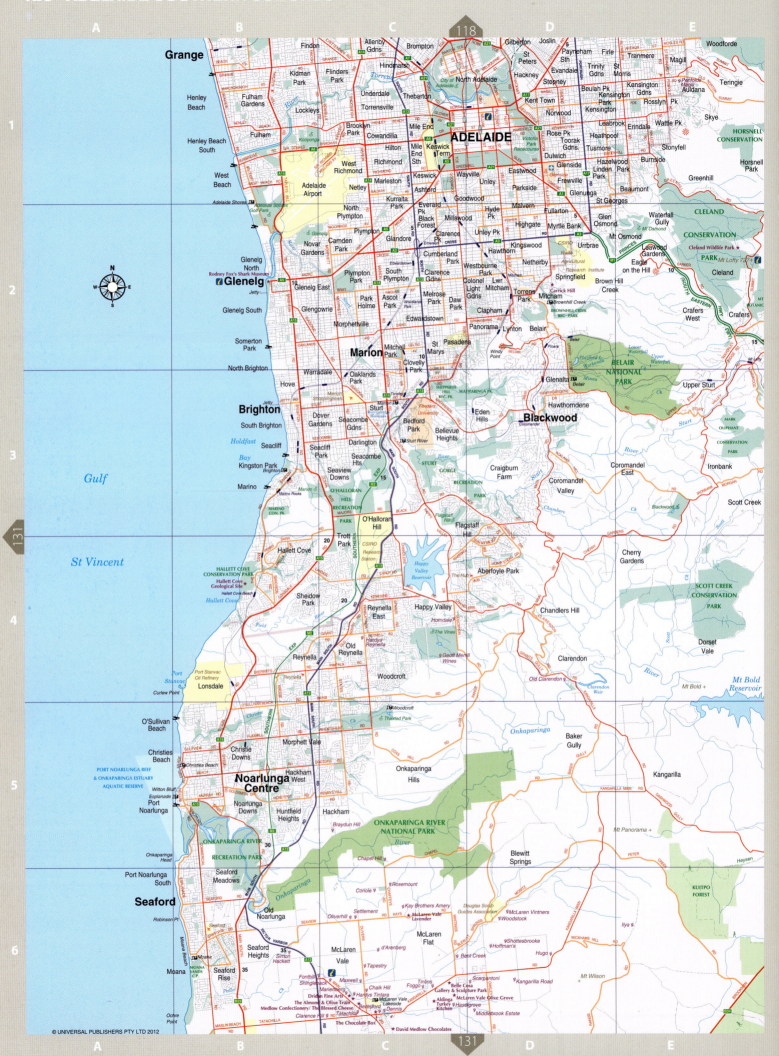

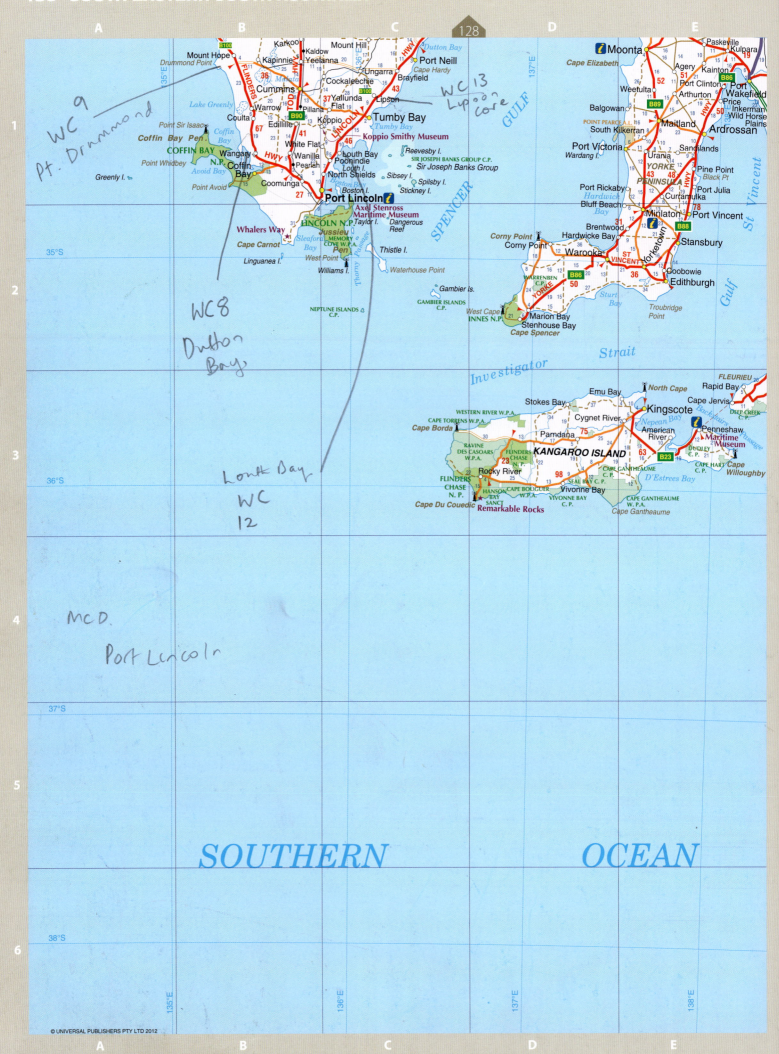

MOUNT GAMBIER page 131 H6
Lady Nelson Visitor & Discovery Centre
Jubilee Hwy East
Ph: (08) 8724 9750 or 1800 087 187
www.mountgambiertourism.com.au

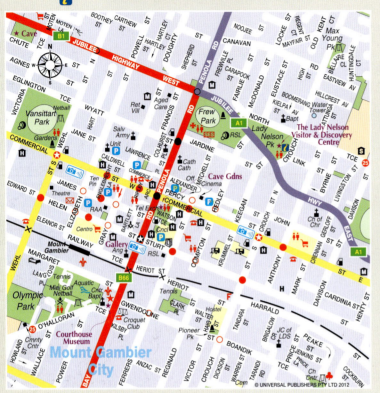

MURRAY BRIDGE page 131 G2
3 South Tce
Ph: (08) 8539 1142
www.murraybridge.sa.gov.au

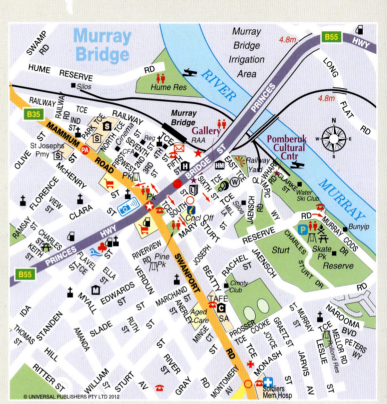

PORT AUGUSTA page 128 E4
Wadlata Outback Centre
41 Flinders Tce
Ph: 1800 633 060
www.portaugusta.sa.gov.au

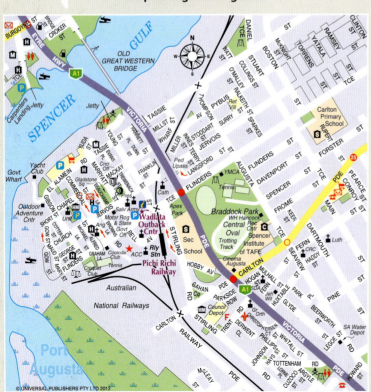

PORT LINCOLN page 130 C1
3 Adelaide Pl
Ph: (08) 8683 3544 or 1300 788 378
www.visitportlincoln.net

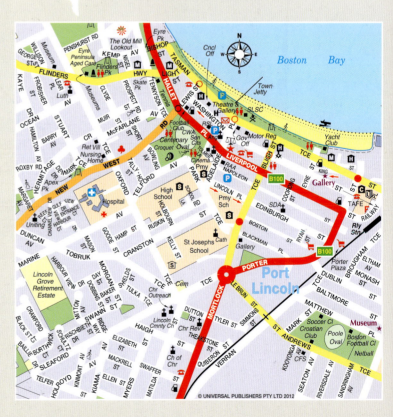

PORT PIRIE page 128 E5
3 Mary Elie St
Ph: (08) 8633 8700 or 1800 000 424
www.portpirie.sa.gov.au

RENMARK page 131 J1
84 Murray Av
Ph: (08) 8586 6704 or 1300 661 704
www.visitrenmark.com

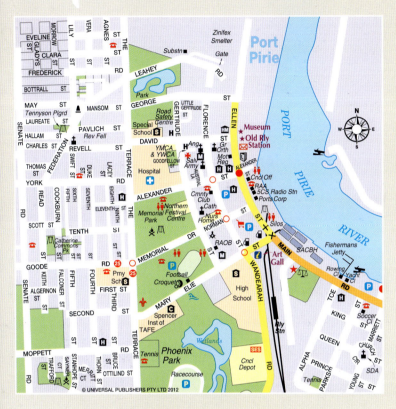

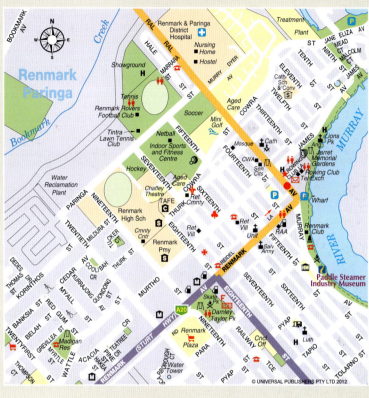

VICTOR HARBOR page 131 F3
The Causeway
Esplanade
Ph: (08) 8551 0777
www.tourismvictorharbor.com.au

WHYALLA page 128 E5
Lincoln Hwy
Ph: (08) 8645 7900 or 1800 088 589
www.whyalla.com

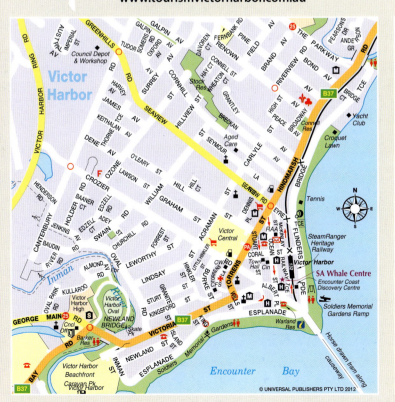

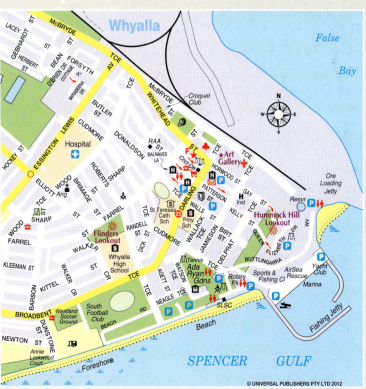

Bungle Bungle Range, Purnululu National Park

Map reference

WESTERN AUSTRALIA	MAP
Key map	135
Northern	142
Central Northern	144
Central Southern	146
South Western	148
Nullarbor Plain	150
Central Eastern	152
South Eastern	153

PERTH	
City	137
Northern suburbs	138
Southern suburbs	140
CITY AND TOWN CENTRES	154

WESTERN AUSTRALIA

Western Australia is the giant of Australian states and embraces an incredible landscape: rugged northern ranges and dramatic gorges, southern towering forests, arid eastern deserts and a pristine western coastline.

Western Australia's coastline alone offers so much to explore: from the remote northern Kimberley region, to the 'iron shoulder' of the Pilbara, Ningaloo coral reef, Shark Bay and the southern plain of the state's capital, Perth. Heading east the coastline traces granite shores facing the wild Southern Ocean and the limestone cliffs of the Great Australian Bight.

Touring this vast state requires planning and time. The south-west area around Perth has good roads and accessible features. The rest of Western Australia has fewer road options. Flying can replace some long drives but touring by car is a rewarding experience. A four-wheel drive vehicle is essential for touring the Kimberley or the desert tracks of the state's centre.

MAIN INFORMATION CENTRE

Western Australia Visitor Centre
Cnr Forrest Pl and Wellington St
Perth, WA 6000
Ph: 1800 812 808 or (08) 9483 1111
www.westernaustralia.com

Places of interest

	MAP REF		MAP REF
Aquarium of Western Australia (AQWA)	138 B1	Manjimup Timber and Heritage Park	148 C5
		Margaret River wineries	148 A4
Argyle Diamond Mine	143 J4	Miners Hall of Fame, Kalgoorlie	150 B2
Broome Bird Observatory	142 C5	Mount Augustus	144 D6
Bungle Bungles (Purnululu National Park)	143 J4	New Norcia	146 D6
		Ningaloo Reef and Marine Park	144 A4
Busselton Jetty	155	Pemberton Tramway	148 C5
Cable Beach, Broome	142 C5	Pinnacles Desert, Nambung National Park	146 C6
Coolgardie Camel Farm	150 B2		
Dolphin Discovery Centre, Bunbury	154	Rottnest Island	148 B1
Fremantle	138 C5	Shark Bay/Monkey Mia	146 A1
Geikie Gorge	143 G5	St Francis Xavier Cathedral, Geraldton	156
Jewel, Lake and Mammoth Caves	148 A5	Stirling Range National Park	148 E5
Kalbarri National Park	146 B3	Tunnel Creek	143 F4
Karijini National Park	144 E4	Valley of the Giants	148 D6
Lake Argyle	143 J3	Wagin Historical Village	148 D3
Leeuwin–Naturaliste National Park	148 A4	Wave Rock	149 G2
Malcolm Douglas Broome Crocodile Park	142 C5	Whale World, Albany	148 E6
		Wolfe Creek Meteorite Crater	143 J6

WESTERN AUSTRALIA KEY MAP 135

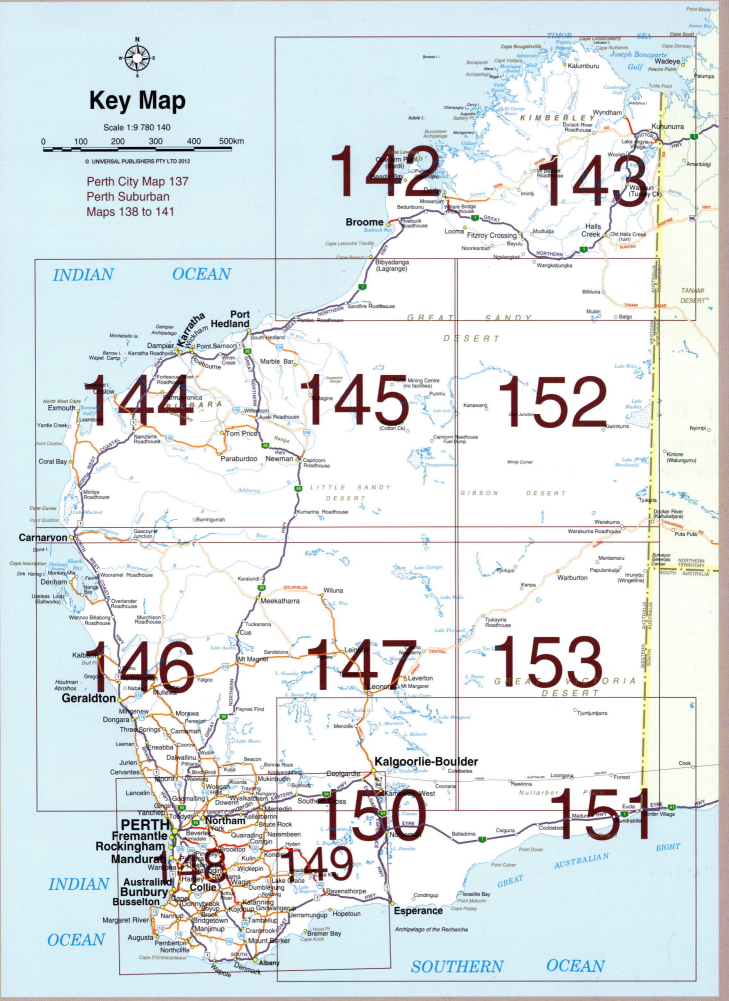

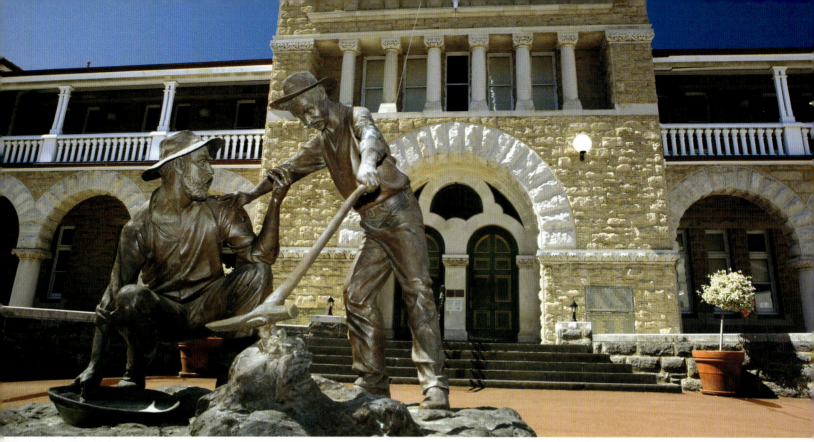

The Strike statue in the foreground of Perth Mint

Perth

Perth is a modern city, defined by the Swan River. It is the most isolated capital city in the world; its nearest neighbour, Adelaide, is 2700 kilometres away by road. Yet it is this isolation which has allowed the city to retain its feeling of space and relaxed charm.

Perth was proclaimed on 12 August 1829 and named after the Scottish city of Perth. Convict labour was introduced in the 1850s and many of Perth's early public buildings, roads and bridges were built by convicts. During the 1890s gold was discovered at Coolgardie and Kalgoorlie, greatly boosting the economy, and people raced to the region to make their fortune.

The Perth Mint offers a visit to the past at its Old Melting House. Gold bar pouring demonstrations are available every day and visitors can watch mint operations from the public gallery.

Perth's feeling of space is enhanced by the many parks surrounding the city, including well-known Kings Park. This 400 hectare park offers beautiful views overlooking the city and the Swan River. It is noted for its wildflowers in springtime and its bushwalking trails.

The golden surf beaches are another big attraction in Perth, and are within easy reach of the city. With its Mediterranean-type climate visitors can enjoy Perth's relaxed, outdoor lifestyle year-round.

Places of interest

	MAP REF
Art Gallery of Western Australia	137 C3
Barrack Square	137 C4
The Bell Tower	137 C4
Fire and Emergency Services Authority Education and Heritage Centre	137 C3
Hay Street Mall	137 C3
His Majesty's Theatre	137 B3
Kings Park and Botanic Garden	137 A4
London Court	137 C3
The Old Mill	137 B4
Parliament House	137 B3
Perth Concert Hall	137 C4
Perth Mint	137 D4
Perth Town Hall	137 C3
Perth Zoo	137 B6
Queens Gardens	137 E4
Scitech	137 B2
Supreme Court Gardens	137 C4
Swan River	137 A5
WACA Ground	137 E4
Western Australian Museum	137 C3

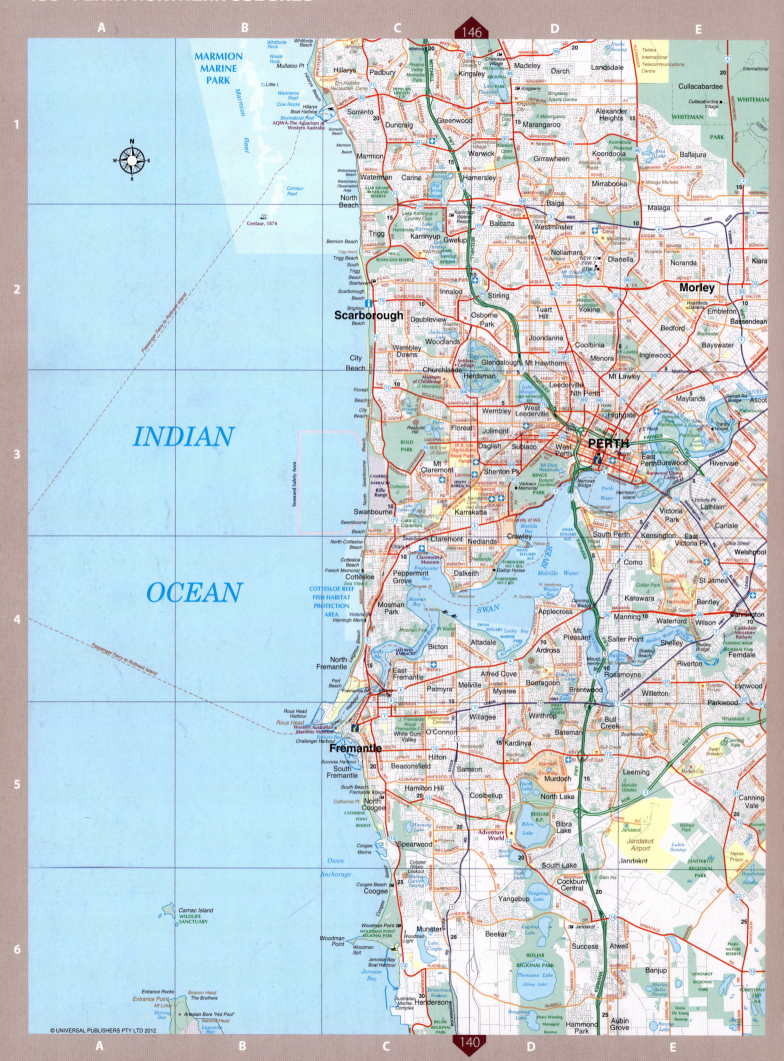

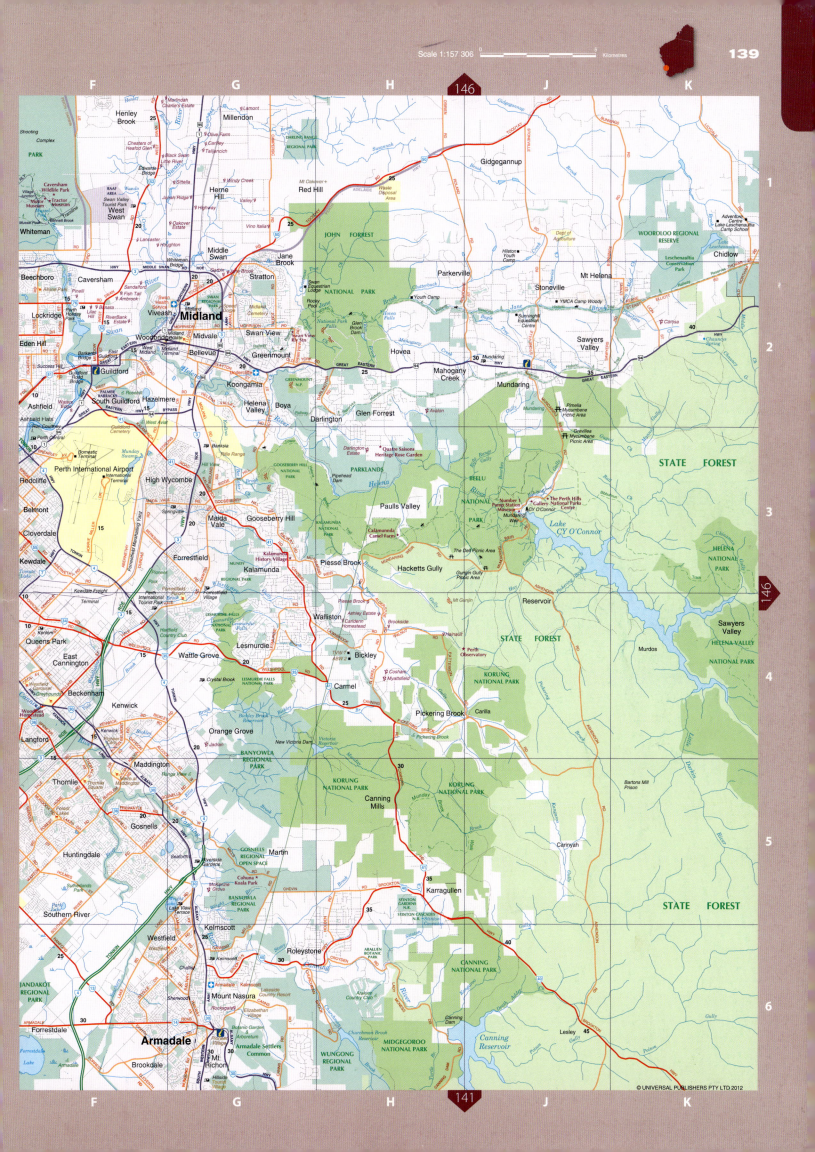

140 PERTH SOUTHERN SUBURBS

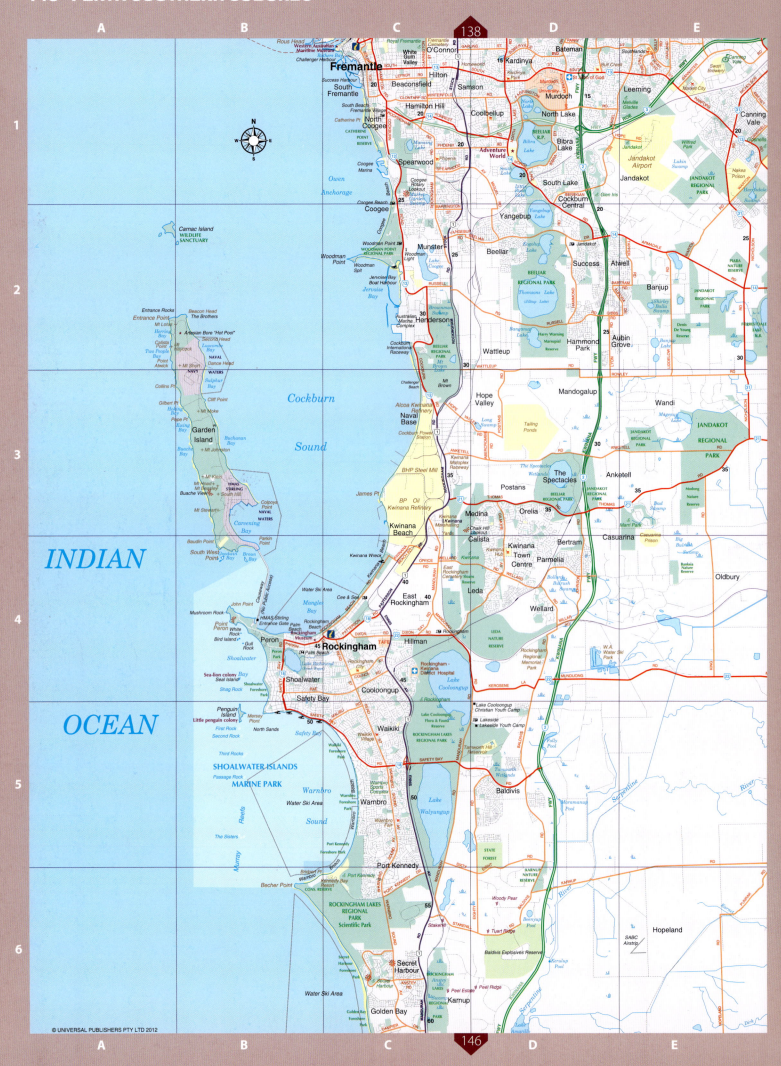

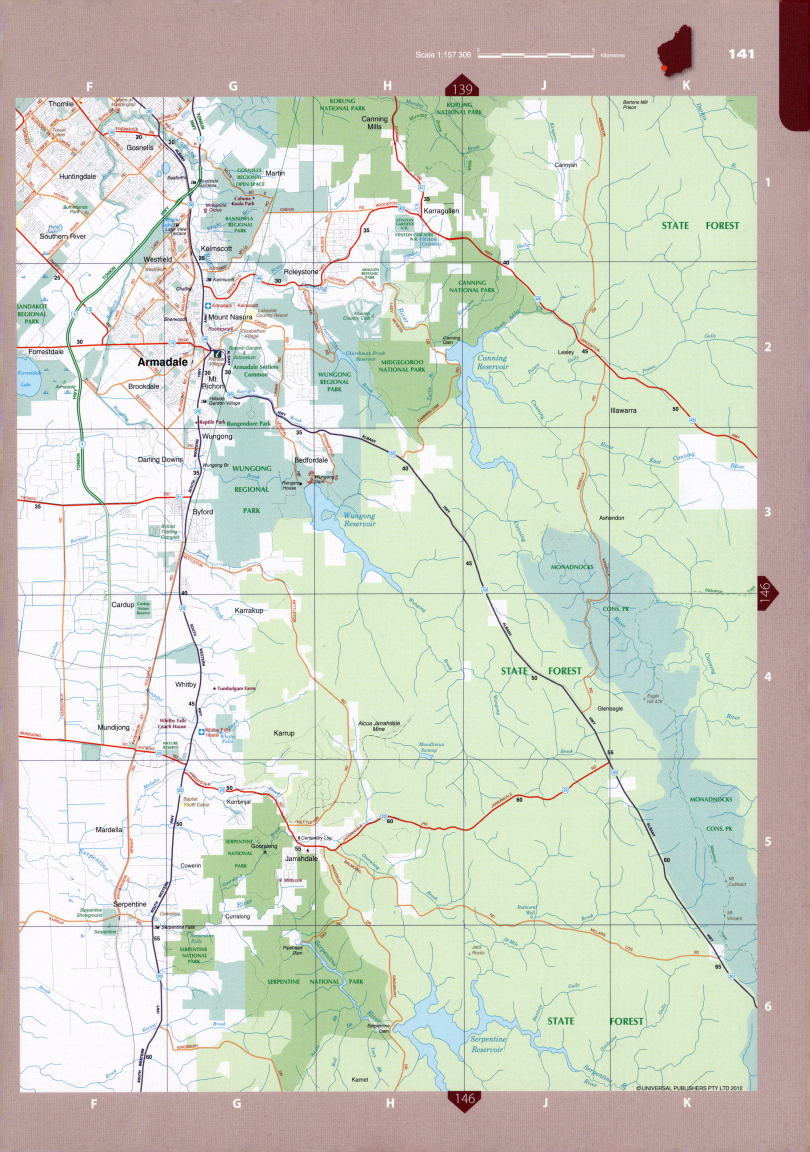

142 NORTHERN WESTERN AUSTRALIA

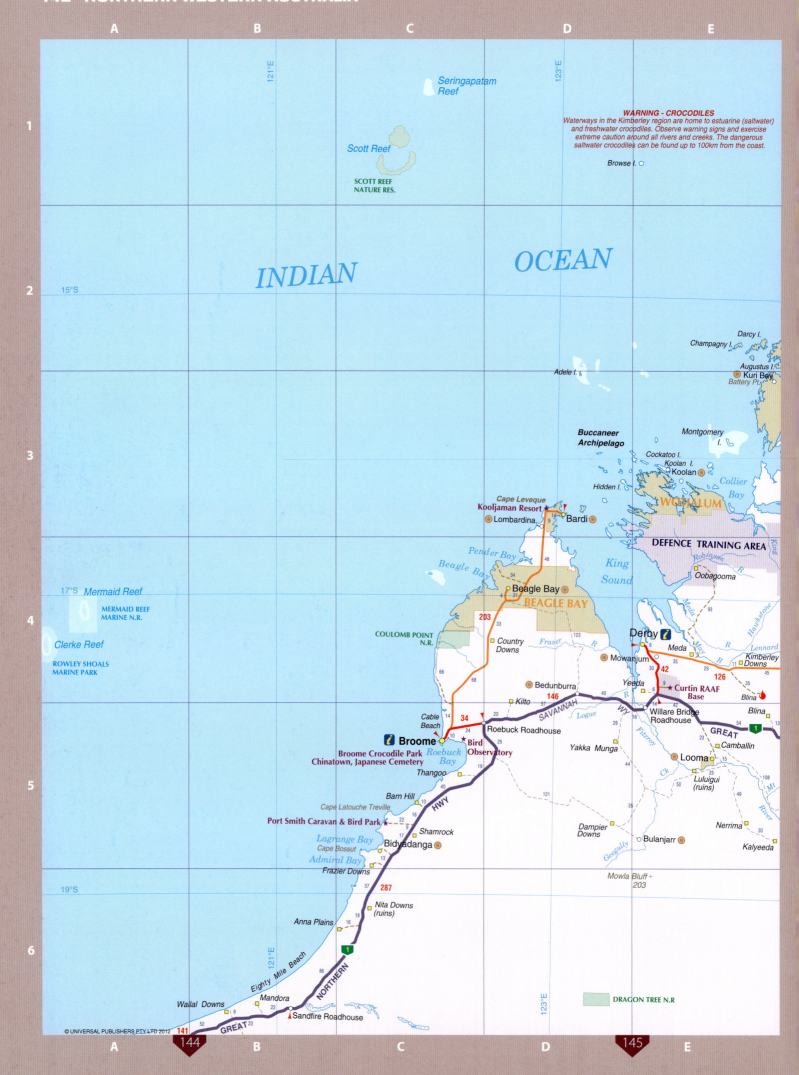

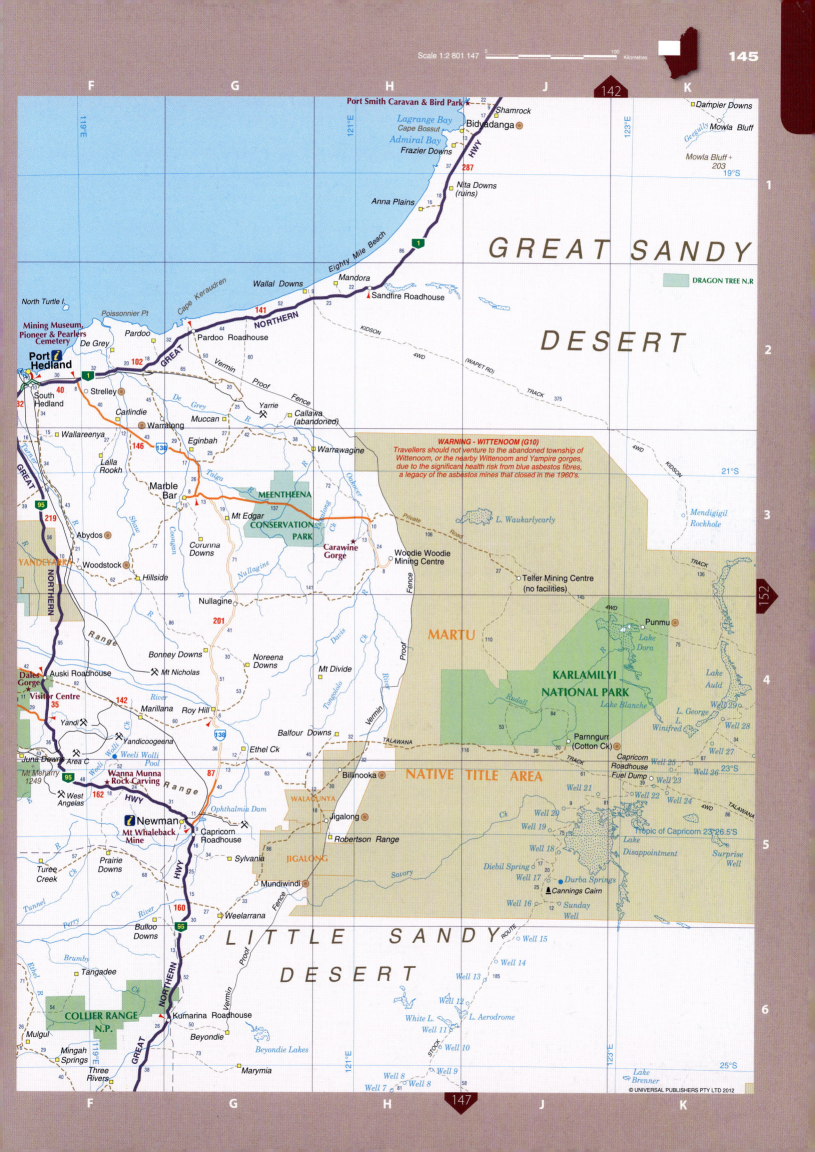

146 CENTRAL SOUTHERN WESTERN AUSTRALIA

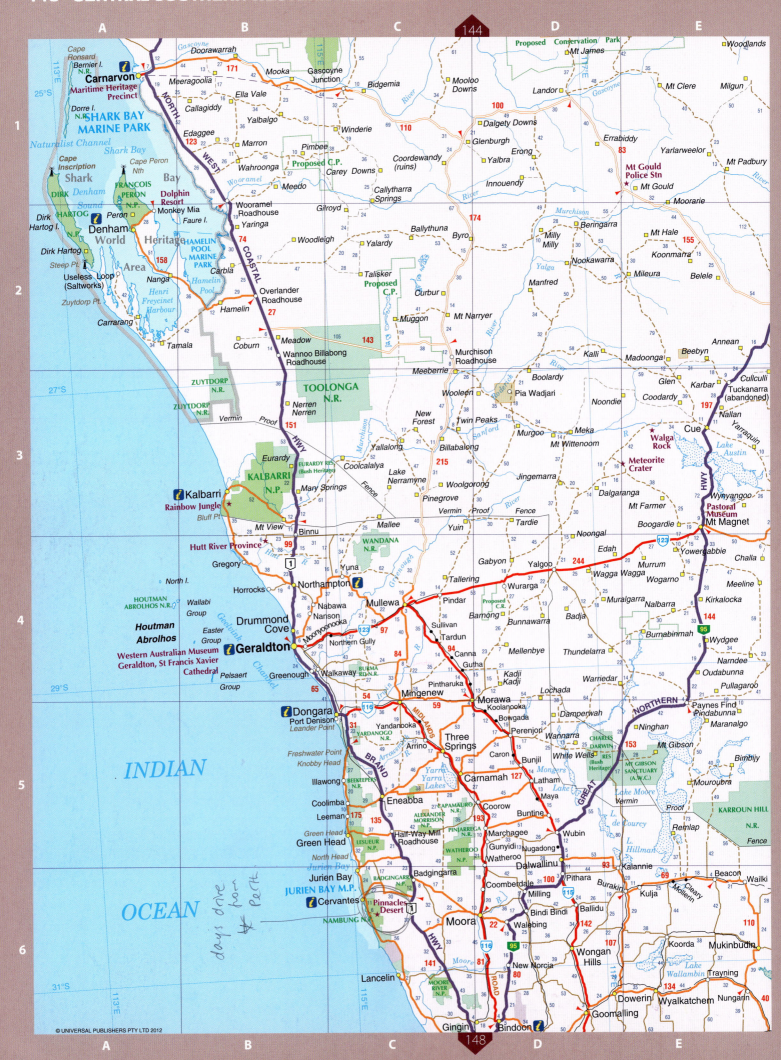

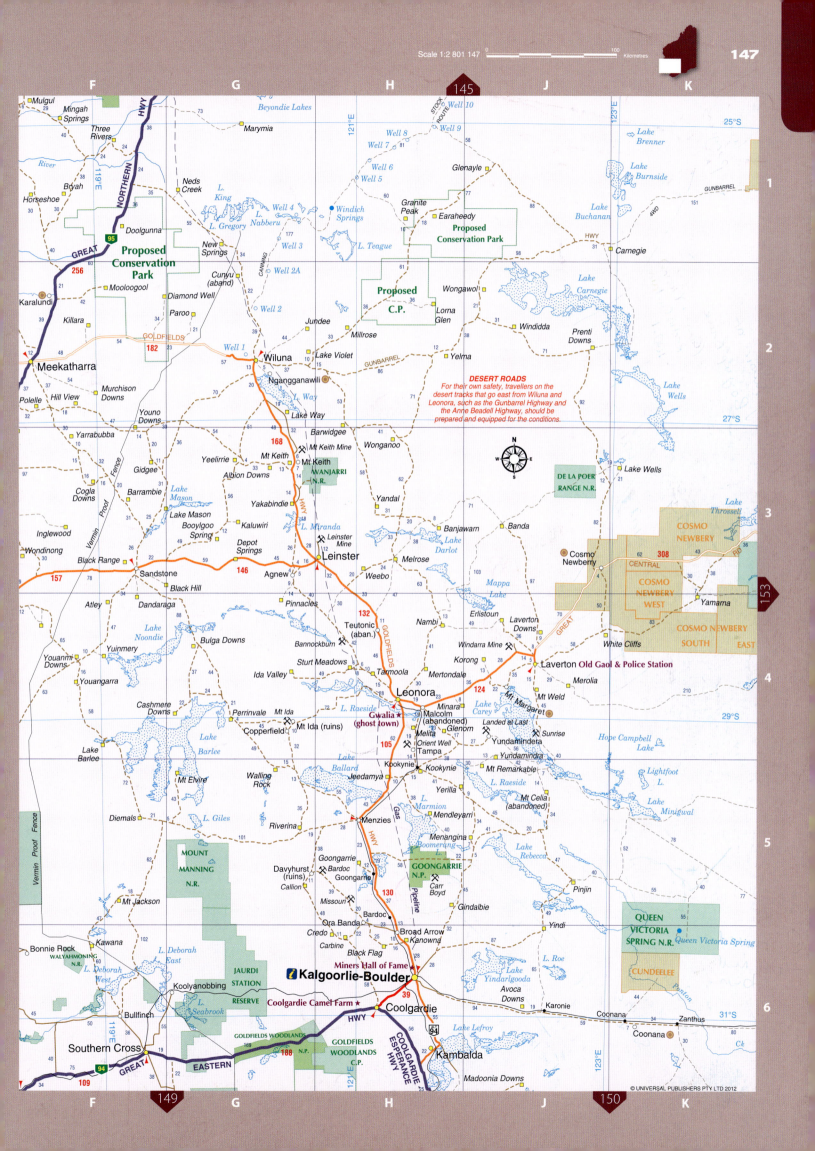

148 SOUTH WESTERN WESTERN AUSTRALIA

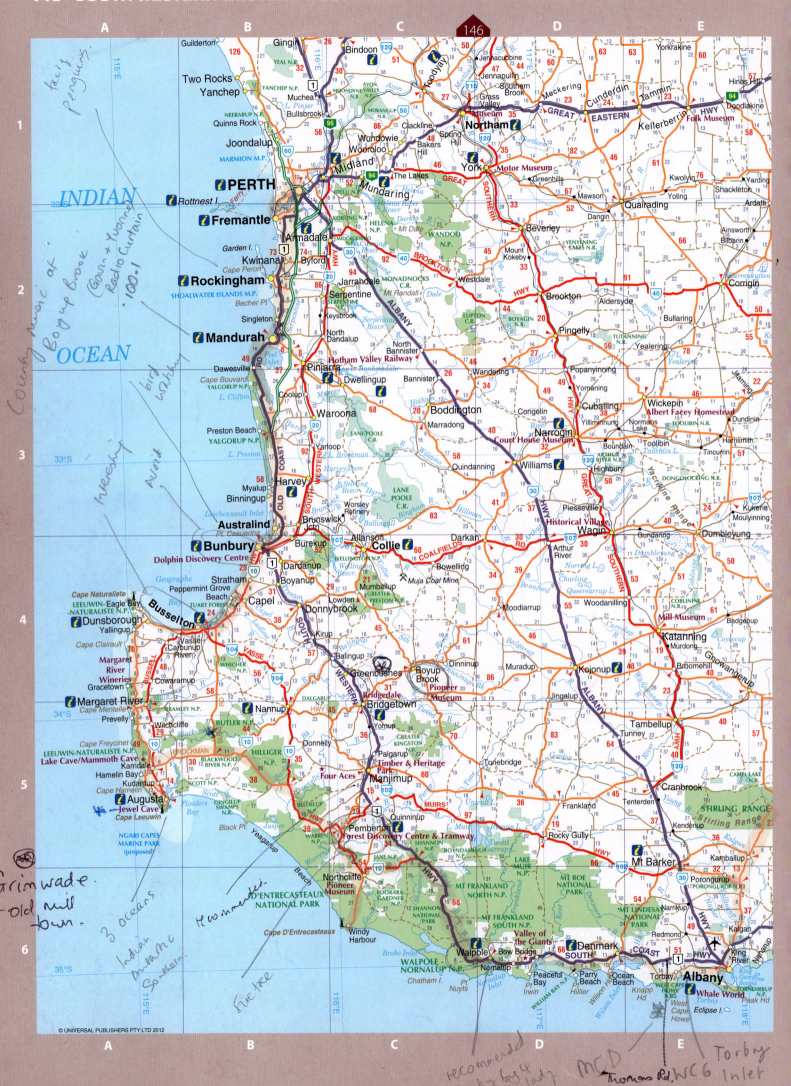

150 KALGOORLIE-BOULDER AND THE NULLARBOR PLAIN

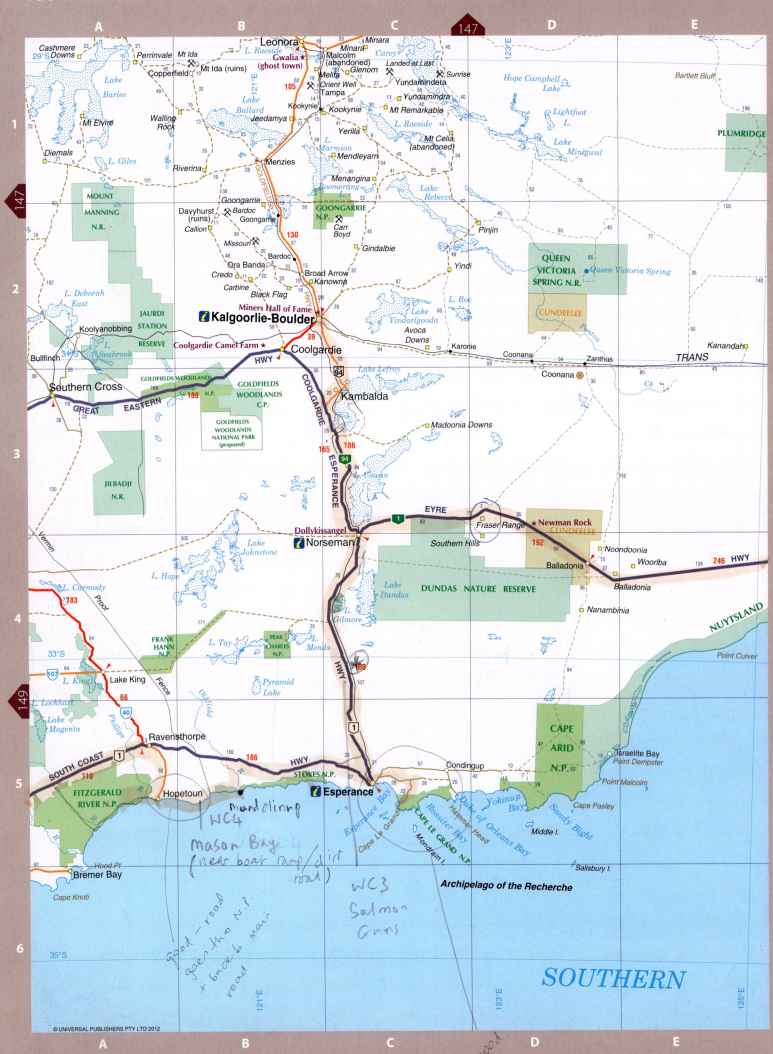

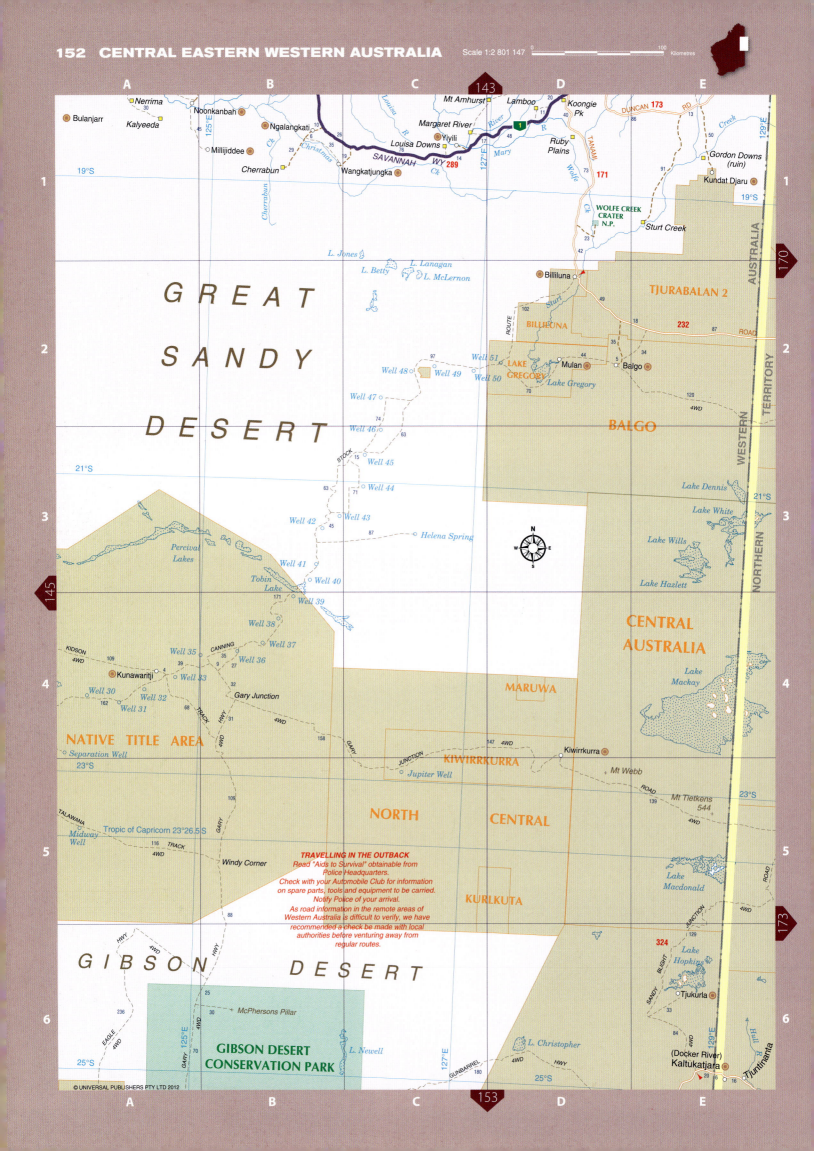

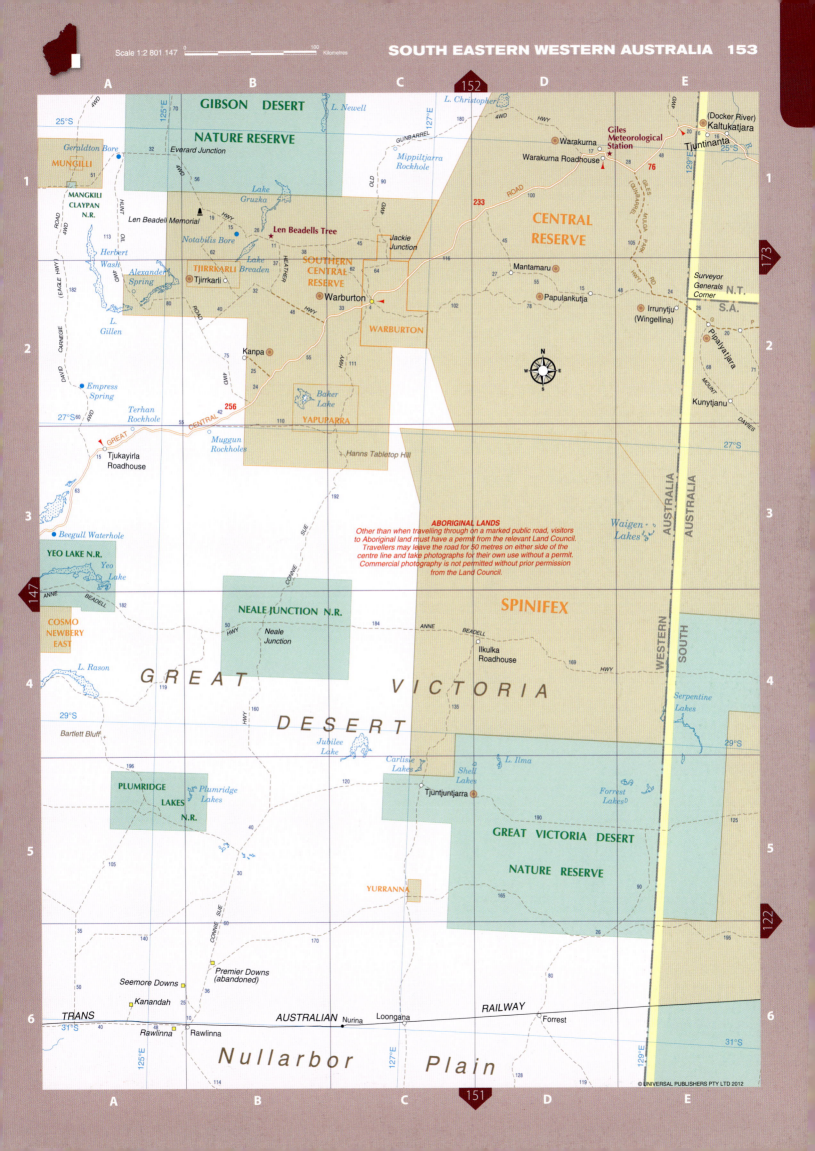

154 CITY AND TOWN CENTRES

ALBANY page 148 E6
Old Railway Station
55 Proudlove Pde
Ph: (08) 9841 9290
www.albanytourist.com.au

AUGUSTA page 148 A5
75 Blackwood Av
Ph: (08) 9758 0166
www.margaretriver.com

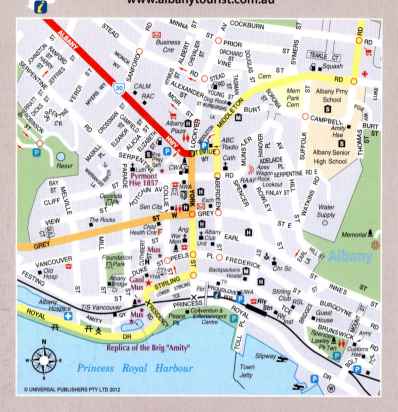
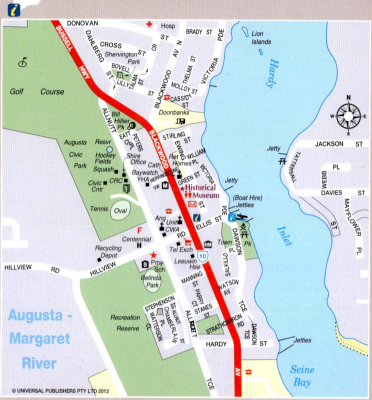

BROOME page 142 C5
1 Hamersley St
Ph: (08) 9192 2222
www.broomevisitorcentre.com.au

BUNBURY page 148 B4
Old Railway Station, Carmody Pl
Ph: (08) 9792 7205 or 1800 286 287
www.visitbunbury.com.au

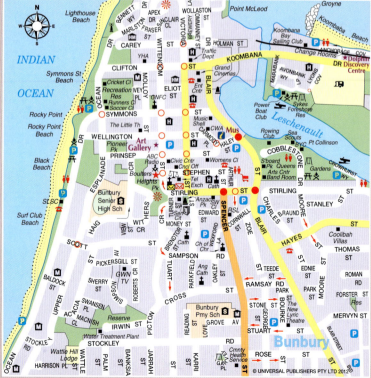

BUSSELTON page 148 B4
38 Peel Tce
Ph: (08) 9752 1288
www.geographebay.com

CARNARVON page 146 A1
11 Robinson St
Ph: (08) 9941 1146
www.carnarvon.org.au

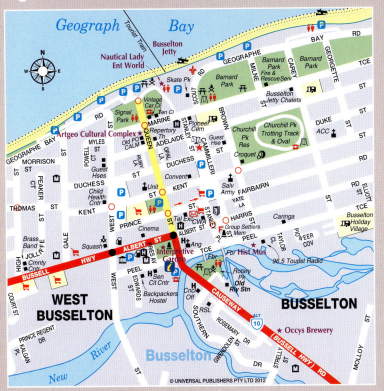

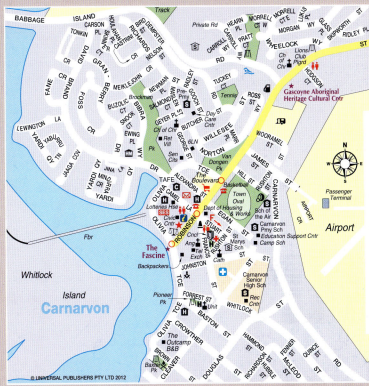

COLLIE page 148 C4
156 Throssell St
Ph: (08) 9734 2051
www.collierivervalley.org.au

ESPERANCE page 150 C5
Museum Village
Dempster St
Ph: (08) 9083 1555 or 1300 664 455
www.visitesperance.com

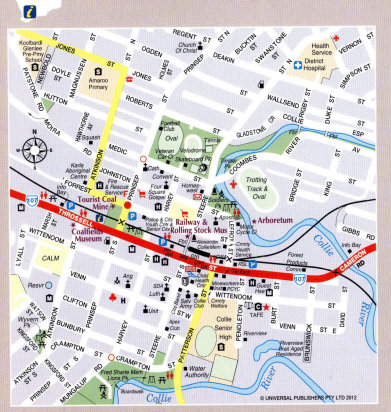

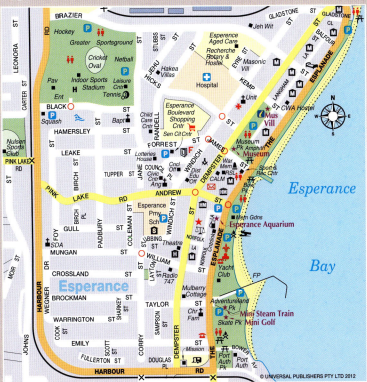

156 CITY AND TOWN CENTRES

FREMANTLE page 148 B2
Kings Square
High St
Ph: (08) 9431 7878
www.fremantlewa.com.au

GERALDTON page 146 B4
Bill Sewell Complex
Cnr Chapman Rd & Bayly St
Ph: (08) 9921 3999 or 1800 818 881
www.geraldtontourist.com.au

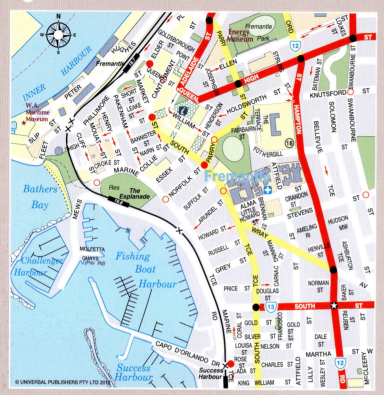

KALGOORLIE page 150 B2
316 Hannan St
Ph: (08) 9021 1966 or 1800 004 635
www.kalgoorlietourism.com

KUNUNURRA page 143 J3
75 Coolibah Dr
Ph: (08) 9168 1177
www.kununurratourism.com

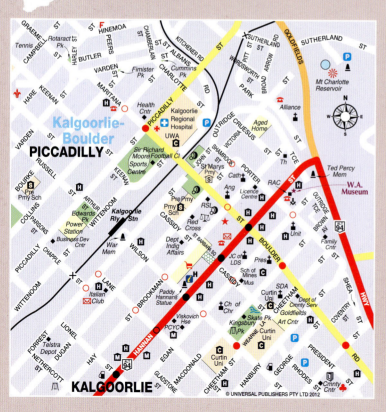
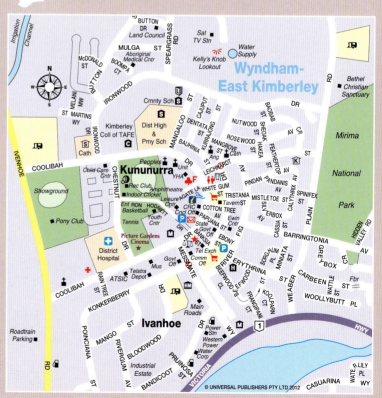

MANDURAH *page 148 B2*
75 Mandurah Tce
Ph: (08) 9550 3999
www.visitmandurah.com

NORSEMAN *page 150 C4*
68 Roberts St
Ph: (08) 9039 1071
www.westernaustralia.com

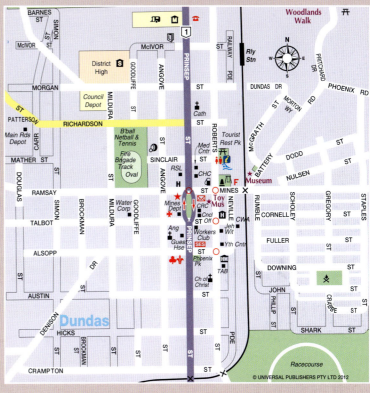

NORTHAM *page 148 C1*
2 Grey St
Ph: (08) 9622 2100
www.visitnorthamwa.com.au

PORT HEDLAND *page 145 F2*
13 Wedge St
Ph: (08) 9173 1711
www.westernaustralia.com

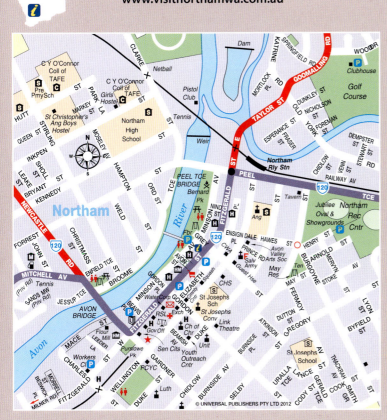

Sunset at Ubirr, Kakadu National Park

Map reference

NORTHERN TERRITORY MAP
Key map	159
The Top End	164
Arnhem Land	166
Northern Land Area	167
Carpentaria & Country	168
Central Desert	170
Central Land Area	172
South Western NT	173
South Eastern NT	174

DARWIN
City	161
Suburbs	162
CITY AND TOWN CENTRES	176

NORTHERN TERRITORY

The Northern Territory's rich Aboriginal past dates back some 60 000 years and remains a huge influence today. Ceremonies, stories and rock art attest to the Aboriginal people's special link with the Territory.

The vibrant sands of the Red Centre characterise the sacred sites of Uluru and Kata Tjuta. Verdant green rainforests and savannah woodlands cover the Top End. Darwin, the Territory's capital, is a beautiful green city surrounded on three sides by the Timor Sea and Arnhem Land, in the north-east, is the largest Aboriginal reserve in Australia.

The Northern Territory beckons travellers to explore beyond the beaten track. It is excellent for four-wheel drive touring. The spectacular sights, ancient landscapes and challenging terrain epitomise 'outback Australia'.

MAIN INFORMATION CENTRE

Tourism Top End
6 Bennett St
Darwin, NT 0800
Ph: 1300 138 886 or (08) 8980 6000
www.tourismtopend.com.au

Central Australian Visitor Information Centre
60 Gregory Tce
Alice Springs, NT 0870
Ph: 1800 645 199 or (08) 8952 5800
www.centralaustraliantourism.com

Places of interest

	MAP REF		MAP REF
Alice Springs Telegraph Station	174 E2	Nourlangie Rock, Kakadu	165 F3
Araluen Cultural Precinct	174 D2	Olive Pink Botanic Garden,	
Battery Hill Mining Centre	171 H2	Alice Springs	176
Chambers Pillar	174 D4	Palm Valley	174 C2
Crocodylus Park, Darwin	162 E3	Pine Creek	164 E4
Cutta Cutta Caves	165 F5	Rainbow Valley	174 D3
Devils Marbles	171 H3	Simpsons Gap	174 D2
Finke Gorge National Park	174 C3	Springvale Homestead Tourist Park,	
Frontier Camel Farm, Alice Springs	174 E2	Katherine	164 E5
Howard Springs Nature Park	163 J5	Standley Chasm	174 D2
Jim Jim Falls, Kakadu	165 F4	Territory Wildlife Park	164 D3
Kata Tjuta (The Olgas)	177	Tiwi Islands	164 C1
Litchfield National Park	164 D4	Tjuwaliyn (Douglas) Hot Springs	164 E4
Mary River Wetlands	164 E3	Ubirr, Kakadu	176
Mataranka Thermal Pool	165 G6	Uluru (Ayers Rock)	177
National Pioneer Womens Hall of Fame	176	Warradjan Aboriginal Cultural Centre	176
		Watarrka National Park (Kings Canyon)	174 B3
Nitmiluk National Park (Katherine Gorge)	165 F5	Window on the Wetlands	164 D3

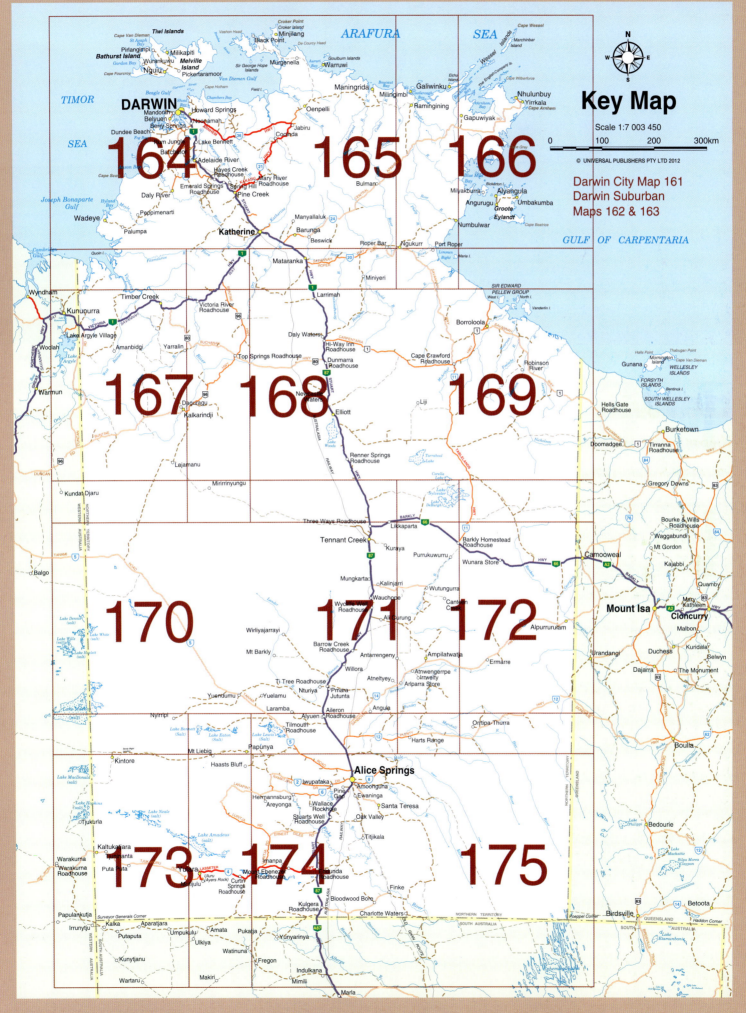

NORTHERN TERRITORY KEY MAP 159

Key Map
Scale 1:7 003 450

Darwin City Map 161
Darwin Suburban
Maps 162 & 163

Playing in the fountain at Smith Street Mall, Darwin

Darwin

Built on the land of the Larrakia Aboriginal people, Darwin is a beautiful green city. Manicured lawns and hedges of bougainvillea and frangipani adorn parks and roadways, while the waters of the Timor Sea lap three sides of the city.

The founding fathers of Darwin laid out the city centre on a small peninsula that juts into one of the finest harbours in northern Australia. In 1864 the first coastal town was established in the Northern Territory and named Palmerston. Located at the mouth of the Adelaide River, it was abandoned after a particularly wet season in 1865. The settlement moved to an area named Port Darwin and although the town was again called Palmerston, locals referred to it as Darwin. The town officially became Darwin in 1911, after the Federal Government took control over the Northern Territory.

Darwin's development was slow due to its isolation from other Australian states. It is now one of Australia's most modern cities since almost every building had to be rebuilt after Japanese wartime air raids in 1942 and after the destruction caused by cyclone Tracy on Christmas Day in 1974.

With so much natural beauty, Darwin is a city where visitors can enjoy the outdoors. The George Brown Darwin Botanic Gardens are over a century old and span 42 hectares. The Mindil Beach Markets operate on the foreshore between late-April and October and visitors can watch the spectacular sunset over Fannie Bay whilst browsing through the art and craft stalls.

Places of interest

	MAP REF		MAP REF
Aquascene	161 C5	Government House	161 D6
Chung Wah Temple and Chinese Museum	161 D5	Indo Pacific Marine	161 E5
		Mindil Beach Lookout	161 B4
Darwin Entertainment Centre	161 C5	Mindil Beach Market	161 C3
Darwin Wharf Precinct	161 E6	Parliament House	161 D6
Deckchair Cinema	161 D6	SKYCITY Darwin	161 C4
Fannie Bay	161 C1	Smith Street Mall	161 D5
Fannie Bay Gaol Museum	161 C1	World War II Oil Storage Tunnels	161 D6
George Brown Darwin Botanic Gardens	161 D3		

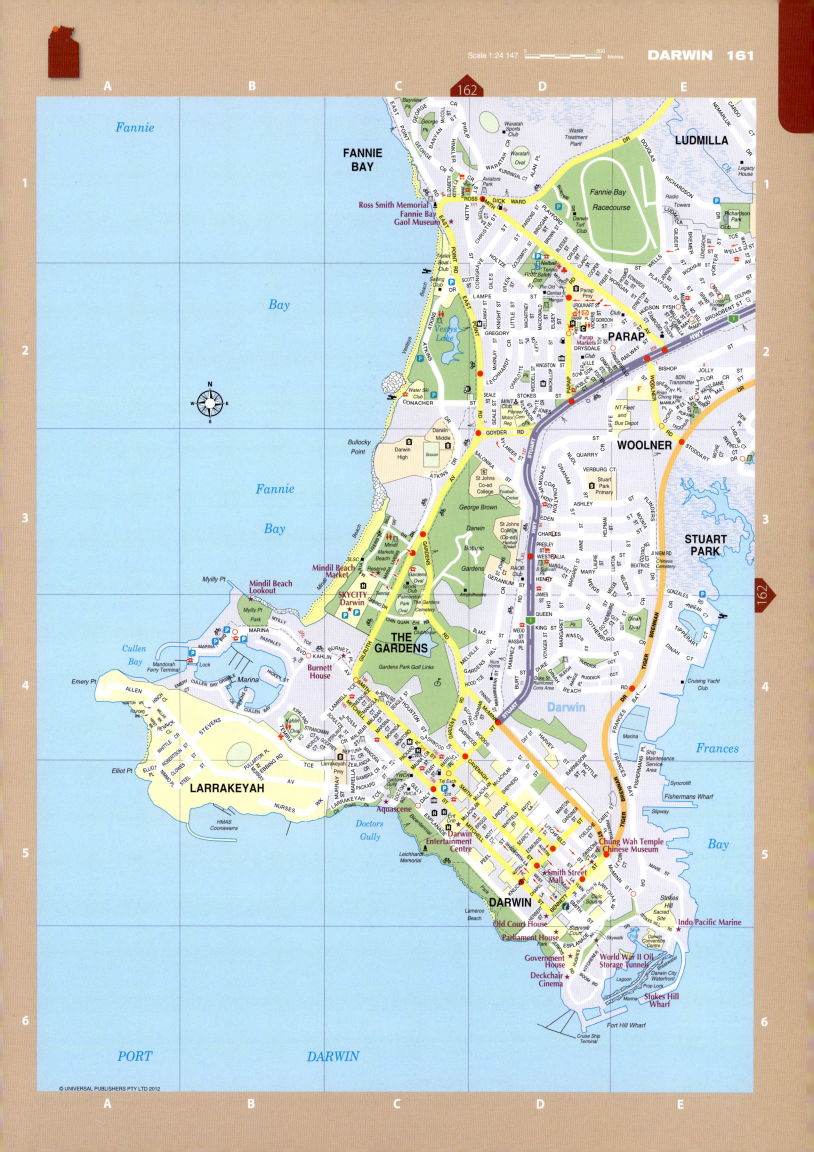

162 DARWIN SUBURBS

164 THE TOP END

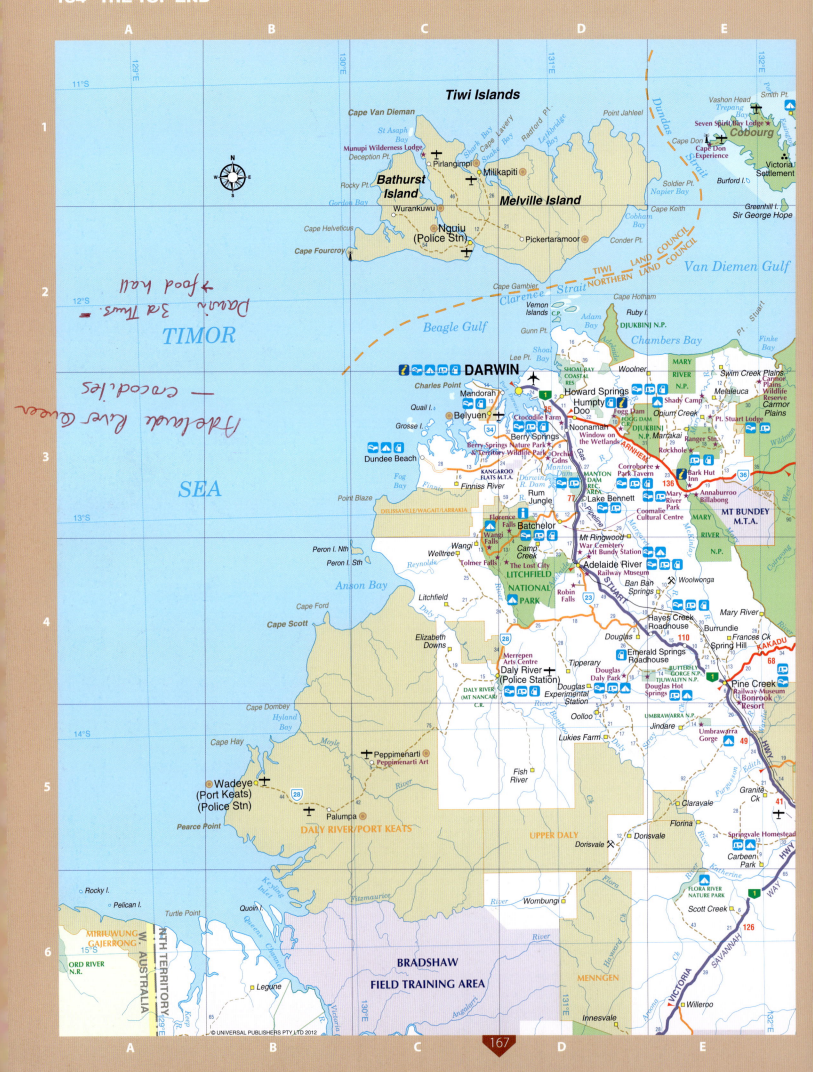

BOX JELLYFISH
Swimming at Top End beaches between October and April should be completely avoided as deadly box jellyfish are most prevalent at this time.

CROCODILES
Despite the name Alligator River, only crocodiles are found in Australia's northern waters. After being hunted close to extinction, both the saltwater crocodile (growing to 8m or more) and the smaller freshwater crocodiles are protected species. Particular caution should be taken in both salt and freshwater crocodile habitats and warning signs should be heeded.

Entry to Aboriginal Lands is prohibited without a permit from:
The Permits Officer,
Northern Land Council
P.O. Box 42921
Casuarina, NT, 0811
Telephone (08) 8920 5100
Facsimile (08) 8945 2633

168 CARPENTARIA & COUNTRY

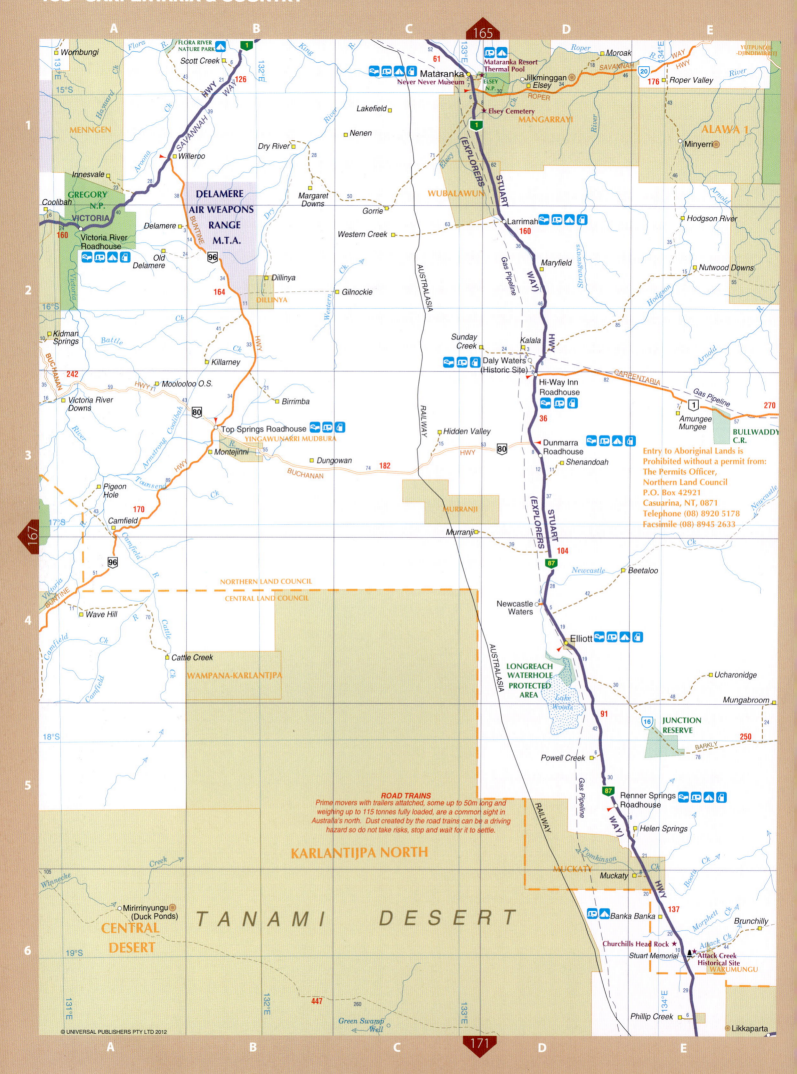

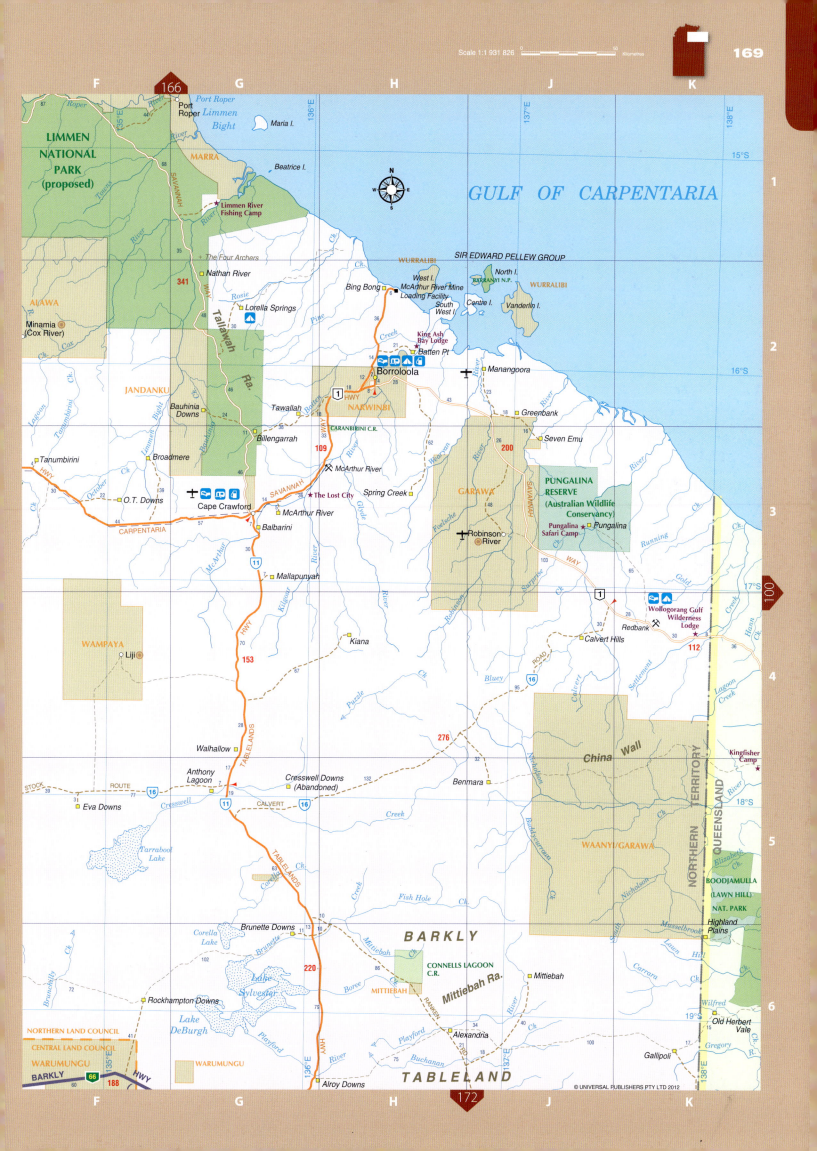

170 CENTRAL DESERT

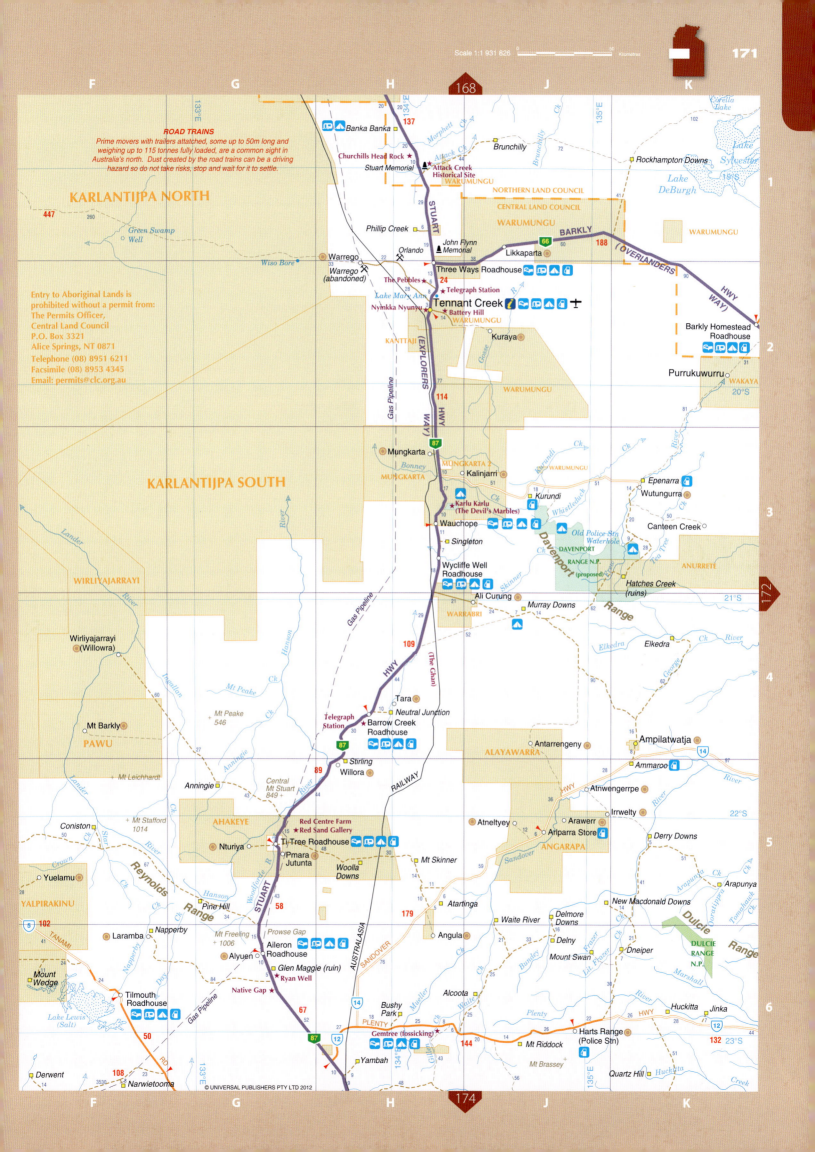

172 CENTRAL LAND AREA

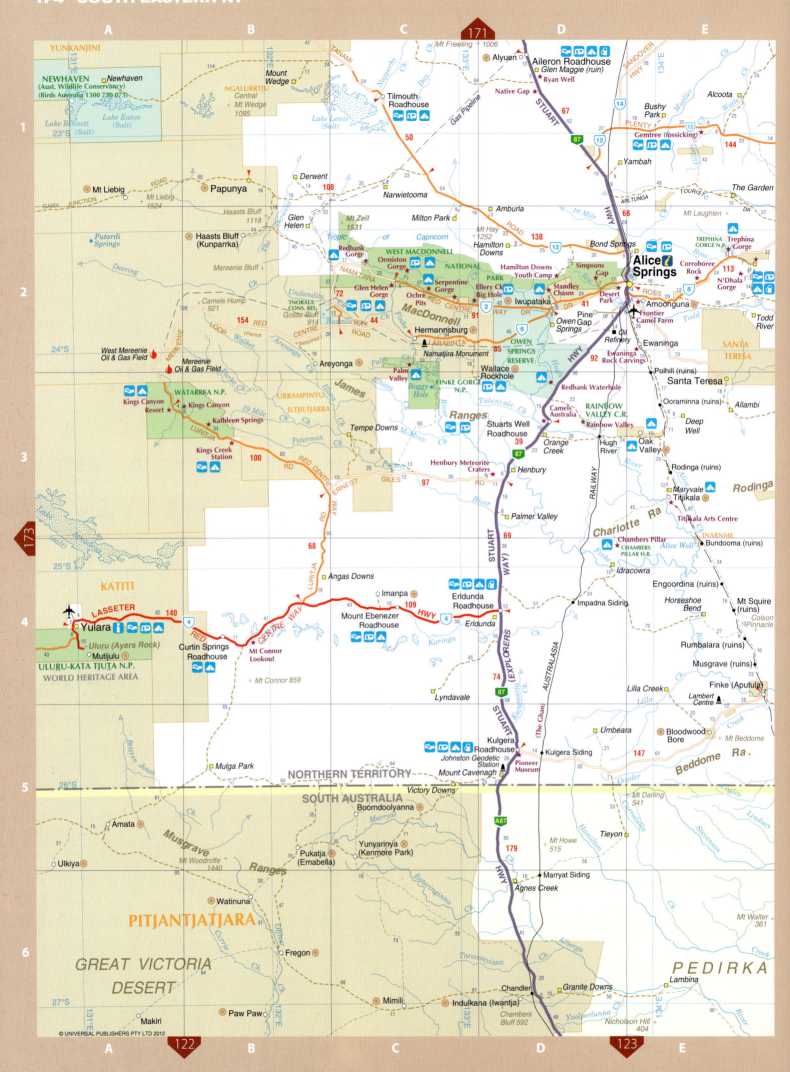

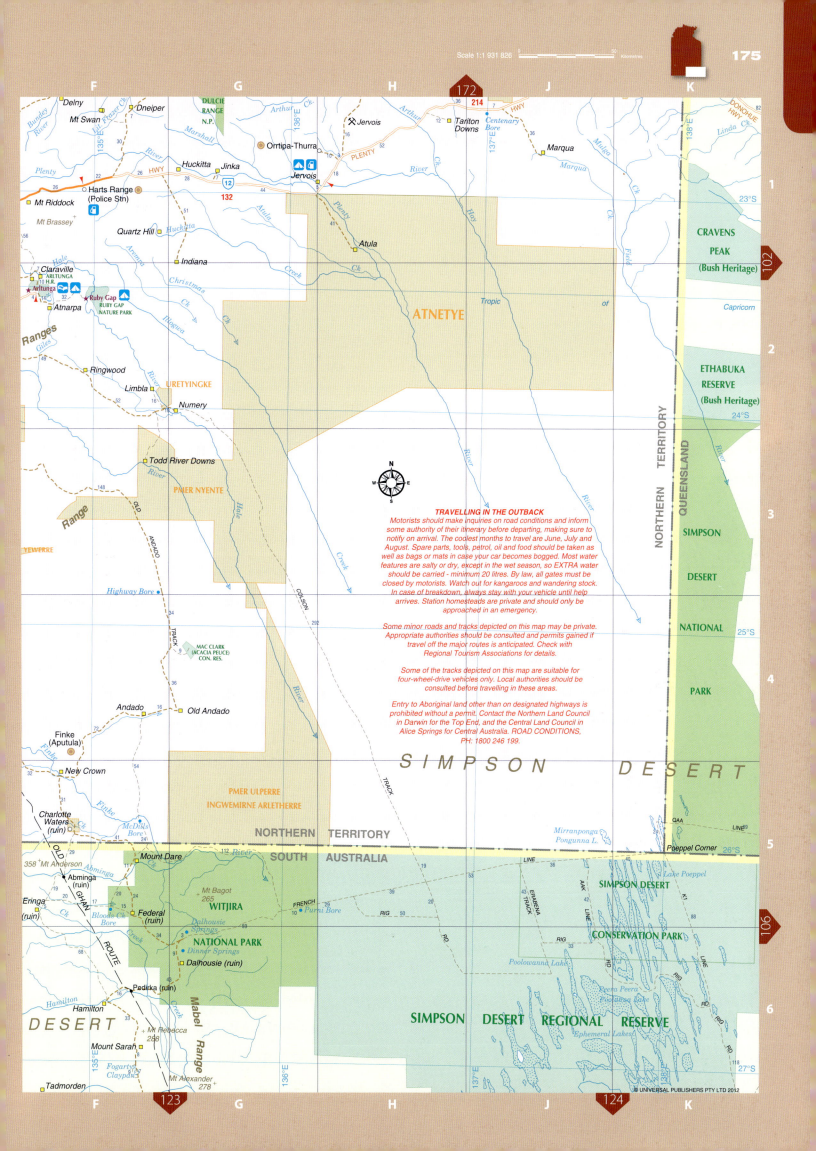

176 CITY AND TOWN CENTRES

ALICE SPRINGS page 174 E2
60 Gregory Tce
Ph: (08) 8952 5800
www.centralaustraliatourism.com

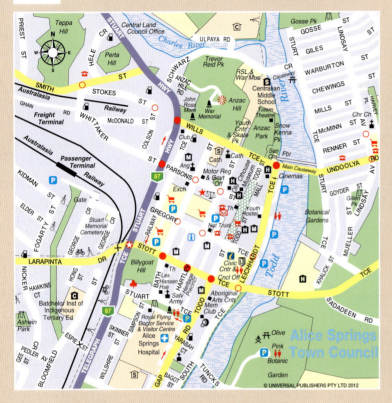

KAKADU NATIONAL PARK page 165 F3
Bowali Visitor Centre
Kakadu Hwy, Jabiru
Ph: (08) 8938 1120
www.tourismnt.com.au

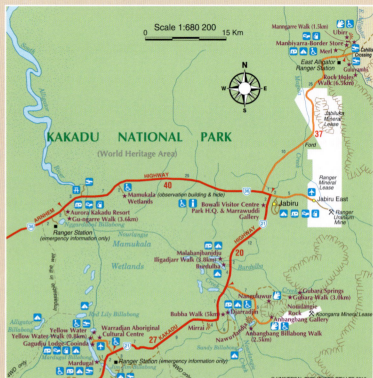

KATHERINE page 165 F5
Cnr Stuart Hwy & Lindsay St
Ph: (08) 8972 2655
www.visitkatherine.com.au

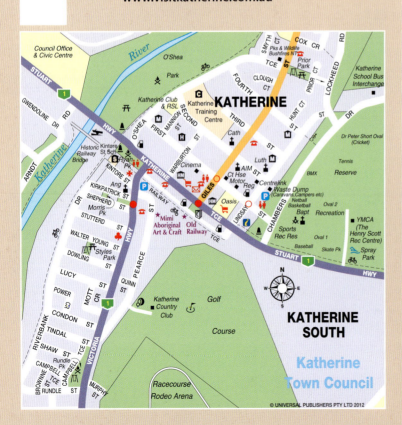

PALMERSTON page 163 G5
6 Bennett St
Darwin
Ph: (08) 8980 6000
www.tourismtopend.com.au

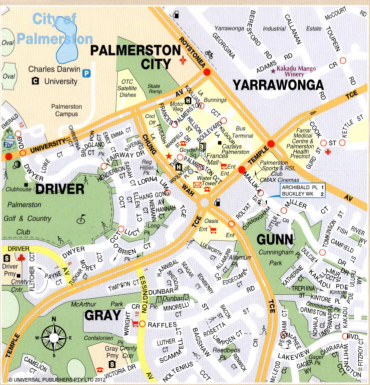

TENNANT CREEK *page 171 H2*

Battery Hill
Peko Rd
Ph: (08) 8962 3388
www.tourismnt.com.au

KATA TJUTA (THE OLGAS) *page 173 D4*

Yulara Dr
Yulara
Ph: (08) 8956 3138
www.tourismnt.com.au

ULURU (AYERS ROCK) *page 173 D4*

Yulara Dr
Yulara
Ph: (08) 8956 3138
www.tourismnt.com.au

YULARA (AYERS ROCK RESORT) *page 173 D4*

Yulara Dr
Yulara
Ph: (08) 8956 3138
www.tourismnt.com.au

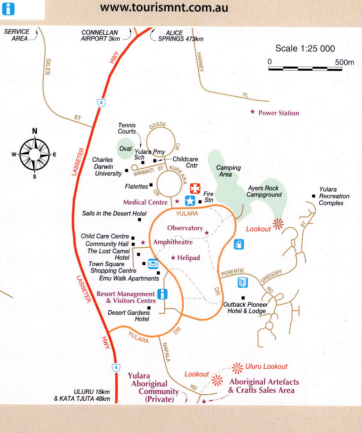

Richmond Bridge

Map reference

TASMANIA — MAP
- Key map — 179
- King Island — 184
- North Western — 185
- North Eastern — 186
- Flinders Island — 188
- South Western — 189
- Southern — 190

HOBART
- City — 181
- Suburbs — 182

CITY AND TOWN CENTRES — 192

TASMANIA

Tasmania is Australia's most mountainous state and boasts stunning and often remote World Heritage areas. National parks comprise one-third of the state and feature more than 2000 kilometres of world-class walking tracks.

Tasmania, also Australia's smallest state, is an island lying 240 kilometres from the mainland and surrounded by the turbulent Bass Strait, Southern Ocean and Tasman Sea. It's a compact state making it ideal for touring, as only relatively short distances separate its many attractions.

White settlement began in Tasmania in 1803, when the British set up a penal colony. Historic villages that have hardly changed since the 1800s, together with convict-built bridges and old gaols, are physical reminders of Tasmania's colonial past.

Hobart, Tasmania's capital, lies nestled between the slopes of Mount Wellington and the Derwent estuary. Whaling and sealing initially brought wealth to the town and today the city's economy still relies heavily on its deep-water harbour.

MAIN INFORMATION CENTRE

Tourism Tasmania
22 Elizabeth St
Hobart, Tas. 7000
Ph: 1300 827 743
www.discovertasmania.com

Places of interest

	MAP REF
Australasian Golf Museum, Bothwell	190 E1
Australian Axeman's Hall of Fame, Latrobe	186 C2
Bark Mill Museum, Swansea	194
Beaconsfield Mine and Heritage Centre	186 D2
Ben Lomond National Park	187 G4
Bridestowe Estate Lavender Farm	187 F2
Bruny Island	191 F5
Burnie Pioneer Village Museum	192
Cradle Mountain–Lake St Clair National Park	186 A5
Derby Tin Mine Centre	187 H2
Don River Railway, Devonport	186 C2
Franklin–Gordon Wild Rivers National Park	189 D3
Freycinet National Park	187 J6
Hastings Caves	190 E5
Huon Apple and Heritage Museum	190 E4
Maria Island National Park	191 J2
Mole Creek Karst National Park	186 B4
MONA (Museum of Old and New Art)	182 B2
Mount Field National Park	190 D2
National Automobile Museum of Tasmania	186 E3
The Nut, Stanley	185 C2
Oatlands	191 F1
Penny Royal World, Launceston	193
Port Arthur Historic Site	193
Queen Victoria Museum and Art Gallery	193
Richmond Bridge	194
Scottsdale Forest EcoCentre	187 G2
Seahorse World/Platypus House	186 D2
Tahune AirWalk	190 D4
Tamar Valley wineries	186 D2
Tasmanian Devil Conservation Park	191 H4
Tasmanian Wool Centre, Ross	187 G5
West Coast Wilderness Railway	189 B2

Hobart waterfront

Hobart

Boasting internationally recognised temperate wilderness on its doorstep, Hobart's abundance of natural beauty propelled it to the forefront of environmental politics in 1972, becoming home to the world's first 'green' political party.

Situated on the banks of the Derwent River, Hobart is Australia's smallest state capital and second oldest city. It was founded by Colonel David Collins in 1804, 16 years after the settlement of Sydney. Despite its beginnings as a penal settlement, Hobart quickly became a thriving seaport and its maritime heritage can be seen along its historic waterfront.

Hobart is extremely interesting historically, with over 90 buildings classified by the National Trust, many of them convict-built from sandstone. Some of Australia's oldest buildings are in Hobart, including Anglesea Barracks, the oldest military establishment (1811); and the oldest theatre, the Theatre Royal (1837). Battery Point is Hobart's oldest district. Originally home to sailors, fishermen, prostitutes and shipwrights, today it is a fashionable inner-city neighbourhood.

Cascade Brewery, Australia's oldest brewery, is also in suburban Hobart. They offer daily tours of the brewery and museum. Another visitor favourite, just outside Hobart, is the Cadbury Chocolate factory. Within Hobart, the famous Salamanca Markets, held every Saturday amidst the sandstone warehouses of Salamanca Place, offer an amazing variety of produce, arts and crafts and the opportunity to mingle with Hobart's thriving creative community.

Places of interest

	MAP REF		MAP REF
Anglesea Barracks and Military Museum	181 C4	Parliament House	181 C4
		Queens Domain	181 B1
Arthur Circus	181 D4	Royal Tasmanian Botanical Gardens	181 C2
Battery Point	181 D4	Runnymede	181 A1
Constitution and Victoria Docks	181 C4	St David's Park	181 C4
Elizabeth Mall	181 C4	St Mary's Cathedral	181 B4
Gasworks Village/Tasmania Distillery and Museum	181 C3	Salamanca Place	181 C4
		State Library of Tasmania	181 C4
Government House	181 C2	Sullivans Cove	181 D4
Hobart Convention and Entertainment Centre	181 D6	Tasmanian Museum and Art Gallery	181 C4
		University of Tasmania	181 B6
Maritime Museum of Tasmania	181 C4	Wrest Point Casino	181 D6
Narryna Heritage Museum	181 C4		

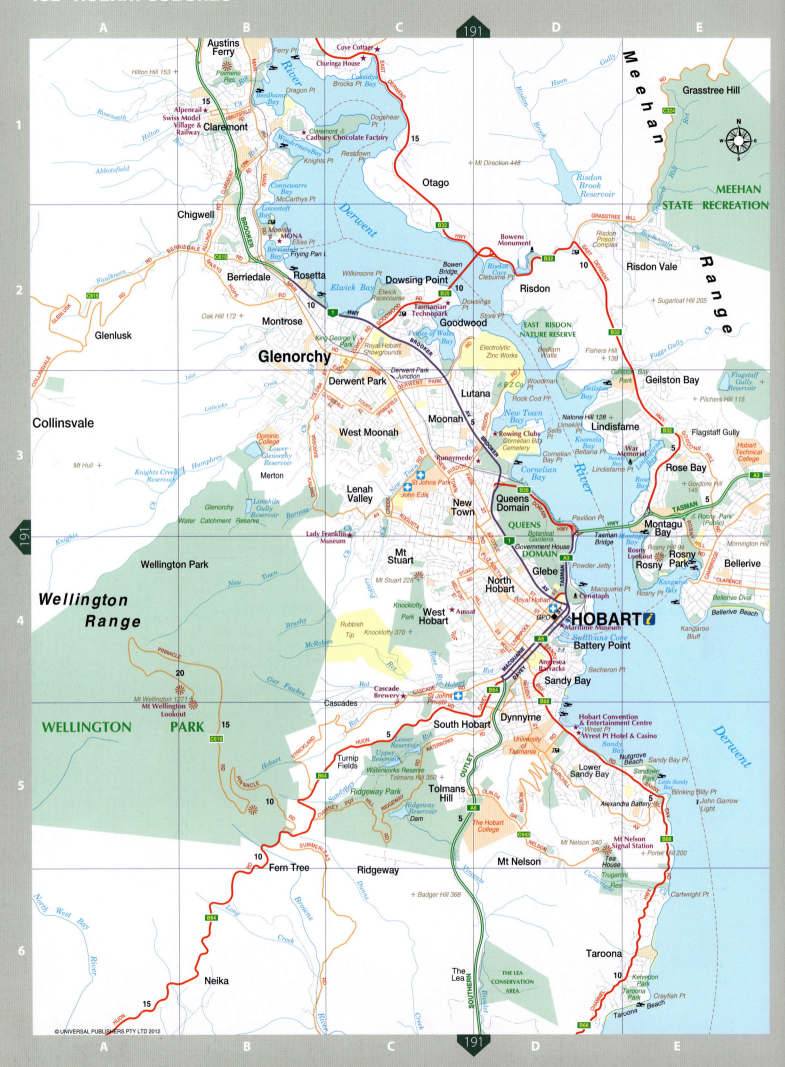

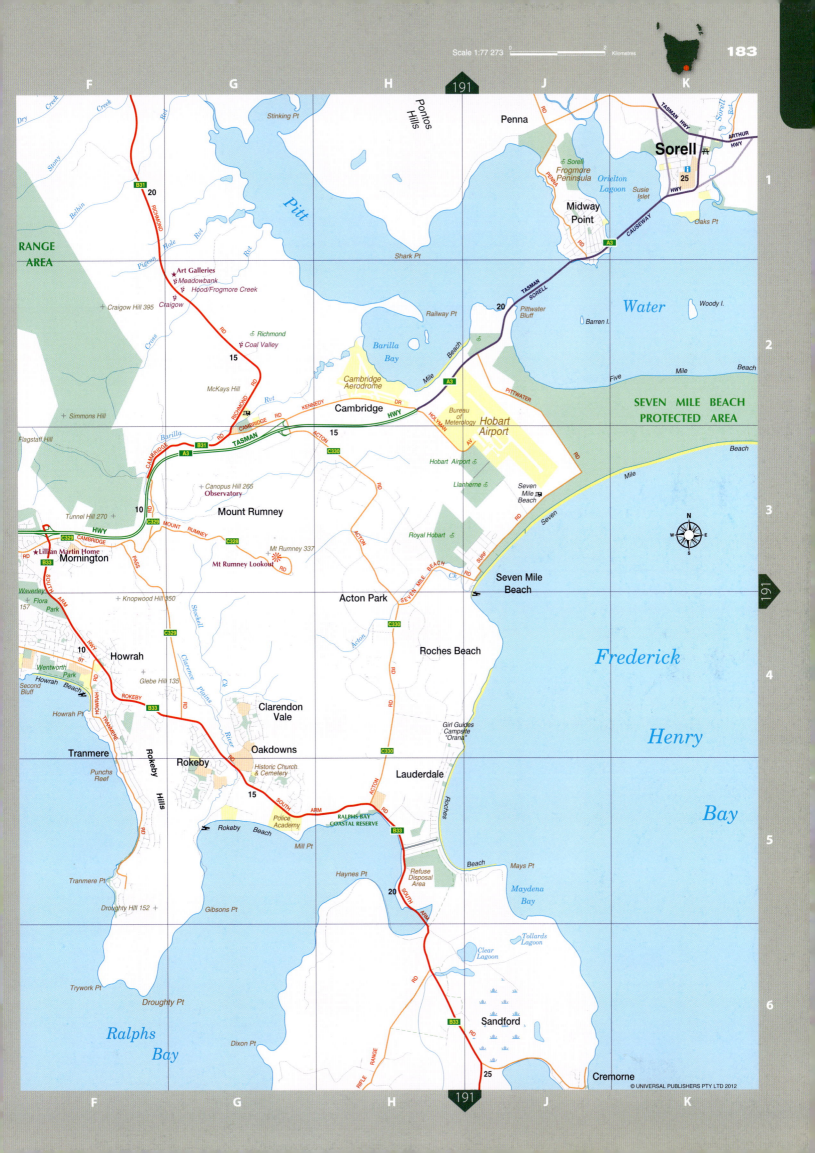

184 KING ISLAND

186 NORTH EASTERN TASMANIA

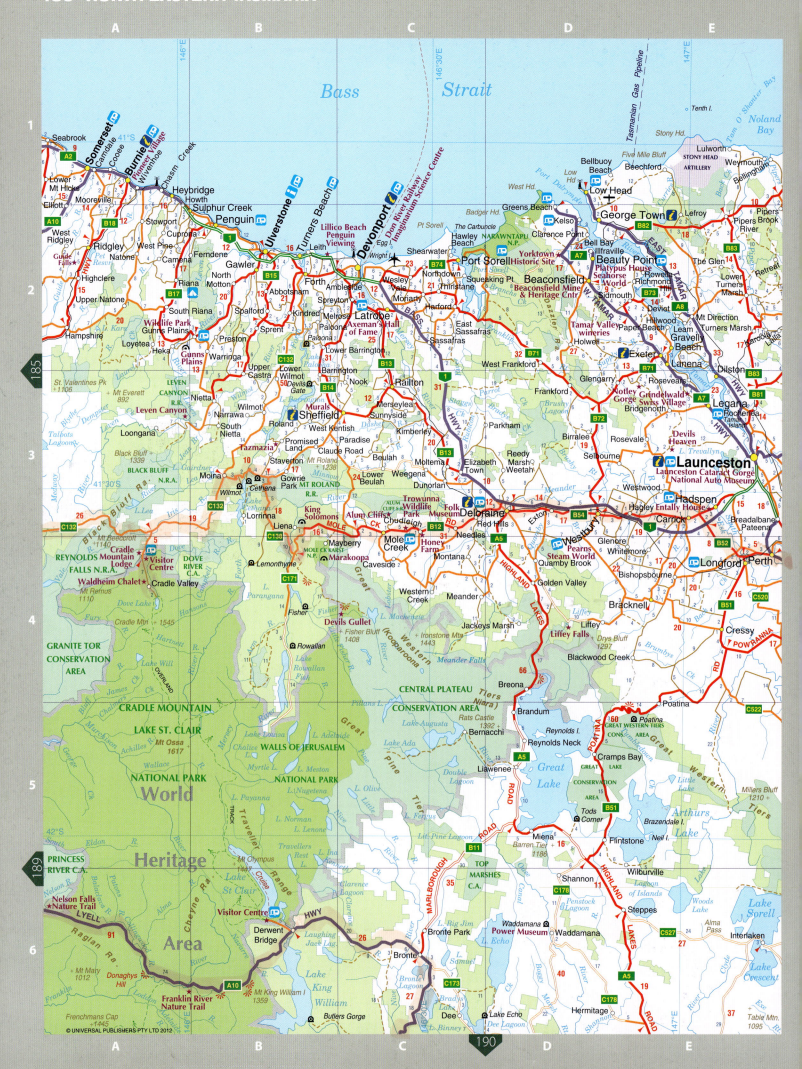

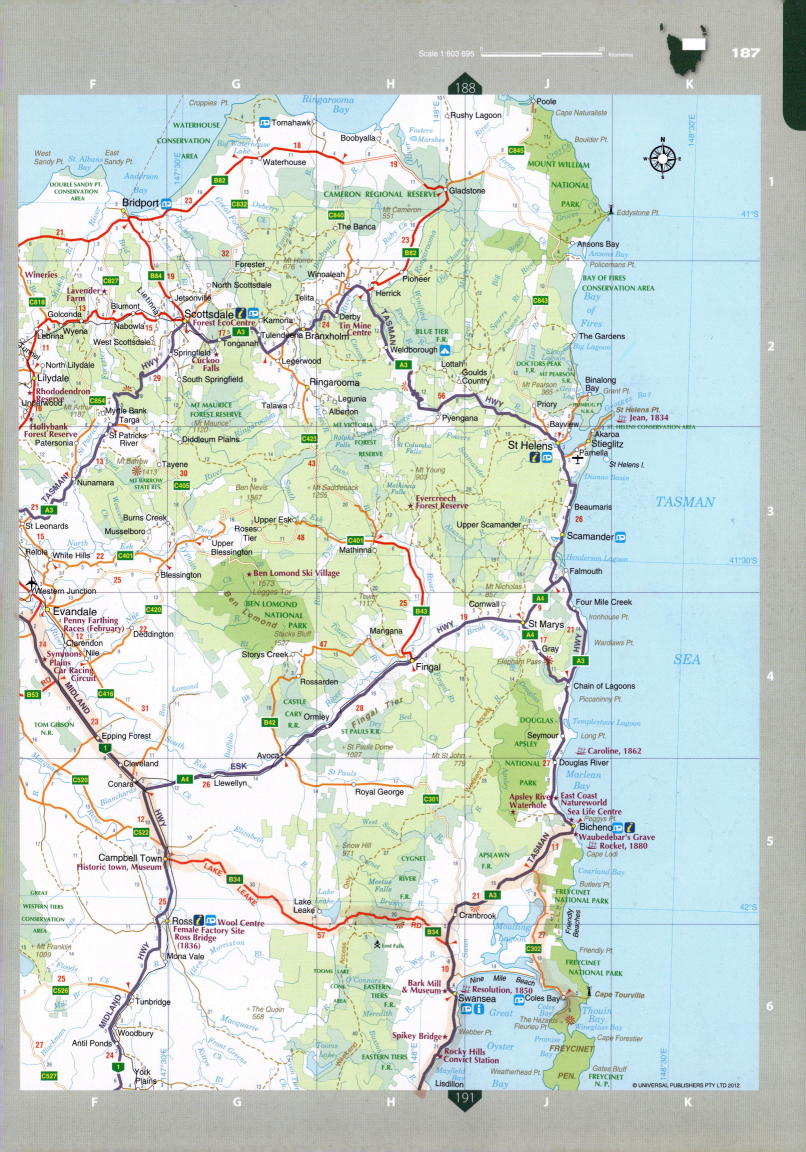

188 FLINDERS ISLAND

SOUTH WESTERN TASMANIA

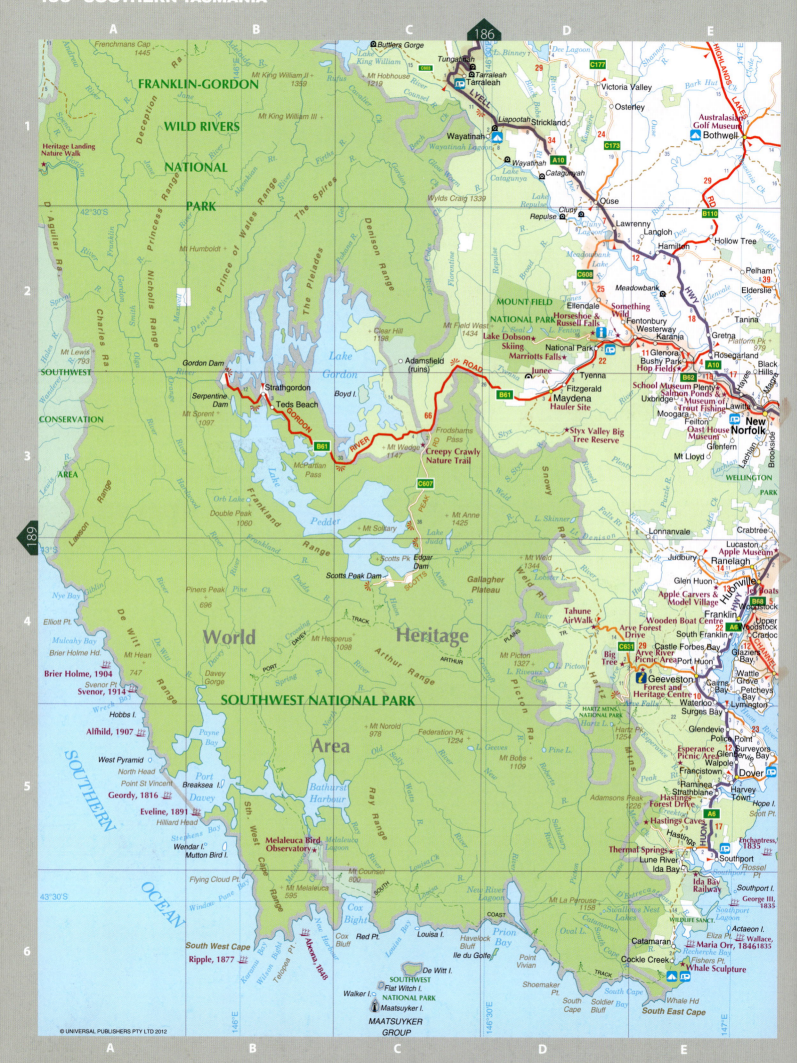

192 CITY AND TOWN CENTRES

BICHENO page 187 J5
41b Foster St
Ph: (03) 6375 1500
www.tasmaniaeastcoast.com.au

BURNIE page 186 A1
Makers Workshop
2 Bass Hwy, Round Hill
Ph: (03) 6430 5831
www.discoverburnie.net

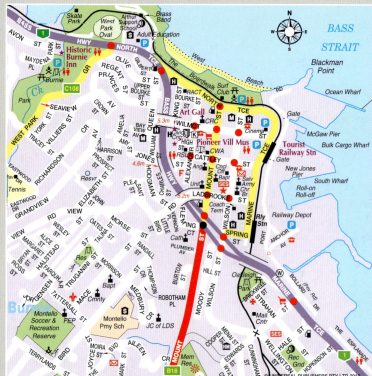

DEVONPORT page 186 C2
92 Formby Rd
Ph: (03) 6424 4466 or 1800 649 514
www.devonporttasmania.com.au

GEORGE TOWN page 186 D2
Cnr Main Rd & Victoria St
Ph: (03) 6382 1700
www.tamarvalley.com.au

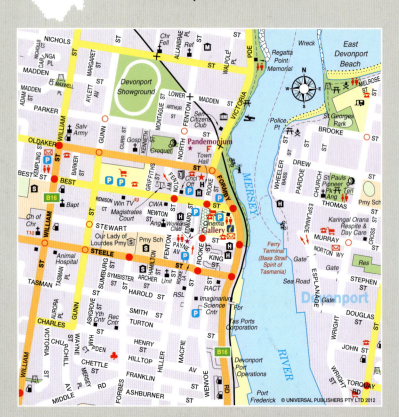

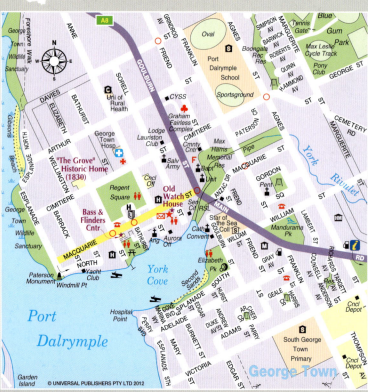

HUONVILLE *page 190 E4*

Huon Visitor Centre
2273 Huon Hwy
Ph: (03) 6264 0326
www.huonvalley.tas.gov.au

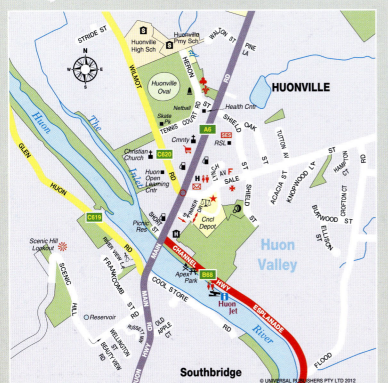

LAUNCESTON *page 186 E3*

Cnr Cimitiere & St John Sts
Ph: (03) 6336 3133
www.visitlauncestontamar.com.au

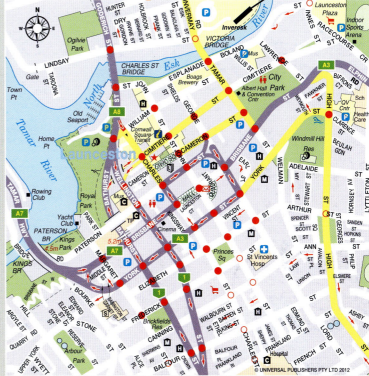

PORT ARTHUR *page 191 H4*

Port Arthur Historic Site
Arthur Hwy
Ph: (03) 6251 2371
www.portarthur.org.au

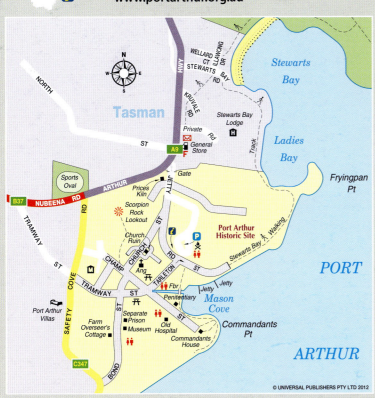

QUEENSTOWN *page 189 C2*

Eric Thomas Galley Museum
Cnr Sticht & Driffield Sts
Ph: (03) 6471 1483
www.westernwilderness.com.au

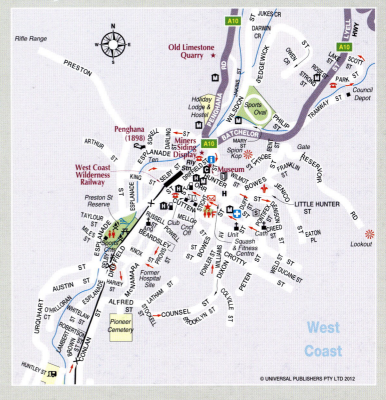

194 CITY AND TOWN CENTRES

RICHMOND page 191 G3
Old Hobart Town Model Village
21a Bridge St
Ph: (03) 6260 2502
www.richmondvillage.com.au

STRAHAN page 189 B2
Wharf Complex
Esplanade
Ph: (03) 6472 6800 or 1800 352 200
www.westernwilderness.com.au

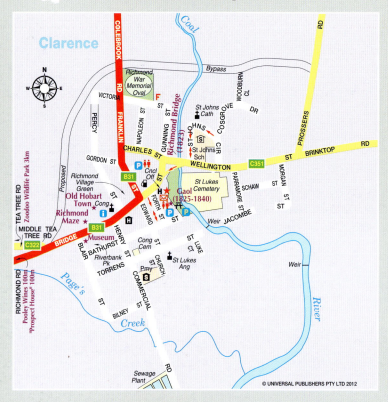

SWANSEA page 187 H6
Swansea Bark Mill
96 Tasman Hwy
Ph: (03) 6257 8094
www.discovertasmania.com.au

ULVERSTONE page 186 B2
13-15 Alexandra Rd
Ph: (03) 6425 2839
www.coasttocanyon.com.au

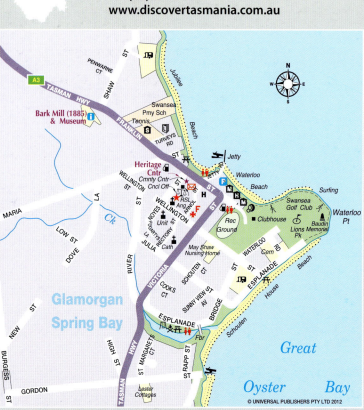

Planning your trip

BEFORE YOU LEAVE
- organise pet care
- pay essential bills early or organise for them to be paid electronically
- cancel deliveries
- mow the lawn
- turn off at the power point all unnecessary electric appliances (TVs, microwaves, clocks, etc.) to reduce power consumption of devices on 'standby' mode
- secure your home; lock windows, sheds, gates, etc.
- leave a blind partly open and a light on a timer
- leave contact details and spare keys with your neighbour. Ask them to collect the mail, keep an eye on the place and occasionally park in your driveway

IF YOU ARE CAMPING, DON'T FORGET
- tent, tent pegs, tarps
- rope, shovel, axe and hammer/mallet
- mattress and bedding
- folding table, chairs, lamp and torches
- camp oven, gas stove, gas bottle and attachments
- matches (preferably waterproof)
- oven mitt
- saucepans, frying pan and billy
- drink bottles and water containers
- mixing bowl, crockery, cutlery
- can opener, knives, cutting board
- airtight food storage containers
- washing up equipment
- esky and/or car fridge

PASSES AND PERMITS
Passes and permits are necessary for travelling through many Indigenous areas and the Woomera Prohibited Area in South Australia. Organise permits well before you begin the journey as approval can take some time.

The main Land Councils are:
- Central Land Council, ph. (08) 8951 6211
- Northern Land Council, ph. (08) 8920 5100
- For Woomera Prohibited Area, Defence Support Centre, Woomera, ph. (08) 8674 3370

You may need a Desert Parks Pass if travelling into the desert parks of northern South Australia. The passes are issued by the Department for Environment and Heritage and are an alternative to the daily camping permits issued for entering the parks. They include detailed maps, information on first aid and survival skills. Desert Parks Hotline, ph. 1800 816 078.

PACKING
Since much of your holiday will be spent driving in the car, take lots of comfortable clothes. Even if travelling in summer, take warm clothing as nights can still be cool, or even cold in desert regions. Also, take extra changes of clothes if the area you will be exploring is cold and wet. Thermal clothing is particularly useful in very cold weather.

In a sedan, put as much as possible in the boot; it is dangerous to have loose luggage in the cabin – in an accident even light objects such as books can cause serious injury. Soft baggage is ideal for car journeys as it can be squashed into tight spaces in the vehicle.

Pack items you are likely to need first (such as warm jumpers or a tent) near the top, so they are easily accessible. Pack heavy items in the boot or a trailer, not on a roof rack. The weight of heavy items on the roof could easily throw the car off balance. When packing a roof rack, make the load lower at the front and higher at the back so there is less wind resistance.

Cover a trailer with a cargo net and place a high-quality tarp over items you would like to protect from the elements.

Keep tissues, extra water and snacks, maps and a compass within easy reach.

The glove box can be used to keep important papers such as vehicle registration, the number of your insurance policy and medical prescriptions.

FIRST AID
Your first-aid kit is almost useless if you don't know how to use it. On an extended trip someone in your group should have completed a basic first-aid course, particularly if you are travelling to remote areas.

Keep your first-aid kit well stocked. Ensure it's easily accessible and that everyone knows where it is. Commercially prepared kits are available from chemists and camping equipment shops. Alternatively, make up your own kit in a clean, waterproof container. The following are recommended inclusions:
- saline solution
- sterile dressings
- non-adherent dressings for use when you don't want a bandage to stick to the wound, such as burns
- bandages – triangular and conforming
- alcoholic swabs, gauze swabs
- safety pins
- antihistamine (for insect stings)
- aspirin or paracetamol
- car-sickness tablets
- soothing lotion for bites
- clinical thermometer
- scissors, tweezers
- first-aid book
- latex gloves
- thermo blanket

CAR PREPARATION
Before you leave home book your car in for a thorough service by a qualified mechanic. If you are towing a caravan or trailer, get it serviced as well – particularly the tyres, lights and indicators.

Before you leave and during the trip, check:
- battery and mountings
- tyre condition and pressure (remember the spare!)
- windscreen wipers – blades and reservoir
- heater and demister
- air-conditioning
- lights
- oil and coolant

Extras to take
Carry a spare set of keys, a set of spanners and screwdrivers, jumper leads, WD lubricant, spare engine drive belt(s), radiator hoses, light globes and fuses, a jack and tools for changing tyres. A fire extinguisher is also recommended.

Motoring hints

BEATING FATIGUE

Research has shown that the best way to beat fatigue on long journeys is to be well rested and have occasional naps; napping is more effective than a quick bout of exercise (such as a brisk walk), but napping should not replace main sleep. The best times to nap are in the body's natural 'sleepy' periods, such as 2–4pm or 12–6am.

Naps should last 10–30 minutes (after that you might enter a deep sleep phase that may make you more drowsy when you wake). After waking, allow 15 minutes or so before driving. This is the best time to go for a walk.

Other tips for beating fatigue:

- every two hours take a break from driving
- change drivers regularly
- pull over and stop when drowsiness or discomfort occurs
- wear comfortable clothes and sit upright with good back support
- keep the windscreen clean and clear
- wear sunglasses to avoid glare
- avoid alcohol and eating a heavy meal before driving
- get a good night's sleep before a long drive

TRAVELLING WITH CHILDREN

To prevent boredom, keep some toys and activities in the car. You can also:

- use back-seat DVD players
- play music and sing together
- stop for frequent breaks at places where they can run around, such as playgrounds
- have healthy snacks available – carrot and celery sticks, cut-up fruit.

Carsickness is common in children. To lessen the symptoms you should:

- drive smoothly with windows open
- restrict intake of greasy foods and milkshakes
- don't let susceptible children read or write while the car is moving
- put those at risk in the front seat or in the middle of the back seat where they can see ahead
- have a bag or container for them in case they are sick

OFF THE BEATEN TRACK

Four-wheel drivers heading off-road should also consider taking:

- service and repair manual
- extra water and water filter
- oil and metal jerry cans of fuel (stored on the back of the four-wheel drive or in a trailer)
- towing hooks, heavy rope or tow cable
- flares for signals
- EPIRB or satellite phone
- breakdown warning reflector
- cooling system leak sealer
- glue, insulating tape
- radiator insect screen
- plastic sheet, water bucket
- fuel filter
- shovel and axe
- spark plugs
- heater hoses and clamps
- brake fluid
- tyres or tube repair kit
- tyre pump – 12V
- inflatable bull bag (an inflatable jack)

FUEL ECONOMY

Fuel consumption is affected by the condition of the car and where it is driven. The following tips can increase your fuel efficiency by up to a third:

- avoid delays (peak-hour traffic or scheduled bridge closures)
- distribute weight evenly throughout the vehicle
- if you are based somewhere for longer than a couple of days, remove all excess weight from the vehicle
- if held up in traffic, turn off engine (if safe to do so)
- drive smoothly, accelerate slowly
- ensure tyres are inflated to the ideal pressure and wheel alignment and balance are correct
- avoid driving at very high speeds
- use the air-conditioner only when necessary
- once you reach a destination, consider whether you really need to use the car; walk or use bikes or public transport

Fuel consumption

When covering long distances on remote roads, it is helpful to know your car's fuel consumption. Here is a basic formula:

Total litres ÷ (total km ÷ 100) = litres per 100 km

or

100 × total litres ÷ total km = litres per 100 km

Example: 60 litres ÷ (300km ÷ 100) = 20 litres per 100 km

Comboyuro Point, Moreton Island, Queensland

Motoring survival

DRIVING IN FOG

- It may be safer to pull off the road and wait for the fog to lift if you are in zero or near-zero visibility. It is better to get to your destination late than not at all.
- Drive slowly and put low beam, hazard lights and fog lights on if you have them. High beams usually make it harder to see.
- Keep seatbelts fastened.
- Avoid crossing roads or busy highways if visibility is dramatically reduced.

SURVIVAL HINTS

- Stay with your vehicle – it provides shelter and greatly increases chances of survival. Spotting a car is easier than finding a person. Only leave a vehicle if you know there is help nearby and you know exactly how to get there.
- Conserve food and water. Carry enough food and water to keep you supplied for a few days (minimum 4 litres of water per person, per day).
- Avoid drinking alcohol – it can dehydrate you and make you think less clearly.
- Stay in the shade – keep clothes on to help protect against exposure.
- Prepare adequate signals – you can use a mirror to attract an aircraft, use flares or light a fire.
- Stay calm and think through the options.

SURVIVING A BUSHFIRE

If you get caught in a bushfire and can't retreat, don't panic. The car may be the safest place; unlike in the movies, there is little risk of the petrol tank exploding in a bushfire.

- In dense smoke pull to the side of the road, away from the leading edge of the fire and stop. If possible, park behind a solid structure to protect the car and yourself from as much heat as possible.
- Switch on your headlights and hazard lights and close all windows and air vents. Leave the engine running, and the air-conditioning on recirculate.
- Stay in the car. Put on covered shoes (for after) and if possible have water nearby to drink. Crouch in the car, under a woollen blanket. Stay there until the fire passes (usually just 5–10 minutes), then get out of the car.

DRIVING IN NORTHERN AUSTRALIA

The climate can dictate when to travel around northern Australia. There are two distinct seasons in northern Australia: the wet season (November–April) and the dry season (May–October). Generally, the dry season is the best time of year to explore the Northern Territory, Far North Queensland and northern Western Australia, because it has comfortable daytime temperatures and cool nights. The wet season is not a pleasant time for a driving holiday as it is characterised by monsoonal rainfall and it is quite common for roads to become impassable after heavy rainfall.

DRIVING IN ALPINE REGIONS

- Have tyres and brakes checked.
- Add anti-freeze to radiator.
- Renew windscreen wiper blades.
- Check heater and demister are working properly.
- Carry warm blankets and/or sleeping-bags.
- Buy or hire chains if travelling in snowy areas, and make sure you have gloves to use when putting the chains on or taking them off in freezing conditions. In some areas, in winter, signs will indicate chains are compulsory and you may be turned back if you do not have them.
- Use brakes as little as possible to avoid skidding; use lower gears to control speed.
- Use higher gears when driving uphill, as over-revving can cause wheel slip.
- Don't use the handbrake to park, as it could freeze in the engaged position. Park on the flat and use wheel chocks if necessary. Also lift windscreen wipers off the windscreen after parking.

OUTBACK MOTORING

- On dirt roads, drive carefully at a safe speed.
- When overtaking, beware of soft or loose edges and the dust from road trains. If stuck behind a road train, pull over to the side of the road and wait a few minutes until the dust has settled.
- When making a creek crossing, drive slowly in the centre of the crossing, keep the wheels straight and do not change gear midstream. If it is safe to do so (bearing in mind crocodiles), check out the crossing on foot first, assessing depth and creek flow. Do not cross if the flow is deep and fast.
- On sand, keep the four-wheel drive in as straight a line as possible. Lower tyre pressure as necessary, but be careful not to lower them too much in desert areas with spinifex and hard wooden roots.
- Generally you don't need to brake on sand – let the sand retard the vehicle.
- If stuck in sand, use floor mats or old blankets to give support and traction. Use a shovel to dig out tyres as much as possible.
- Hub caps can be used as jack supports in an emergency.

Old Andado Track, Simpson Desert, Northern Territory

Index

Note: Homesteads are shown in *italics*

A

A1 Mine Settlement, Vic. **80 E1**
Abbeyard, Vic. **77 F5**
Abbieglassie, QLD **108 D4**
Abbotsnam, Tas. **186 B2**
Abercorn, QLD **109 H2**
Aberdeen, NSW **49 G2**
Aberfeldy, Vic. **80 E2**
Aberfoyle, NSW **43 H3**
Aberfoyle, NSW **45 F4**
Aberfoyle, QLD **103 J3**
Abergowrie, QLD **101 J5**
Abingdon Downs, QLD **101 F4**
Abington, NSW **44 E4**
Abminga (ruins), SA **123 K1**
Abydos, WA **145 F3**
Acacia Downs, NSW **46 C1**
Acheron, Vic. **76 C6**
Acton Downs, QLD **103 G2**
Adaminaby, NSW **52 B4**
Adamsfield (ruins), Tas. **190 C2**
Adavale, QLD **107 H2**
Adelaide, SA **131 F2**
Adelaide River, NT **164 D4**
Adelong, NSW **52 A3**
Adels Grove, QLD **100 A5**
Adventure Bay, Tas. **191 F5**
Agery, SA **130 E1**
Agnes, Vic. **80 E4**
Agnes Creek, SA **123 G2**
Agnes Water, QLD **105 H6**
Agnew, WA **147 G3**
Aileron Roadhouse, NT **171 G6**
Ailsa, Vic. **74 D2**
Ainsworth, WA **148 E2**
Aireys Inlet, Vic. **79 J4**
Airlie Beach, QLD **104 E2**
Akaroa, Tas. **187 J3**
Alawoona, SA **131 H2**
Albacutya, Vic. **74 D2**
Albany, WA **148 E6**
Alberrie Creek (ruins), SA **124 E6**
Albert, NSW **48 B3**
Alberton, Tas. **187 H2**
Alberton, Vic. **81 F4**
Alberton West, Vic. **80 E4**
Albion Downs, WA **147 G3**
Albro, QLD **104 C4**
Albury, NSW **51 J4**
Alcala, QLD **102 D1**
Alcomie, Tas. **185 C3**
Alcoota, NT **171 J6**
Alderley, QLD **102 C4**
Aldershot, QLD **109 J2**
Aldersyde, WA **148 D2**
Aldinga Beach, SA **131 F2**
Aldville, QLD **107 J4**
Alectown, NSW **48 C4**
Alexandra, Vic. **76 C5**
Alexandria, NT **172 C1**
Alford, SA **128 E6**
Alfred Town, NSW **51 K2**
Algebuckina (ruins), SA **124 C4**
Ali Curung, NT **171 J4**
Alice, NSW **45 G2**
Alice, QLD **104 B5**
Alice Downs, WA **143 J5**
Alice Springs, NT **174 E2**
Allambee, Vic. **80 D3**
Allambee South, Vic. **80 D4**
Allambi, NT **174 E3**
Allambie, NSW **46 D2**
Allambie, QLD **108 B4**
Allandale, SA **124 B3**
Allandy, NSW **42 A4**
Allansford, Vic. **79 F4**
Allanson, WA **148 C4**
Alleena, NSW **48 A5**
Allendale, Vic. **75 J6**
Allendale East, SA **131 H6**
Allens Rivulet, Tas. **191 F4**
Allies Creek, QLD **109 H3**
Alligator Creek, QLD **101 K5**
Allora, QLD **109 H5**
Alma, NSW **47 G5**
Alma, Vic. **75 H5**
Almaden, QLD **101 H3**
Almoola, QLD **104 D2**
Almora, QLD **100 B4**
Alonnah, Tas. **191 F5**
Alpha, QLD **104 C5**
Alpha, QLD **104 C5**
Alpurrurulam, NT **172 E4**
Alroy, QLD **107 J4**
Alroy Downs, NT **172 B1**
Alstonville, NSW **45 J2**
Alton, QLD **109 F5**
Alton Downs, SA **125 G2**
Alva, QLD **104 D1**
Alyangula, NT **166 C4**
Alyuen, NT **171 G6**
Amanbidgi, NT **167 B3**
Amata, SA **122 E1**
Ambalindum, NT **175 F2**
Ambleside, Tas. **186 C2**
Amboola, QLD **108 D3**
Ambrose, QLD **105 G5**
Amburla, NT **174 D2**
Amby, QLD **108 E3**
Amelup, WA **149 F5**
American River, SA **130 E3**
Amity Point, QLD **109 K4**
Amoonguna, NT **174 E2**
Amor Downs, QLD **103 H5**
Amos, QLD **105 G5**
Amosfield, NSW **45 G2**
Amphitheatre, Vic. **75 G5**
Ampilatwatja, NT **171 K4**
Amungee Mungee, NT **168 E3**
Anakie, QLD **104 D5**
Anakie, Vic. **79 J2**
Anakie East, Vic. **79 J3**
Andado, NT **175 F4**
Andamooka, SA **128 D1**
Andamooka, SA **128 D2**
Anderson, Vic. **80 C4**
Ando, NSW **52 C5**
Andover, Tas. **191 G1**
Angas Downs, NT **174 B4**
Angaston, SA **131 F1**
Angellala, QLD **108 C3**
Angellala, QLD **108 D3**
Angepena, SA **129 F2**
Angip, Vic. **74 D3**
Angledool, NSW **43 J2**
Anglers Rest, Vic. **77 H5**
Anglesea, Vic. **79 J4**
Angorichina Roadhouse, SA **129 F2**
Angourie, NSW **45 J3**
Angula, NT **171 H6**
Angurugu, NT **166 C5**
Anna Creek, SA **124 C5**
Anna Creek (ruins), SA **124 C5**
Anna Plains, WA **145 H1**
Annalara, NSW **42 C6**
Annean, WA **146 E2**
Anningie, NT **171 G5**
Annitowa, NT **172 C4**
Annuello, Vic. **73 F4**
Ansons Bay, Tas. **187 J1**
Answer Downs, QLD **102 E3**
Antarrengeny, NT **171 J4**
Anthony Lagoon, NT **169 G5**
Antil Ponds, Tas. **187 F6**
Antwerp, Vic. **74 D3**
Aparatjara, NT **122 C1**
Apollo Bay, Vic. **79 H5**
Appila, SA **129 F5**
Appin South, Vic. **75 H2**
Apsley, Tas. **191 F1**
Apsley, Vic. **74 B5**
Arabella, QLD **108 C3**
Arajoel, NSW **51 J2**
Arakoon, NSW **45 H5**
Araluen, NSW **52 D3**
Araluen North, NSW **52 D3**
Aramac, QLD **103 J4**
Ararat, Vic. **75 F6**
Arbuckle Junction, Vic. **81 F1**
Arcadia, QLD **108 E2**
Arcadia, Vic. **76 B4**
Arcadia (ruins), QLD **102 B2**
Archdale, Vic. **75 H4**
Archer River Roadhouse, QLD **99 C5**
Archies Creek, Vic. **80 C4**
Arckaringa, SA **123 J4**
Arcoona, SA **128 D2**
Ardath, WA **148 E2**
Ardlethan, NSW **51 J1**
Ardmore, QLD **102 C3**
Ardno, Vic. **78 B2**
Ardoch, QLD **107 H4**
Ardrossan, SA **130 E1**
Areegra, Vic. **74 E3**
Areyonga, NT **174 B2**
Argadargada, NT **172 C4**
Argyle, Vic. **76 A5**
Ariah Park, NSW **48 B6**
Arizona, QLD **102 E3**
Arkaroola Village, SA **129 G1**
Arkona, Vic. **74 D3**
Armadale, WA **148 C2**
Armagh, QLD **104 C5**
Armatree, NSW **48 D1**
Armidale, NSW **45 F5**
Armraynald, QLD **100 C4**
Armstrong, Vic. **75 F5**
Armuna, QLD **104 E1**
Armytage, Vic. **79 H3**
Arno, QLD **107 H1**
Arno Bay, SA **128 C6**
Arnold, Vic. **75 H4**
Aroona, SA **129 J4**
Arrabury, QLD **106 E3**
Arrara, QLD **103 H2**
Arrawarra, NSW **45 H4**
Arrilalah, QLD **103 H5**
Arrino, WA **146 C5**
Artemis, QLD **101 G1**
Arthur River, Tas. **185 A3**
Arthur River, WA **148 D4**
Arthurton, SA **130 E1**
Arthurville, NSW **48 D3**
Arubiddy, WA **151 F3**
Arumpo, NSW **46 D5**
Ascot Vale, NSW **46 B3**
Ashbourne, SA **131 F2**
Ashburton Downs, WA **144 D5**
Ashens, Vic. **74 E4**
Ashford, NSW **44 E3**
Ashley, NSW **44 C3**
Ashmont, NSW **46 D3**
Ashover, QLD **102 C3**
Ashton, QLD **103 H2**
Ashvale, NSW **46 C5**
Ashville, SA **131 G3**
Aston, NSW **46 D4**
Atartinga, NT **171 H5**
Atherton, QLD **101 J3**
Atley, WA **147 F4**
Atnarpa, NT **175 F2**
Atneltyey, NT **171 J5**
Attunga, NSW **44 E5**
Atula, NT **175 H1**
Auburn, SA **131 F1**
Augathella, QLD **108 C2**
Augusta, WA **148 A5**
Augustus Downs, QLD **100 C5**
Aurukun, QLD **99 A5**
Auski Roadhouse, WA **145 F4**
Austral Downs, NT **172 E3**
Australind, WA **148 B3**
Authoringa, QLD **108 C3**
Auvergne, NT **167 C2**
Avalon, NSW **47 K3**
Avenel, NSW **41 C5**
Avenel, Vic. **76 B5**
Avenue, SA **131 H5**
Avington, QLD **103 J5**
Avoca, NSW **43 F2**
Avoca, NSW **46 C5**
Avoca, QLD **104 D5**
Avoca, Tas. **187 G4**
Avoca, Vic. **75 G5**
Avoca Downs, WA **147 J6**
Avon Downs, NT **172 D2**
Avon Downs, QLD **104 D3**
Avondale, NSW **42 D4**
Avondale, NSW **47 G5**
Avondale, QLD **109 J1**
Avondale, SA **129 F1**
Avonmore, Vic. **75 K4**
Axedale, Vic. **75 K4**
Ayr, QLD **104 D1**
Ayrford, Vic. **79 F4**
Ayton, QLD **101 J2**

B

Baan Baa, NSW **44 C5**
Babbiloora, QLD **108 D2**
Babinda, NSW **47 K2**
Babinda, QLD **101 J3**
Bacchus Marsh, Vic. **79 K2**
Backwater, NSW **45 F4**
Backwood, NSW **42 D3**
Badalia, QLD **102 C4**
Baddaginnie, Vic. **76 D4**
Baden, Tas. **191 G1**
Baden Park, NSW **47 F2**
Badgebup, WA **148 E4**
Badgingarra, WA **146 C6**
Badja, WA **146 D4**
Bael Bael, Vic. **75 H1**
Baerami, NSW **49 G3**
Baerami Creek, NSW **49 F3**
Bagdad, Tas. **191 F2**
Bagshot, Vic. **75 K4**
Bailieston, Vic. **76 B4**
Baird Bay, SA **127 J5**
Bairnsdale, Vic. **81 H2**
Bajool, QLD **105 G5**
Bakara, SA **131 G1**
Bakers Creek, QLD **105 F3**
Bakers Hill, WA **148 C1**
Baking Board, QLD **109 G3**
Balah, SA **129 G6**
Balaka, NSW **46 D2**
Balaklava, SA **131 F1**
Balaree, NSW **43 J5**
Balbarini, NT **169 G3**
Balcanoona (N.P.H.Q.), SA **129 G2**
Bald Hill, Vic. **75 K5**
Bald Knob, NSW **45 F3**
Bald Rock, Vic. **75 J2**
Baldry, NSW **48 D4**
Balfes Creek, QLD **104 B2**
Balfour, Tas. **185 B4**
Balfour Downs, WA **145 H4**
Balgo, WA **152 D2**
Balgowan, SA **130 E1**
Balingup, WA **148 C4**
Balla Balla, WA **144 E3**
Balladonia, WA **150 D4**
Balladonia, WA **150 D4**
Balladoran, NSW **48 D2**
Ballan, Vic. **79 J2**
Ballandean, QLD **109 H5**
Ballarat, Vic. **79 H1**
Ballbank, NSW **50 E3**
Balldale, NSW **51 J4**
Ballendella, Vic. **76 A3**
Ballera Gas Centre, QLD **107 F4**
Balliang, Vic. **79 K2**
Balliang East, Vic. **79 K2**
Ballina, NSW **45 J2**
Ballindalloch, QLD **103 H2**
Ballyrogan, Vic. **79 G1**
Ballythuna, WA **146 C2**
Balmattum, Vic. **76 C4**
Balmoral, NSW **46 E4**
Balmoral, Vic. **74 D6**
Balnarring, Vic. **80 B4**
Balook, QLD **105 F3**
Balook, Vic. **80 E4**
Balranald, NSW **50 D2**
Bamaga, QLD **99 B2**
Bambaroo, QLD **101 J5**
Bambill, Vic. **72 C3**
Bambilla, NSW **47 F3**
Bambra, Vic. **79 J4**
Ban Ban Springs, NT **164 E4**
Ban Ban Springs, QLD **109 H2**
Banana, QLD **105 G6**
Bancroft, QLD **109 H1**
Banda, WA **147 J3**
Bandiana, Vic. **77 F3**
Bang Bang, QLD **100 D5**
Bangalow, NSW **45 J2**
Bangerang, Vic. **74 E3**
Bangham, SA **131 J4**
Bangham, Vic. **74 A4**
Bangor, Tas. **186 E2**
Banjawarn, WA **147 H3**
Banjeroop, Vic. **73 H6**
Banjoura, QLD **103 H3**
Banka Banka, NT **168 E6**
Bannerton, Vic. **73 F4**
Bannister, WA **148 C3**
Bannockburn, QLD **103 J3**
Bannockburn, Vic. **79 J3**
Banyan, Vic. **75 F1**
Banyena, Vic. **75 F4**
Baradine, NSW **44 B5**
Baralba, QLD **105 F6**
Barataria, QLD **103 G4**
Baratta, SA **129 G4**
Barcaldine, QLD **103 J5**

Barcaldine Downs, QLD *103 J5*
Bardoc, WA *147 H5*
Barellan, NSW *47 K6*
Barfold, Vic. *75 K5*
Barford, QLD 108 C2
Bargara, QLD *109 J1*
Barham, NSW *50 E3*
Baring, Vic. *72 D5*
Baringhup, Vic. *75 J5*
Barjarg, Vic. *76 D5*
Barkly, Vic. *75 G5*
Barkly Downs, QLD 102 B2
Barkly Homestead Roadhouse, NT *172 B2*
Barmah, Vic. *76 B2*
Barmedman, NSW *48 B6*
Barmera, SA *131 H1*
Barmundu, QLD *105 H5*
Barn Hill, WA 142 C5
Barnadown, Vic. *75 K4*
Barnato, NSW 47 G2
Barnawartha, Vic. *77 F2*
Barnawartha South, Vic. *77 F3*
Barnes Bay, Tas. *191 F4*
Barnong, WA 146 D4
Barooga, NSW *51 H4*
Barooga, Vic. *76 C2*
Baroondah, QLD *109 F2*
Barpinba, Vic. *79 H3*
Barraba, NSW *44 D4*
Barradeen, QLD 108 C3
Barrambie, WA 147 F3
Barramunga, Vic. *79 H4*
Barraport, Vic. *75 H2*
Barraroo, NSW 46 D2
Barratta, QLD *104 D1*
Barrington, NSW *49 J2*
Barrington, QLD 104 B1
Barrington, Tas. *186 B3*
Barringun, NSW *43 F2*
Barrow Creek Roadhouse, NT *171 H4*
Barry, NSW *48 E5*
Barry, NSW *49 H2*
Barrys Reef, Vic. *79 J1*
Barton, SA *127 G2*
Barton, Vic. *75 F6*
Barunduda, Vic. *77 F3*
Barunga, NT *165 F5*
Barwidgee, WA 147 H2
Barwon Downs, Vic. *79 H4*
Barwon Heads, Vic. *79 K3*
Baryulgil, NSW *45 H3*
Basalt Creek, QLD 108 E1
Bass, Vic. *80 C4*
Batavia Downs, QLD 99 B4
Batchelor, NT *164 D3*
Batchica, Vic. *74 E3*
Batehaven, NSW *52 D3*
Batemans Bay, NSW *52 D3*
Bathurst, NSW *48 E4*
Bathurst Heads O.S., QLD 99 D6
Batlow, NSW *52 A3*
Batten Pt, NT 169 H2
Battery, QLD 101 J5
Bauhinia Downs, NT 169 G2
Bauhinia Downs, QLD 102 E2
Bauhinia Downs, QLD 105 F6
Baulkamaugh North, Vic. *76 C2*
Bawley Point, NSW *52 E3*
Baykool, QLD 108 B2
Baynton, Vic. *76 A5*
Bayulu, WA *143 F5*
Bayview, Tas. *187 J3*

Beachport, SA *131 G5*
Beacon, WA *146 E6*
Beaconsfield, Tas. *186 D2*
Beaconsfield Upper, Vic. *80 C3*
Beagle Bay, WA *142 D4*
Bealiba, Vic. *75 H4*
Beanbah, NSW 43 K5
Beardmore, Vic. *80 E2*
Beargamil, NSW *48 C4*
Bearii, Vic. *76 C2*
Bears Lagoon, Vic. *75 J3*
Beaudesert, QLD 102 E3
Beaudesert, QLD *109 J5*
Beaufort, Vic. *79 G1*
Beaumaris, Tas. *187 J3*
Beauty Point, Tas. *186 D2*
Beazleys Bridge, Vic. *75 G4*
Beckom, NSW *48 A6*
Bedford Downs, WA 143 H4
Bedgerebong, NSW *48 B4*
Bedourie, QLD 102 C6
Bedourie, QLD 109 F2
Bedunburra, WA *142 D4*
Beeac, Vic. *79 H3*
Beebyn, WA 146 E2
Beech Forest, Vic. *79 H4*
Beechford, Tas. *186 E1*
Beechworth, Vic. *77 F3*
Beelbangera, NSW *47 J6*
Beemery, NSW 43 G4
Beenleigh, QLD *109 K4*
Beerwah, QLD *109 J4*
Beetaloo, NT 168 D4
Beete, WA *149 K3*
Bega, NSW *52 D5*
Begonia, QLD 108 E4
Beilpajah, NSW 47 F4
Belah, NSW 43 F5
Belarabon, NSW 47 G2
Belconnen, ACT *29 C2*
Belele, WA 146 E2
Belgrave, Vic. *80 C2*
Belinar, NSW 46 D5
Belka, WA *149 F1*
Bell, NSW *49 F5*
Bell, QLD *109 H4*
Bell Bay, Tas. *186 D2*
Bellalie, QLD 107 G4
Bellangry, NSW *49 K1*
Bellarwi, NSW *48 B6*
Bellata, NSW *44 C4*
Bellbird, NSW *49 H4*
Bellbridge, Vic. *77 G2*
Bellbrook, NSW *45 G5*
Bellbuoy Beach, Tas. *186 D1*
Bellellen, Vic. *75 F5*
Bellevue, QLD 101 G3
Bellfield, QLD 101 F5
Bellingen, NSW *45 H5*
Bellingham, Tas. *186 E1*
Belltrees, NSW *49 H2*
Bellvale, NSW 47 F2
Belmont, NSW *49 H4*
Beloka, NSW *52 B5*
Beltana, SA *129 F2*
Beltana Roadhouse, SA *129 F2*
Belton, SA *129 F4*
Belvedere, NSW 43 F4
Belyando Crossing, QLD *104 C3*
Belyuen, NT *164 C3*
Bemboka, NSW *52 C5*
Bemm River, Vic. *82 B5*
Ben Bullen, NSW *49 F4*
Ben Lomond, NSW *45 F4*

Bena, Vic. *80 C4*
Benagerie, SA 129 H3
Benalla, Vic. *76 D4*
Benambra, Vic. *77 H5*
Benanee, NSW 50 C1
Benaraby, QLD *105 H5*
Benarca, NSW *51 F4*
Benayeo, Vic. *74 B5*
Benda Park, SA 129 H4
Bendalong, NSW *52 E3*
Bendemeer, NSW *44 E5*
Benderring, WA *149 F2*
Bendick Murrell, NSW *48 C6*
Bendigo, SA 129 G5
Bendigo, Vic. *75 J4*
Bendleby, SA 129 F4
Bendoc, Vic. *82 B3*
Bendolba, NSW *49 H3*
Benetook, Vic. *72 D3*
Bengerang, NSW *44 C2*
Bengworden, Vic. *81 G3*
Benlidi, QLD *107 J1*
Benmara, NT 169 J5
Bentley, NSW *45 H2*
Benwerrin, Vic. *79 J4*
Berajondo, QLD *109 H1*
Berangabah, NSW 47 G3
Berawinnia Downs, NSW 42 C2
Berendebba, NSW *48 B5*
Beresford, QLD 104 C4
Beresford (ruins), SA *124 D5*
Bergallia, NSW *52 D4*
Beringarra, WA 146 D2
Bermagui, NSW *52 D4*
Bermagui South, NSW *52 D5*
Bernacchi, Tas. *186 C5*
Berowra, NSW *49 G5*
Berri, SA *131 H1*
Berridale, NSW *52 B4*
Berrigan, NSW *51 H3*
Berrima, NSW *52 E1*
Berringa, Vic. *79 H2*
Berringama, Vic. *77 H3*
Berriwillock, Vic. *75 F1*
Berry, NSW *52 E2*
Berrybank, Vic. *79 H3*
Berrys Creek, Vic. *80 D4*
Bertiehaugh, QLD 99 B3
Berwick, Vic. *80 C3*
Bessiebelle, Vic. *78 D3*
Beswick, NT *165 G5*
Bet Bet, Vic. *75 H5*
Beta, QLD *104 C5*
Bethanga, Vic. *77 G3*
Bethungra, NSW *52 A2*
Betoota, QLD *106 E2*
Beulah, Tas. *186 C3*
Beulah, Vic. *74 E2*
Bevendale, NSW *52 C1*
Beveridge, Vic. *80 B1*
Beverley, WA *148 D2*
Beverley Springs, WA *143 F4*
Bews, SA *131 H2*
Beyondie, WA 145 G6
Biala, NSW *52 C2*
Bibbenluke, NSW *52 C5*
Biboohra, QLD *101 J3*
Bicheno, Tas. *187 J5*
Biddon, NSW *48 D1*
Bidgeemia, NSW *51 J3*
Bidgemia, WA 146 C1
Bidura, NSW 46 E6
Bidyadanga, WA *142 C5*
Big Billy, Vic. *72 B6*

Big Creek, QLD *107 J4*
Bigga, NSW *48 D6*
Biggara, Vic. *77 J3*
Biggenden, QLD *109 J2*
Bijerkerno, NSW 46 B1
Bilbarin, WA *148 E2*
Billa Kalina, SA 128 C1
Billabalong, WA 146 C3
Billengarrah, NT *169 G3*
Billeroy, NSW *44 A5*
Billilla, NSW 46 E2
Billiluna, WA *152 D2*
Billimari, NSW *48 D5*
Billinooka, WA *145 H5*
Billybingbone, NSW 43 H4
Biloela, QLD *105 G6*
Bilpa, NSW *46 C2*
Bilpin, NSW *49 F5*
Bilyana, QLD *101 J4*
Bimbi, NSW *48 C5*
Bimbijy, WA 146 E5
Bimbowrie, SA *129 H4*
Bimerah, QLD 103 G6
Binalong, NSW *52 B2*
Binalong Bay, Tas. *187 J2*
Binamoor, NSW *46 D1*
Binbee, QLD *104 D2*
Binda, NSW 46 E5
Binda, NSW *48 E6*
Binda, QLD 108 D4
Bindango, QLD *108 E3*
Bindarra, NSW *46 C4*
Bindi, NSW 47 H2
Bindi, Vic. *77 H5*
Bindi Bindi, WA *146 D6*
Bindoon, WA *148 C1*
Bing Bong, NT *169 H2*
Bingara, NSW *44 D4*
Binginwarri, Vic. *80 E4*
Biniguy, NSW *44 D3*
Binnaway, NSW *48 E1*
Binningup Beach, WA *148 B3*
Binnu, WA *146 B3*
Binnum, SA *131 J4*
Binya, NSW *47 J6*
Birchip, Vic. *75 F2*
Birchs Bay, Tas. *191 F4*
Birdsville, QLD *106 C3*
Birdwood, NSW *49 J1*
Birdwoodton, Vic. *72 D2*
Birralee, QLD *104 D2*
Birralee, Tas. *186 D3*
Birrego, NSW *51 J2*
Birregurra, Vic. *79 H4*
Birricannia, QLD 103 J3
Birrimba, NSW 48 A1
Birrimba, NT 168 B3
Birrindudu, NT 167 B5
Birriwa, NSW *48 E2*
Bishopsbourne, Tas. *186 E4*
Black Flag, WA 147 H6
Black Hill, WA 147 F3
Black Hills, Tas. *190 E2*
Black Mountain, NSW *45 F4*
Black Point Ranger Station, NT *164 E1*
Black Range, WA 147 F3
Black River, Tas. *185 C3*
Black Rock, SA *129 F5*
Black Springs, NSW *48 E5*
Blackall, QLD *104 B6*
Blackbraes, QLD 101 G6
Blackbull, QLD *100 E4*
Blackbutt, QLD *109 J4*

Blackdown, QLD *101 G3*
Blackfellows, NSW 46 D3
Blackfellows Caves, SA *131 H6*
Blackheath, NSW *49 F5*
Blackmans Bay, Tas. *191 F4*
Blackville, NSW *49 F2*
Blackwater, QLD *104 E5*
Blackwell, NSW 46 B3
Blackwood, Vic. *79 J1*
Blackwood Creek, Tas. *186 D4*
Bladensburg, QLD 103 G4
Blair Athol Mine, QLD *104 D4*
Blairmore, QLD 108 C4
Blampied, Vic. *75 J6*
Blanchetown, SA *131 G1*
Blanchewater (ruins), SA 125 G6
Blandford, NSW *49 G2*
Blantyre, NSW 46 D3
Blayney, NSW *48 E5*
Blessington, Tas. *187 F3*
Blighty, NSW *51 G3*
Blina, WA 142 E5
Blinman, SA *129 F2*
Bloodwood Bore, NT *174 E5*
Bloomfield, NSW 47 H2
Bloomfield, QLD 108 B1
Bloomsbury, QLD *104 E2*
Blue Lakes, QLD 107 J5
Blue Rocks, Tas. *188 C2*
Blue Water Springs Roadhouse, QLD *101 J5*
Bluff Beach, SA *130 E2*
Bluff Downs, QLD 101 J6
Blumont, Tas. *187 F2*
Blyth, SA *129 F6*
Blythdale, QLD *108 E3*
Boambee, NSW *45 H4*
Boat Harbour, Tas. *185 E3*
Boat Harbour Beach, Tas. *185 E3*
Boatman, QLD 108 C4
Bobadah, NSW *47 K3*
Bobawaba, QLD *104 D1*
Bobelah, NSW 43 G4
Bodalla, NSW *52 D4*
Bodallin, WA *149 G1*
Boddington, WA *148 C3*
Bogan Gate, NSW *48 B4*
Bogangar, NSW *45 J1*
Bogantugan, QLD *104 D5*
Bogee, NSW *49 F4*
Bogewong, NSW 43 J4
Boggabilla, NSW *44 D1*
Boggabri, NSW *44 C5*
Bogolo, NSW 47 J3
Bogolong Creek, NSW *48 C5*
Bogong, Vic. *77 G4*
Boho South, Vic. *76 D4*
Boigbeat, Vic. *73 F6*
Boinka, Vic. *72 C5*
Boisdale, Vic. *81 F2*
Bollards Lagoon, SA 125 J5
Bollon, QLD *108 D5*
Bolton, Vic. *73 F4*
Bolwarra, QLD 101 G3
Bolwarra, Vic. *78 C4*
Bomaderry, NSW *52 E2*
Bombah Point, NSW *49 J3*
Bombala, NSW *52 C5*
Bon Bon, SA 128 B1
Bonalbo, NSW *45 H2*
Bonang, Vic. *82 A3*
Bond Springs, NT 174 E2
Bonegilla, Vic. *77 F3*
Boneo, Vic. *80 A4*

INDEX 199

Bongaree, QLD **109 K4**
Bonnie Doon, Vic. **76 D5**
Bonnie Downs, WA 145 G4
Bonnie Rock, WA **147 F6**
Bonny Hills, NSW **49 K2**
Bonshaw, NSW **44 E2**
Bonton, NSW 47 F3
Bonus Downs, QLD 108 D3
Bonview, NSW 47 F1
Bonville, NSW **45 H5**
Boobera, QLD 108 B4
Booborowie, SA **129 F6**
Boobyalla, Tas. **188 C6**
Boodarie, WA 144 E2
Boodgheere, QLD 107 H5
Boogardie, WA 146 E3
Bookaar, Vic. **79 G3**
Bookabie, SA 127 G3
Bookaloo, SA **128 D3**
Bookham, NSW **52 B2**
Boola Boolka, NSW 46 E3
Boolardy, WA 146 D3
Boolarra, Vic. **80 E4**
Boolarra South, Vic. **80 E4**
Boolba, QLD **108 E4**
Boolbanna, QLD 107 H3
Boolcoomata, SA 129 J4
Booleroo Centre, SA **129 F5**
Booligal, NSW **47 G5**
Boolite, Vic. **75 F3**
Boologooro, WA 144 B6
Boomarra, QLD 100 C6
Boomi, NSW **44 C2**
Boomley, NSW **48 D2**
Boompa, QLD **109 J2**
Boonah, QLD **109 J5**
Boondandilla, QLD 109 G5
Boondara, NSW 47 G4
Boonderoo, QLD 103 H2
Boonella, NSW 48 A3
Boongoondoo, QLD 104 B4
Boonoo Boonoo, NSW **45 G2**
Booraan, WA **149 F1**
Booral, NSW **49 J3**
Boorara, QLD 107 H5
Boorhaman, Vic. **76 E3**
Boorndoolyanna, SA **123 F1**
Boorolite, Vic. **76 E5**
Boorooma, NSW 43 G6
Booroopki, Vic. **74 B4**
Boorooran, NSW **51 F2**
Boorowa, NSW **52 B1**
Boort, Vic. **75 H2**
Boort East, Vic. **75 H3**
Boorungie, NSW 46 C1
Boosey, Vic. **76 D2**
Boothulla, QLD 107 J3
Bootra, NSW 42 B4
Booyal, QLD **109 J2**
Booylgoo Spring, WA 147 G3
Bopeechee, SA **124 E6**
Boppy Mountain, NSW **47 J1**
Bora, NSW 43 J5
Borambil, NSW **49 F2**
Borden, WA **149 F5**
Border Downs, NSW 41 C4
Border Village, SA **126 B3**
Bordertown, SA **131 H4**
Boree, NSW **48 D4**
Boree, QLD **103 H2**
Boree Creek, NSW **51 J2**
Boree Plains, NSW 46 E5
Borenore, NSW **48 D4**
Bororen, QLD **105 H6**

Borrika, SA **131 H2**
Borroloola, NT **169 H2**
Borung, Vic. **75 H3**
Bosworth, SA 128 E2
Bothwell, Tas. **190 E1**
Bouldercombe, QLD **105 G5**
Boulia, QLD **102 D4**
Boullia, QLD 41 D4
Boundain, WA **148 D3**
Boundary Bend, Vic. **73 G4**
Bourbah, NSW 43 K6
Bourke, NSW **43 F4**
Bow Bridge, WA **148 D6**
Bowelling, WA **148 C4**
Bowen, QLD **104 E1**
Bowen Downs, QLD 103 J4
Bowenville, QLD **109 H4**
Bower, SA **131 G1**
Boweya, Vic. **76 D3**
Bowgada, WA **146 D5**
Bowhill, SA **131 G2**
Bowie, QLD 104 B3
Bowna, NSW **51 K4**
Bowning, NSW **52 B2**
Bowral, NSW **52 E1**
Bowraville, NSW **45 H5**
Bowser, Vic. **76 E3**
Bowthorn, QLD 100 A4
Box Valley, NSW 47 F2
Boxgrove, QLD 109 F2
Boxwood Hill, WA **149 F5**
Boyanup, WA **148 B4**
Boyeo, Vic. **74 C3**
Boyer, Tas. **191 F3**
Boynedale, QLD **105 H6**
Boyup Brook, WA **148 C4**
Braceborough, QLD 104 B2
Brachina, SA **129 F3**
Brackenburgh, QLD 102 E4
Brackendale, NSW **45 F6**
Bracknell, Tas. **186 E4**
Bradvale, Vic. **79 G2**
Braemar, SA 129 G5
Braeside, QLD **104 E3**
Braidwood, NSW **52 D3**
Braidwood, QLD 107 G1
Bramah, NSW 50 D1
Bramfield, SA **128 A6**
Bramston Beach, QLD **101 J3**
Bramwell, QLD 99 B3
Brandon, QLD **104 D1**
Brandum, Tas. **186 D5**
Brandy Creek, Vic. **80 D3**
Branglebar, NSW 43 H5
Bransby, QLD 107 F5
Branxholm, Tas. **187 G2**
Branxholme, Vic. **78 D2**
Branxton, NSW **49 H3**
Brawlin, NSW **52 A2**
Brayfield, SA **130 C1**
Brayton, NSW **52 D2**
Breadalbane, NSW **52 C2**
Breadalbane, QLD 102 C5
Breadalbane, Tas. **186 E3**
Break O'Day, Vic. **76 C6**
Bream Creek, Tas. **191 H3**
Breamlea, Vic. **79 K3**
Bredbo, NSW **52 C4**
Breeza, NSW **44 D6**
Bremer Bay, WA **149 G5**
Brenda, NSW 43 H2
Brenda Gate, QLD **108 D6**
Brentwood, SA **130 E2**
Brentwood, Vic. **74 D2**

Breona, Tas. **186 D4**
Bretti, NSW **49 J2**
Brewarrina, NSW **43 H4**
Briaba, QLD **104 D2**
Briagolong, Vic. **81 G2**
Bribbaree, NSW **48 C6**
Bridge Creek, Vic. **76 D5**
Bridgenorth, Tas. **186 E3**
Bridgetown, WA **148 C5**
Bridgewater, SA **129 F5**
Bridgewater, Tas. **191 F3**
Bridgewater on Loddon, Vic. **75 J4**
Bridport, Tas. **187 F1**
Brigalow, QLD **109 G3**
Bright, Vic. **77 F4**
Brighton, Tas. **191 F2**
Brighton Downs, QLD 102 E5
Brim, Vic. **74 E2**
Brimbago, SA **131 H4**
Brimpaen, Vic. **74 E5**
Brinard, QLD 102 E1
Brindabella, NSW **52 B3**
Brindiwilpa, NSW 41 E4
Bringalbert, Vic. **74 B5**
Brinkworth, SA **129 F6**
Brisbane, QLD **109 J4**
Brit Brit, Vic. **78 C1**
Brittania, QLD 104 C2
Brittons Swamp, Tas. **185 B3**
Brixton, QLD **103 J5**
Broad Arrow, WA **147 H6**
Broadford, Vic. **76 B5**
Broadmarsh, Tas. **191 F2**
Broadmeadows, Tas. **185 C3**
Broadmere, NT 169 F3
Broadwater, NSW **45 J2**
Broadwater, Vic. **78 D3**
Brocklehurst, NSW **48 D2**
Brocklesby, NSW **51 J3**
Brogo, NSW **52 D5**
Broke, NSW **49 G3**
Broken Hill, NSW **46 B2**
Brolgan, NSW **48 C4**
Bromley, QLD 99 C4
Bronte, QLD 107 J2
Bronte, Tas. **186 C6**
Bronte Park, Tas. **186 C6**
Bronzewing, Vic. **72 E5**
Brooksby, Vic. **74 D5**
Brookside, Tas. **190 E3**
Brookstead, QLD **109 H4**
Brooksville, NSW 43 G2
Brookton, WA **148 D2**
Brooman, NSW **52 D3**
Broome, WA **142 C5**
Broomehill, WA **148 E4**
Brooms Head, NSW **45 J3**
Brooweena, QLD **109 J2**
Broughton, Vic. **74 B3**
Broula, NSW **48 D5**
Broulee, NSW **52 D4**
Brovinia, QLD **109 H3**
Bruce, SA **129 F4**
Bruce Rock, WA **149 F1**
Brucedale, QLD 108 E3
Brucknell, Vic. **79 F4**
Bruinbun, NSW **48 E4**
Brunchilly, NT 168 E6
Brundah, NSW **48 C5**
Brunette Downs, NT 169 G6
Brunswick Heads, NSW **45 J2**
Brunswick Junction, WA **148 B3**
Brushwood, NSW **51 K2**
Bruthen, Vic. **81 H2**

Bryah, WA **147 F1**
Buangor, Vic. **75 G6**
Bucasia, QLD **105 F2**
Buchan, Vic. **81 J1**
Buchan South, Vic. **81 J1**
Bucheen Creek, Vic. **77 H3**
Buckalow, NSW 46 B3
Buckenderra, NSW **52 B4**
Buckingham Downs, QLD 102 C3
Buckinguy, NSW 43 H5
Buckland, Tas. **191 H2**
Buckland, Vic. **77 F4**
Buckland Junction, Vic. **77 F5**
Buckleboo, SA 128 C5
Buckleboo, SA **128 C5**
Buckley, Vic. **79 J3**
Buckrabanyule, Vic. **75 H3**
Budda, NSW 42 D6
Buddabadah, NSW **48 B2**
Buddigower, NSW **48 A5**
Budgeree, NSW 46 B4
Budgerygar, QLD 107 H2
Budgewoi, NSW **49 H4**
Buffalo River, Vic. **77 F4**
Bugaldie, NSW **44 B6**
Bugilbone, NSW **44 A4**
Bukalong, NSW **52 C5**
Bukkulla, NSW **44 E3**
Bukulla, NSW 44 A3
Bulahdelah, NSW **49 J3**
Bulga, NSW **49 G3**
Bulga Downs, WA 147 G4
Bulgamurra, NSW 46 E4
Bulgandramine, NSW **48 C3**
Bulgandry, NSW **51 J3**
Bulgary, NSW **51 K2**
Bulgroo, QLD 107 H2
Bulgunnia, SA 127 K1
Bulimba, QLD **101 G3**
Bulla, Vic. **80 A2**
Bullara, WA 144 A4
Bullarah, NSW **44 B3**
Bullaring, WA **148 E2**
Bullaroon, NSW 43 F3
Bullarto, Vic. **75 J6**
Bullecourt, QLD 102 B2
Bullenbung, NSW **51 J2**
Bullengarook, Vic. **79 K1**
Bullery, QLD **104 E5**
Bullfinch, WA **147 F6**
Bullhead Creek, Vic. **77 G3**
Bullioh, Vic. **77 G3**
Bullita, NT 167 C2
Bullo River, NT 167 B1
Bullocks Flat, NSW **52 B4**
Bulloo Creek, SA 129 H4
Bulloo Downs, QLD 107 G5
Bulloo Downs, WA 145 F5
Bullsbrook, WA **148 C1**
Bullumwaal, Vic. **81 H2**
Bullyard, QLD **109 J2**
Bulman, NT **165 H4**
Bumberry, NSW **48 C4**
Bunbartha, Vic. **76 B3**
Bunbury, WA **148 B4**
Bunda, NT 167 B5
Bunda Bunda, QLD 103 F1
Bundaberg, QLD **109 J2**
Bundalagauh, Vic. **81 F3**
Bundaleer, QLD 108 C5
Bundalong, Vic. **76 D2**
Bundalong South, Vic. **76 E2**
Bundanoon, NSW **52 E2**
Bundarra, NSW 42 B4

Bundarra, NSW **44 E4**
Bundeena, QLD 107 F4
Bundella, NSW **49 F1**
Bundi, QLD **109 F3**
Bundooma (ruins), NT **174 E4**
Bundoon Belah, NSW 47 H1
Bundoona, QLD 107 J4
Bundure, NSW 47 J3
Bundure, NSW **51 H2**
Bundycoola, NSW 47 H2
Bung Bong, Vic. **75 H5**
Bungaban, QLD **109 G2**
Bungal, Vic. **79 J2**
Bungeet, Vic. **76 D3**
Bungendore, NSW **52 C3**
Bungeworgorai, QLD **108 E3**
Bungil, Vic. **77 G2**
Bungobine, QLD **104 D2**
Bungonia, NSW **52 D2**
Bungunya, QLD **109 F5**
Bungwahl, NSW **49 J3**
Buniche, WA **149 G3**
Buninyong, Vic. **79 H2**
Bunjil, WA **146 D5**
Bunna Bunna, NSW **44 B3**
Bunnaloo, NSW **51 F3**
Bunnan, NSW **49 G2**
Bunnawarra, WA 146 D4
Bunneringee, NSW **46 C5**
Buntine, WA **146 D5**
Bunyan, NSW **52 C4**
Bunyip, Vic. **80 C3**
Burakin, WA **146 E6**
Buralyang, NSW **47 K5**
Burambil, QLD 108 C5
Burban Grange, NSW 43 H2
Burcher, NSW **48 B5**
Burekup, WA **148 B4**
Burgooney, NSW **47 K4**
Burkan, QLD 105 F5
Burke & Wills Roadhouse, QLD **100 C5**
Burketown, QLD **100 B4**
Burleigh, QLD 103 G2
Burlington, QLD 101 H4
Burnabinmah, WA **146 E4**
Burnamwood, NSW **42 E5**
Burnett Heads, QLD **109 J1**
Burngrove, QLD **104 E5**
Burngup, WA **149 F3**
Burnham, QLD 102 D3
Burnie, Tas. **186 A1**
Burns Creek, Tas. **187 G3**
Burnside, QLD 103 H3
Burra, QLD **103 J2**
Burra, SA **129 F6**
Burraboi, NSW **51 F3**
Burracoppin, WA **149 F1**
Burraga, NSW **48 E5**
Burragate, NSW **52 C5**
Burramine, Vic. **76 D2**
Burrandana, NSW **51 K3**
Burrapine, NSW **45 G5**
Burrawantie, NSW 42 E2
Burren Junction, NSW **44 B4**
Burrereo, Vic. **75 F4**
Burrill Lake, NSW **52 E3**
Burringbar, NSW **45 J1**
Burringurrah, WA **144 D6**
Burrinjuck, NSW **52 B2**
Burrowye, Vic. **77 H2**
Burrum Heads, QLD **109 J2**
Burrumbeet, Vic. **79 H1**
Burrumbuttock, NSW **51 J3**

Burrundie, NT **164 E4**
Burslem, QLD **103 H3**
Burta, NSW **46 B3**
Burthong, NSW **47 J3**
Burtundy, NSW **46 C5**
Burtundy, NSW **46 E3**
Burunga, QLD **109 F3**
Bushfield, Vic. **78 E4**
Bushy Park, NT **171 H6**
Bushy Park, Tas. **190 E2**
Busselton, WA **148 B4**
Busthinia, QLD **104 B5**
Butchers Ridge, Vic. **77 J6**
Bute, SA **128 E6**
Buxton, Vic. **80 C1**
Byabarra, NSW **49 K2**
Byaduk, Vic. **78 D3**
Byaduk North, Vic. **78 D2**
Byfield, QLD **105 G4**
Byford, WA **148 C2**
Bylong, NSW **49 F3**
Bylong, QLD **103 G2**
Byrnedale, NSW **46 D2**
Byrnestown, QLD **109 H2**
Byrneville, Vic. **74 E4**
Byro, WA **146 D2**
Byrock, NSW **43 G5**
Byron Bay, NSW **45 J2**

C

C Lake, NSW **46 E4**
Cabanandra, Vic. **82 A3**
Cabawin, QLD **109 G4**
Cabbage Tree Creek, Vic. **82 A4**
Caboolture, QLD **109 J4**
Cabramurra, NSW **52 B4**
Cadelga (ruins), SA **125 J1**
Cadell, SA **131 G1**
Cadney Homestead Roadhouse, SA **123 J4**
Cadney Park, SA **123 J4**
Caiguna, WA **151 F4**
Cairns, QLD **101 J3**
Cairns, QLD **108 B3**
Cairns Bay, Tas. **190 E4**
Caiwarro (ruins), QLD **107 J5**
Cal Lal, NSW **46 B6**
Calca, SA **127 J5**
Calder, Tas. **185 E3**
Caldervale, QLD **108 C2**
Caldwell, NSW **51 F3**
Caledonia, QLD **103 J3**
Calen, QLD **104 E2**
Calivil, Vic. **75 J3**
Callagiddy, WA **146 B1**
Callanna, SA **124 E6**
Callawa, WA **145 G2**
Callawadda, Vic. **75 F4**
Callide, QLD **105 G6**
Callide Mine, QLD **105 G6**
Callindary, NSW **42 A4**
Callington, SA **131 F2**
Callion, WA **147 G5**
Calliope, QLD **105 H5**
Callytharra Springs, WA **146 C1**
Caloundra, QLD **109 K3**
Calrossie, Vic. **81 F4**
Calton Hills, QLD **102 C2**
Caltowie, SA **129 F5**
Calulu, Vic. **81 H2**
Calvert Hills, NT **169 J4**
Camballin, WA **142 E5**

Cambarville, Vic. **80 D1**
Cambeela, QLD **103 F4**
Camberwell, NSW **49 G3**
Cambooya, QLD **109 H4**
Cambrai, SA **131 G1**
Cambridge, Tas. **191 G3**
Camdale, Tas. **186 A1**
Camel Creek, QLD **101 J5**
Camena, Tas. **186 A2**
Cameron Downs, QLD **103 H3**
Camfield, NT **167 D3**
Camooweal, QLD **102 B1**
Camp Creek, NT **164 D4**
Campania, Tas. **191 G2**
Campbell Town, Tas. **187 F5**
Campbells Bridge, Vic. **75 F5**
Campbells River, NSW **48 E5**
Campbelltown, Vic. **75 J5**
Camperdown, Vic. **79 G3**
Canary, QLD **102 D5**
Canary Island, Vic. **75 H2**
Canaway Downs, QLD **107 H3**
Canbelego, NSW **47 J1**
Canberra, ACT **29 C2**
Candelo, NSW **52 D5**
Cane River, WA **144 C4**
Canegrass, SA **129 H6**
Caniambo, Vic. **76 C3**
Cann River, Vic. **82 B4**
Canna, WA **146 C4**
Cannawigara, SA **131 H4**
Cannie, Vic. **75 G2**
Cannington, QLD **102 E3**
Canobie, QLD **100 D6**
Canonba, NSW **43 H6**
Canopus, SA **129 J6**
Canowindra, NSW **48 D5**
Canungra, QLD **109 K5**
Cape Barren Island, Tas. **188 C4**
Cape Bridgewater, Vic. **78 C4**
Cape Clear, Vic. **79 H2**
Cape Crawford Roadhouse, NT **169 G3**
Cape Jaffa, SA **131 G5**
Cape Jervis, SA **130 E3**
Cape Paterson, Vic. **80 C4**
Cape Portland, Tas. **188 C5**
Capel, WA **148 B4**
Capella, QLD **104 E4**
Capels Crossing, Vic. **75 J1**
Capertee, NSW **49 F4**
Capon, NSW **46 E1**
Capricorn Roadhouse, WA **145 G5**
Capricorn Roadhouse Fuel Dump, WA **145 K5**
Captain Billy Landing, QLD **99 C3**
Captains Flat, NSW **52 C3**
Carabost, NSW **52 A3**
Caradoc, NSW **42 B5**
Caragabal, NSW **48 B5**
Caralue, SA **128 C5**
Caralulup, Vic. **75 H5**
Caramut, Vic. **78 E3**
Carandotta, QLD **102 B3**
Carapooee, Vic. **75 G4**
Carapook, Vic. **78 C2**
Carawa, SA **127 J4**
Carbeen Park, NT **164 E5**
Carbine, WA **147 H6**
Carbla, WA **146 B2**
Carboor, Vic. **76 E4**
Carboor Upper, Vic. **76 E4**
Carbunup River, WA **148 A4**
Carcoar, NSW **48 D5**

Carcory (ruins), QLD **106 C2**
Cardigan, QLD **104 C1**
Cardigan Village, Vic. **79 H1**
Cardinia, Vic. **80 C3**
Cardross, Vic. **72 D2**
Cardstone, QLD **101 J4**
Cardwell, QLD **101 J4**
Carey Downs, WA **146 C1**
Cargerie, Vic. **79 J2**
Cargo, NSW **48 D4**
Cariewerloo, SA **128 D4**
Carina, Vic. **72 B5**
Carinda, NSW **43 J4**
Carisbrook, Vic. **75 H5**
Carisbrooke, QLD **103 F4**
Carlachy, NSW **48 B4**
Carlindie, WA **145 F3**
Carlisle River, Vic. **79 G4**
Carlo, QLD **102 B5**
Carlsruhe, Vic. **75 K6**
Carlton, NSW **43 H6**
Carlton, Tas. **191 G3**
Carlton Hill, WA **143 J3**
Carmala, NSW **46 D2**
Carmila, QLD **105 F3**
Carmor Plains, NT **164 E3**
Carnamah, WA **146 C5**
Carnarvon, QLD **108 D1**
Carnarvon, WA **146 A1**
Carnegie, WA **147 J1**
Carnes, SA **127 J1**
Carney, NSW **42 D5**
Caroda, NSW **44 D4**
Caron, WA **146 D5**
Caroona, NSW **49 G1**
Carooma, SA **129 G6**
Carpendeit, Vic. **79 G4**
Carpentaria Downs, QLD **101 H5**
Carpenter Rocks, SA **131 H6**
Carrabin, WA **149 F1**
Carrajung, Vic. **81 F4**
Carramar, NSW **43 H4**
Carranballac, Vic. **79 G2**
Carranya, QLD **107 F2**
Carrarang, WA **146 A2**
Carrathool, NSW **51 G1**
Carrick, Tas. **186 E3**
Carrieton, SA **129 F4**
Carroll, NSW **44 D5**
Carron, Vic. **75 F3**
Carrum, QLD **102 E2**
Carrum, Vic. **80 B3**
Carse O Gowrie, QLD **104 C2**
Carwarp, Vic. **72 D3**
Carwell, QLD **108 C1**
Cascade, WA **149 K4**
Cashmere Downs, WA **147 G4**
Cashmere West, QLD **108 E4**
Cashmore, Vic. **78 C4**
Casino, NSW **45 H2**
Cassilis, NSW **49 F2**
Cassilis, Vic. **77 H5**
Casterton, Vic. **78 C2**
Castle Forbes Bay, Tas. **190 E4**
Castle Rock, NSW **49 G3**
Castleburn, Vic. **81 G2**
Castlemaine, Vic. **75 J5**
Castlevale, QLD **104 C6**
Catamaran, Tas. **190 E6**
Cathcart, NSW **52 C5**
Cathedral Hill, QLD **103 F3**
Cato, NSW **43 H4**
Cattle Creek, NT **168 A4**
Catumnal, Vic. **75 H2**

Cavan, NSW **46 D5**
Caveat, Vic. **76 C5**
Cavendish, Vic. **78 D1**
Caveside, Tas. **186 C4**
Caveton, SA **131 H6**
Cawkers Well, NSW **46 D2**
Cawnalmurtee, NSW **42 B5**
Cawongla, NSW **45 H2**
Cecil Plains, QLD **109 H4**
Cedar Point, NSW **45 H2**
Cedars, NSW **43 H4**
Ceduna, SA **127 H4**
Ceduna Radio Astronomy Observatory, SA **127 H3**
Central Tilba, NSW **52 D4**
Ceradotus, QLD **109 H2**
Ceres, Vic. **79 J3**
Cervantes, WA **146 C6**
Cessnock, NSW **49 H4**
Chain of Lagoons, Tas. **187 J4**
Chalky Well, NSW **46 C4**
Challa, WA **146 E4**
Challambra, Vic. **74 E3**
Champion, QLD **104 B5**
Chandada, SA **127 J5**
Chandler, SA **123 H2**
Chandlers Creek, Vic. **82 B3**
Chandos, SA **131 J2**
Charam, Vic. **74 C5**
Charleville, QLD **108 C3**
Charleyong, NSW **52 D3**
Charlotte Pass, NSW **52 B4**
Charlotte Waters, NT **175 F5**
Charlton, Vic. **75 G3**
Charra, SA **127 H4**
Charters Towers, QLD **104 C1**
Chasm Creek, Tas. **186 A1**
Chatham, QLD **108 C2**
Chatsworth, QLD **102 D3**
Chatsworth, Vic. **79 F2**
Cheepie, QLD **107 J3**
Cherbourg, QLD **109 H3**
Cherrabun, WA **143 F6**
Cherrypool, Vic. **74 D5**
Cheshire, QLD **104 C6**
Cheshunt, Vic. **76 E4**
Cheshunt South, Vic. **76 E4**
Chesney, Vic. **76 D3**
Chetwynd, Vic. **74 C6**
Chewton, Vic. **75 J5**
Cheyne Beach, WA **149 F6**
Chidna, QLD **100 B6**
Childers, QLD **109 J2**
Chilla Well O.S., NT **170 D4**
Chillagoe, QLD **101 H3**
Chillichil, NSW **47 F6**
Chillingollah, Vic. **73 F5**
Chilpanunda, SA **127 J4**
Chiltern, Vic. **77 F3**
Chiltern Hills, QLD **102 E4**
Chinaman Flat, Vic. **74 C2**
Chinchilla, QLD **109 G3**
Chinkapook, Vic. **73 F5**
Chorregon, QLD **103 G4**
Chowey, QLD **109 H2**
Christmas Hills, Tas. **185 B3**
Chudleigh, Tas. **186 C3**
Churchill, Vic. **80 E3**
Churinga, NSW **46 D2**
Chute, Vic. **75 G6**
Clackline, WA **148 C1**
Clairview, QLD **105 F3**
Clanagh, QLD **103 H4**
Clandulla, NSW **49 F4**

Claravale, NT **164 E5**
Claraville, NT **175 F2**
Claraville, QLD **100 E5**
Clare, NSW **47 F4**
Clare, QLD **104 D1**
Clare, SA **129 F6**
Clare Capal, NSW **47 G5**
Clare Downs, WA **149 K4**
Claremont, Vic. **76 E4**
Clarence Point, Tas. **186 D2**
Clarence Town, NSW **49 H3**
Clarendon, Tas. **187 F4**
Clarke River, QLD **101 J5**
Clarkefield, Vic. **80 A1**
Claude Road, Tas. **186 B3**
Claverton, QLD **108 B4**
Clayton, SA **125 F6**
Clear Lake, Vic. **74 D5**
Clear Ridge, NSW **48 B5**
Cleary, WA **146 E6**
Clermont, QLD **104 D4**
Cleve, SA **128 C6**
Cleveland, Tas. **187 F5**
Clifton, QLD **107 G2**
Clifton, QLD **109 H5**
Clifton Beach, QLD **101 J3**
Clifton Beach, Tas. **191 G4**
Clifton Downs, NSW **42 A3**
Clifton Hills, SA **125 G2**
Clifton Springs, Vic. **79 K3**
Clio, QLD **103 F3**
Clonagh, QLD **102 D1**
Cloncurry, QLD **102 D2**
Clouds Creek, NSW **45 G4**
Clover Hills, QLD **104 B5**
Cloyna, QLD **109 H3**
Club Terrace, Vic. **82 B4**
Clunes, NSW **45 J2**
Clunes, Vic. **75 H6**
Cluny, QLD **106 C1**
Clybucca, NSW **45 H5**
Clydebank, Vic. **81 G3**
Coalbrook, QLD **103 G1**
Coaldale, NSW **45 H3**
Coally, NSW **41 D4**
Cobains, Vic. **81 G3**
Cobar, NSW **47 J1**
Cobargo, NSW **52 D4**
Cobaw, Vic. **76 A6**
Cobbadah, NSW **44 D4**
Cobba-da-mana, QLD **109 H5**
Cobbannah, Vic. **81 G2**
Cobbora, NSW **48 E2**
Cobbrum, QLD **108 C4**
Cobden, Vic. **79 G4**
Cobera, SA **131 H2**
Cobham, NSW **41 E4**
Cobra, WA **144 D6**
Cobram, Vic. **76 C2**
Cobrico, Vic. **79 G3**
Cobrilla, NSW **42 C6**
Cobungra, Vic. **77 G5**
Coburg, Vic. **80 B2**
Coburn, WA **146 B2**
Cocamba, Vic. **73 F5**
Cochranes Creek, Vic. **75 H4**
Cockaleechie, SA **130 C1**
Cockatoo, QLD **109 G2**
Cockatoo, Vic. **80 C2**
Cockburn, SA **129 J4**
Cockle Creek, Tas. **190 E6**
Cocklebiddy, WA **151 F3**
Codrington, Vic. **78 D3**
Coen, QLD **99 C5**

Coffin Bay, SA **130 B1**
Coffs Harbour, NSW **45 H4**
Coghills Creek, Vic. **75 H6**
Cogla Downs, WA **147 F3**
Cohuna, Vic. **75 J2**
Coila, NSW **52 D4**
Cokum, Vic. **75 G2**
Colac, Vic. **79 H4**
Colac Colac, Vic. **77 H3**
Colane, NSW **42 B3**
Colbinabbin, Vic. **76 A4**
Coldstream, Vic. **80 C2**
Coleambally, NSW **51 H2**
Colebrook, Tas. **191 F2**
Coleraine, QLD **103 G3**
Coleraine, Vic. **78 C2**
Coles Bay, Tas. **187 J6**
Colignan, Vic. **72 E3**
Collarenebri, NSW **44 A3**
Collaroy, NSW **47 K1**
Collaroy, QLD **105 F3**
Collector, NSW **52 C2**
Collerina, NSW **43 G3**
Colley, SA **127 J5**
Collie, NSW **48 C2**
Collie, WA **148 C4**
Collingullie, NSW **51 K2**
Collins Gap, Tas. **191 F3**
Collinsvale, Tas. **191 F3**
Collinsville, QLD **104 D2**
Colo, NSW **49 G5**
Colossal, NSW **43 H5**
Colton, SA **128 A6**
Columboola, QLD **109 G3**
Comara, NSW **45 G5**
Comarto, NSW **46 D1**
Combaning, NSW **52 A1**
Combanning, QLD **108 C3**
Combara, NSW **43 K6**
Combienbar, Vic. **82 B4**
Comboyne, NSW **49 K2**
Come By Chance, NSW **44 A4**
Comeroo, NSW **42 E2**
Comet, QLD **104 E5**
Commodore, SA **129 F3**
Commonwealth Hill, SA **127 J1**
Comobella, NSW **48 D3**
Comongin, QLD **107 H3**
Conara, Tas. **187 F5**
Conargo, NSW **51 G3**
Concongella, Vic. **75 F5**
Condah, Vic. **78 D3**
Condamine, QLD **109 G4**
Condingup, WA **150 C5**
Condobolin, NSW **48 A4**
Congelin, WA **148 D3**
Congie, QLD **107 H3**
Congupna, Vic. **76 C3**
Coningham, Tas. **191 F4**
Coniston, NT **171 F5**
Conlea, NSW **42 D4**
Conn, QLD **101 J4**
Connellys Marsh, Tas. **191 H3**
Connemarra, QLD **103 F6**
Connewirrecoo, Vic. **74 C6**
Conoble, NSW **47 G4**
Conoble, NSW **47 G4**
Consuelo, QLD **108 E1**
Conway Beach, QLD **104 E2**
Coober Pedy, SA **123 J5**
Coobowie, SA **130 E2**
Coodardy, WA **146 E3**
Cooee, Tas. **186 A1**
Cooinda, NT **165 F3**

Cooinda, QLD **103 G3**
Coojar, Vic. **74 C6**
Cook, SA **126 D2**
Cookardinia, NSW **51 K3**
Cooke Plains, SA **131 G2**
Cooktown, QLD **101 H2**
Cookville, Tas. **191 F5**
Coolabah, NSW **44 E3**
Coolabri, QLD **108 C2**
Coolac, NSW **52 A2**
Cooladdi, QLD **108 B3**
Coolah, NSW **48 E2**
Coolamon, NSW **51 K2**
Coolangatta, QLD **109 K5**
Coolanie, SA **128 D6**
Coolatai, NSW **44 E3**
Coolawanyah, WA **144 E3**
Coolbinga, QLD **107 H3**
Coolcalalya, WA **146 C3**
Coolgardie, WA **147 H6**
Coolibah, NT **167 D2**
Coolimba, WA **146 C5**
Coolongolook, NSW **49 J3**
Cooloola Cove, QLD **109 J3**
Coolullah, QLD **102 D1**
Coolum Beach, QLD **109 K3**
Coolup, WA **148 B3**
Cooma, NSW **52 C4**
Coomaba, SA **128 B6**
Coomandook, SA **131 G3**
Coomba, NSW **49 K3**
Coombah Roadhouse, NSW **46 B4**
Coombe, SA **131 H3**
Coomberdale, WA **146 D6**
Coombie, NSW **47 H3**
Coomburrah, QLD **108 C5**
Coomeratta, NSW **47 G2**
Coomoora, Vic. **75 J6**
Coomrith, QLD **109 F4**
Coomunga, SA **130 B1**
Coonabarabran, NSW **44 B6**
Coonalpyn, SA **131 G3**
Coonamble, NSW **43 K5**
Coonana, WA **147 K6**
Coonarr, QLD **109 J2**
Coonawarra, SA **131 H5**
Coondambo, SA **128 C2**
Coondarra, QLD **109 G3**
Coongie (ruins), SA **125 H3**
Coongoola, QLD **108 B4**
Coonong, NSW **51 H2**
Coonooer Bridge, Vic. **75 G3**
Coonoolcra, NSW **46 E2**
Coopernook, NSW **49 K2**
Coorabie, SA **127 F3**
Coorabulka, QLD **102 D5**
Cooralya, WA **144 B6**
Looranbong, NSW **49 H4**
Cooranga North, QLD **109 H3**
Coordewandy, WA **146 C1**
Cooriemungle, Vic. **79 G4**
Coorow, WA **146 D5**
Cooroy, QLD **109 J3**
Cootamundra, NSW **52 A2**
Cootawundi, NSW **42 B5**
Coothalla, QLD **108 B3**
Cootra, SA **128 C5**
Cooyar, QLD **109 H4**
Cope Cope, Vic. **75 F3**
Copley, SA **129 F2**
Copmanhurst, NSW **45 H3**
Coppabella, NSW **52 A3**
Coppabella, QLD **104 E3**
Copper Hill, SA **123 J4**

Copperfield, WA **147 G4**
Copping, Tas. **191 H3**
Corack East, Vic. **75 F3**
Coradgery, NSW **48 C4**
Coragulac, Vic. **79 H3**
Coraki, NSW **45 J2**
Coral Bay, WA **144 A5**
Coralie, QLD **100 E4**
Coramba, NSW **45 H4**
Cordalba, QLD **109 J2**
Cordillo Downs, SA **125 J2**
Corea Plains, QLD **104 B2**
Coree South, NSW **51 G3**
Coreen, NSW **51 J3**
Corella, NSW **43 G3**
Corella, SA **129 J4**
Corfield, QLD **103 G3**
Corfu, QLD **108 C4**
Corinda, QLD **104 B3**
Corinda (ruins), QLD **100 A4**
Corindi, NSW **45 H4**
Corindi Beach, NSW **45 H4**
Corinella, Vic. **80 C4**
Corinna, Tas. **185 C6**
Corio, Vic. **79 K3**
Cork, QLD **103 F4**
Cornwall, QLD **108 E3**
Cornwall, Tas. **187 J4**
Corny Point, SA **130 D2**
Corobimilla, NSW **51 J2**
Coromby, Vic. **74 E4**
Corona, NSW **46 B1**
Coronet Bay, Vic. **80 C4**
Coronga Downs, NSW **43 F6**
Coronga Peak, NSW **43 G5**
Corop, Vic. **76 A3**
Cororooke, Vic. **79 H3**
Corowa, NSW **51 J4**
Corraberra, SA **128 E4**
Corrigin, WA **148 E2**
Corringle, NSW **48 B5**
Corryong, Vic. **77 J3**
Corunna, SA **128 D4**
Corunna Downs, WA **145 G3**
Cosgrove, Vic. **76 C3**
Cosgrove South, Vic. **76 C3**
Cosmo Newberry, WA **147 J3**
Cosmos, QLD **104 E4**
Costerfield, Vic. **76 A4**
Cotabena, SA **129 F3**
Cougal, NSW **45 H1**
Coulta, SA **130 B1**
Countegany, NSW **52 C4**
Country Downs, WA **142 D4**
Couradda, NSW **44 C4**
Couta Rocks, Tas. **185 A4**
Coutts Crossing, NSW **45 H4**
Cowabble, NSW **51 K1**
Cowan Downs, QLD **100 D5**
Cowangie, Vic. **72 B5**
Cowaramup, WA **148 A4**
Coward Springs (ruins), SA **124 D6**
Cowarie, SA **125 F3**
Cowary, NSW **46 E2**
Cowell, SA **128 D6**
Cowes, Vic. **80 B4**
Cowled Landing, SA **128 E5**
Cowper, NSW **45 H3**
Cowra, NSW **48 D5**
Cowrie Point, Tas. **185 D3**
Cowwarr, Vic. **81 F3**
Cox River, NT **169 F2**
Crabtree, Tas. **190 E3**
Cracow, QLD **109 G2**

Cradle Valley, Tas. **186 A4**
Cradoc, Tas. **190 E4**
Cradock, SA **129 F4**
Craigie, NSW **52 C6**
Craigieburn, Vic. **80 B2**
Craiglie, QLD **101 J3**
Cramphorne, WA **149 F1**
Cramps Bay, Tas. **186 D5**
Cranbourne, Vic. **80 B3**
Cranbrook, Tas. **187 H5**
Cranbrook, WA **148 E5**
Craven, NSW **49 J3**
Craven, QLD **104 D4**
Cravensville, Vic. **77 H3**
Crayfish Creek, Tas. **185 D3**
Credo, WA **147 H6**
Creeper Gate, NSW **48 A2**
Cremorne, Tas. **191 G3**
Crendon, QLD **103 F3**
Crescent Head, NSW **45 H6**
Cresswell Downs, NT **169 G5**
Cressy, Tas. **186 E4**
Cressy, Vic. **79 H3**
Creswick, Vic. **79 H1**
Crib Point, Vic. **80 B4**
Crooble, NSW **44 D3**
Crookwell, NSW **52 C1**
Croppa Creek, NSW **44 D2**
Crossmore, QLD **103 H4**
Crowdy Head, NSW **49 K2**
Crowlands, Vic. **75 G5**
Crows Nest, QLD **109 H4**
Crowther, NSW **48 D6**
Croxton East, Vic. **78 E2**
Croydon, QLD **100 E4**
Croydon, QLD **105 F4**
Cryon, NSW **44 A4**
Crystalbrook, QLD **108 D2**
Cuballing, WA **148 D3**
Cubba, NSW **47 H1**
Cubbaroo, NSW **44 B4**
Cudal, NSW **48 D4**
Cuddapan, QLD **106 E2**
Cudgee, Vic. **79 F4**
Cudgewa, Vic. **77 H3**
Cue, WA **146 E3**
Culburra, SA **131 H3**
Culburra Beach, NSW **52 E2**
Culcairn, NSW **51 K3**
Culgoa, Vic. **75 G1**
Culgoa Downs, NSW **43 G3**
Culgoora, NSW **44 C4**
Cullculli, WA **146 E3**
Cullen Bullen, NSW **49 F4**
Culloden, Vic. **81 G2**
Cullulla, NSW **52 D2**
Cullulleraine, Vic. **72 C2**
Culpataroo, NSW **47 F5**
Culpaullin, NSW **46 E2**
Cultana, SA **129 J4**
Cultowa, NSW **47 F2**
Cumborah, NSW **43 J3**
Cummins, SA **130 B1**
Cumnock, NSW **48 D4**
Cundare, Vic. **79 H3**
Cundeelee, WA **147 K6**
Cunderdin, WA **148 D1**
Cundumbul, NSW **48 D3**
Cungelella, QLD **108 D1**
Cungena, SA **127 J4**
Cunnamulla, QLD **108 B5**
Cunyu, WA **147 G2**
Cuprona, Tas. **186 A2**
Curban, NSW **48 D1**

Curbur, WA **146 C2**
Curdie Vale, Vic. **79 F4**
Curdimurka (ruins), SA **124 D6**
Curlewis, NSW **44 D6**
Curnamona, SA **129 G3**
Currabubula, NSW **44 D6**
Curramulka, SA **130 E1**
Currarong, NSW **52 E2**
Currawarna, NSW **51 K2**
Currawilla, QLD **106 E2**
Currie, Tas. **184 A2**
Curtin Springs Roadhouse, NT **174 B4**
Curyo, Vic. **75 F2**
Custon, SA **131 J4**
Cuthero, NSW **46 C4**
Cuttabri, NSW **44 B4**
Cygnet, Tas. **190 E4**
Cygnet River, SA **130 E3**

D

Dadswells Bridge, Vic. **74 E5**
Daguragu, NT **167 D4**
Dagworth, QLD **101 G4**
Dagworth, QLD **103 F3**
Dahwilly, NSW **51 F3**
Daintree, QLD **101 J2**
Daisy Dell, Tas. **186 B3**
Dajarra, QLD **102 C3**
Dalbeg, QLD **104 D2**
Dalby, QLD **109 H4**
Dalgaranga, WA **146 D3**
Dalgety, NSW **52 B5**
Dalgety Downs, WA **146 D1**
Dalgonally, QLD **102 E1**
Dalhousie (ruins), SA **124 B2**
Dalmeny, NSW **52 D4**
Dalmore, QLD **103 H4**
Dalmorino, NSW **46 E4**
Dalmorton, NSW **45 G4**
Dalton, NSW **52 C2**
Dalveen, QLD **109 H5**
Dalwallinu, WA **146 D5**
Dalwood, NSW **43 G3**
Daly River, NT **164 C4**
Daly Waters, NT **168 D2**
Dalyston, Vic. **80 C4**
Dalyup, WA **149 K4**
Damperwah, WA **146 D5**
Dampier, WA **144 D3**
Dampier Downs, WA **142 D5**
Dandaloo, NSW **48 B3**
Dandaraga, WA **147 F4**
Dandenong, Vic. **80 B3**
Dandenong Park, QLD **104 C2**
Dandongadale, Vic. **77 F4**
Dangin, WA **148 D2**
Danyo, Vic. **72 B5**
Dapto, NSW **52 E1**
Dardanup, WA **148 B4**
Dareton, NSW **46 C6**
Dargo, Vic. **81 G1**
Darkan, WA **148 D4**
Darke Peak, SA **128 C6**
Darlington, Vic. **79 G3**
Darlington Point, NSW **51 H1**
Darlu Darlu, WA **143 J4**
Darnick, NSW **46 E4**
Darnum, Vic. **80 D3**
Daroobalgie, NSW **48 C4**
Darr, QLD **103 H5**

Darraweit Guim, Vic. **76 A6**
Darriman, Vic. **81 F4**
Dartmoor, Vic. **78 B3**
Dartmouth, Vic. **77 H4**
Darwin, NT **164 D3**
Daubeny, NSW **42 A6**
Davenport Downs, QLD **102 E6**
Davyhurst (ruins), WA **147 G5**
Dawesville, WA **148 B2**
Dawson, SA **129 G5**
Dawson Park, QLD **109 G2**
Dayboro, QLD **109 J4**
Daylesford, Vic. **75 J6**
Daymar, QLD **108 E5**
Daysdale, NSW **51 J3**
De Grey, WA **145 F2**
Dean, Vic. **79 J1**
Deans Marsh, Vic. **79 J4**
Debella, QLD **104 E2**
Deddington, Tas. **187 F4**
Dederang, Vic. **77 F3**
Dee, Tas. **186 C6**
Deep Lead, Vic. **75 F5**
Deep Well, NT **174 E3**
Deepwater, NSW **45 F3**
Deeragun, QLD **101 K5**
Deeral, QLD **101 J3**
Delalah House, NSW **42 B3**
Delamere, NT **168 A2**
Delburn, Vic. **80 E4**
Delegate, NSW **52 B5**
Delegate River, Vic. **82 A3**
Deloraine, Tas. **186 D3**
Delta, NSW **42 E4**
Delta Downs, QLD **100 D3**
Delungra, NSW **44 E3**
Denham, WA **146 A2**
Denial Bay, SA **127 H4**
Denian, NSW **46 E3**
Denilcull Creek, Vic. **75 F6**
Deniliquin, NSW **51 G3**
Denison, Vic. **81 F3**
Denman, NSW **49 G3**
Denmark, WA **148 D6**
Dennes Point, Tas. **191 F4**
Dennington, Vic. **78 E4**
Denver, Vic. **75 J6**
Depot Springs, WA **147 G3**
Derain, NSW **51 K2**
Derby, Tas. **187 H2**
Derby, Vic. **75 J4**
Derby, WA **142 E4**
Dereel, Vic. **79 H2**
Dergholm, Vic. **78 B1**
Deringulla, NSW **48 E1**
Derrinal, Vic. **76 A4**
Derrinallum, Vic. **79 G3**
Derriwong, NSW **48 B4**
Derwent, NT **174 B1**
Derwent Bridge, Tas. **186 B6**
Devenish, Vic. **76 D3**
Deviot, Tas. **186 E2**
Devonborough Downs, SA **129 H4**
Devoncourt, QLD **102 D3**
Devonport, Tas. **186 C2**
Dhuragoon, NSW **50 E2**
Dhurringile, Vic. **76 B4**
Diamantina Lakes, QLD **102 E5**
Diamond Well, WA **147 F2**
Diapur, Vic. **74 C3**
Didcot, QLD **109 H2**
Diddleum Plains, Tas. **187 G3**
Diemals, WA **147 F5**
Digby, Vic. **78 C2**

Diggers Rest, Vic. **80 A2**
Diggora West, Vic. **75 K3**
Dillalah, QLD **108 C3**
Dillcar, QLD **103 G4**
Dillinya, NT **168 B2**
Dilpurra, NSW **50 E2**
Dilston, Tas. **186 E3**
Dimboola, Vic. **74 D3**
Dimbulah, QLD **101 H3**
Dingee, Vic. **75 J3**
Dingo, QLD **105 F5**
Dingo Beach, QLD **104 E1**
Dingwall, Vic. **75 H2**
Dinner Plain, Vic. **77 G5**
Dinninup, WA **148 C4**
Dinyarrak, Vic. **74 B3**
Diranbandi, QLD **108 E5**
Dirk Hartog, WA **146 A2**
Dirnaseer, NSW **52 A2**
Dirrung, NSW **47 H5**
Disney, QLD **104 C3**
Dixie, QLD **101 F1**
Dixie, Vic. **79 F3**
Dixons Creek, Vic. **80 C2**
Docker, Vic. **76 E4**
Doctors Flat, Vic. **77 H6**
Dodges Ferry, Tas. **191 G3**
Dollar, Vic. **80 D4**
Dolomite, QLD **102 D2**
Don, QLD **102 B2**
Donald, Vic. **75 F3**
Doncaster, QLD **103 G2**
Dongara, WA **146 C5**
Dongon Plains, QLD **108 D5**
Donnelly, WA **148 C5**
Donnybrook, WA **148 B4**
Donors Hills, QLD **100 D5**
Doobibla, QLD **108 B4**
Dooboobetic, Vic. **75 G3**
Doodlakine, WA **148 E1**
Dooen, Vic. **74 E4**
Dookie, Vic. **76 C3**
Dooley Downs, WA **144 D6**
Doolgunna, WA **147 F1**
Doomadgee, QLD **100 B4**
Doon Doon, WA **143 J3**
Doongmabulla, QLD **104 C3**
Doorawarrah, WA **144 B6**
Dorisvale, NT **164 D5**
Dorodong, Vic. **74 B6**
Dorrigo, NSW **45 H4**
Dorunda, QLD **100 E3**
Dotswood, QLD **101 K6**
Double Creek, Tas. **191 H2**
Double Yards, NSW **46 C4**
Doubtful Creek, NSW **45 H2**
Douglas, NT **164 D4**
Douglas, Vic. **74 C5**
Douglas Experimental Station, NT **164 D4**
Douglas River, Tas. **187 J5**
Dover, Tas. **190 E5**
Dowerin, WA **146 D6**
Drake, NSW **45 G2**
Dreeite, Vic. **79 H3**
Drekurni, SA **128 C5**
Driffield, Vic. **80 E3**
Drik Drik, Vic. **78 B3**
Drillham, QLD **109 F3**
Dromana, Vic. **80 B4**
Dromedary, Tas. **191 F3**
Drouin, Vic. **80 D3**
Drumborg, Vic. **78 C3**
Drumduff, QLD **101 F2**

Drumlion, QLD **103 G4**
Drummartin, Vic. **75 K3**
Drummond, QLD **104 D5**
Drummond, Vic. **75 J5**
Drummond Cove, WA **146 B4**
Drung Drung South, Vic. **74 E4**
Dry River, NT **168 B1**
Drysdale, Vic. **79 K3**
Drysdale River, WA **143 G3**
Duaringa, QLD **105 F5**
Dubbil Barril, Tas. **189 C3**
Dubbo, NSW **48 D3**
Duchess, QLD **102 D3**
Ducklo, QLD **109 G4**
Duddo, Vic. **72 B5**
Duff Creek (ruins), SA **124 C4**
Duffields, SA **129 J4**
Dulacca, QLD **109 F3**
Dulbydilla, QLD **108 D3**
Dulcot, Tas. **191 G3**
Dulkaninna, SA **125 F5**
Dulthara, QLD **101 G6**
Dululu, QLD **105 G5**
Dumbalk, Vic. **80 D4**
Dumbalk North, Vic. **80 D4**
Dumbleyung, WA **148 E3**
Dumosa, Vic. **75 G2**
Dunach, Vic. **75 H5**
Dunalley, Tas. **191 H3**
Dunbar, QLD **100 E2**
Dundee, NSW **45 F3**
Dundee, QLD **103 G3**
Dundee Beach, NT **164 C3**
Dundinin, WA **148 E3**
Dundonnell, Vic. **79 F2**
Dundoo, QLD **107 J4**
Dunedoo, NSW **48 E2**
Dungarvon, QLD **42 H3**
Dungog, NSW **49 H3**
Dungowan, NSW **44 E6**
Dungowan, NT **168 B3**
Dunkeld, NSW **48 E4**
Dunkeld, QLD **108 E4**
Dunkeld, Vic. **78 E2**
Dunluce, QLD **103 H2**
Dunmarra Roadhouse, NT **168 D3**
Dunmore, NSW **48 C3**
Dunolly, Vic. **75 H4**
Dunoon, NSW **45 J2**
Dunorlan, Tas. **186 C3**
Dunrobin, QLD **104 C4**
Dunrobin, Vic. **78 C2**
Dunsborough, WA **148 A4**
Duntroon, NSW **42 B6**
Dunvegan, NSW **43 H2**
Dunwinnie, QLD **108 E5**
Durabrook, QLD **104 D5**
Durack River Roadhouse, WA **143 H3**
Duramana, NSW **48 E4**
Durdidwarrah, Vic. **79 J2**
Durham Downs, QLD **107 F4**
Durham Downs, QLD **109 F3**
Durham Ox, Vic. **75 H2**
Duri, NSW **44 E6**
Durong, QLD **109 H3**
Durras, NSW **52 E3**
Durri, QLD **106 D2**
Dutson, Vic. **81 G3**
Dutton River, QLD **103 H2**
Dwellingup, WA **148 C3**
Dynevor Downs, QLD **107 H5**
Dysart, QLD **104 E4**
Dysart, Tas. **191 F2**

E

Eagle Bay, WA **148 A4**
Eagle Point, Vic. **81 H2**
Eaglehawk, NSW **46 B3**
Eaglehawk, Vic. **75 J4**
Eaglehawk Neck, Tas. **191 H4**
Earaheedy, WA **147 H1**
Earlston, Vic. **76 C4**
East Gresford, NSW **49 H3**
East Haydon, QLD **100 E4**
East Jindabyne, NSW **52 B4**
East Sassafras, Tas. **186 C2**
Eastern View, Vic. **79 J4**
Eastlake, NSW **45 F5**
Eastmere, QLD **104 B4**
Eastville, Vic. **75 J5**
Ebden, Vic. **77 G3**
Ebor, NSW **45 G5**
Eccleston, NSW **49 H3**
Echo Hills, QLD **104 D5**
Echuca, Vic. **76 A2**
Ecklin South, Vic. **79 F4**
Edaggee, WA **146 B1**
Edah, WA **146 D4**
Eddington, Vic. **75 H5**
Eden, NSW **52 D6**
Eden Creek, NSW **45 H2**
Eden Vale O.S., QLD **101 F4**
Edenhope, Vic. **74 B5**
Edgecumbe Beach, Tas. **185 D3**
Edgeroi, NSW **44 C4**
Edi, Vic. **76 E4**
Edillilie, SA **130 B1**
Edith, NSW **49 F5**
Edith Creek, Tas. **185 C3**
Edith Downs, QLD **103 F2**
Edithburgh, SA **130 E2**
Edithvale, Vic. **80 B3**
Edmonton, QLD **101 J3**
Edmund, WA **144 C5**
Edungalba, QLD **105 F5**
Edwards Creek (ruins), SA **124 C4**
Eganstown, Vic. **75 J6**
Egg Lagoon, Tas. **184 A1**
Eginbah, WA **145 G3**
Eidsvold, QLD **109 H2**
Eildon, Vic. **76 D5**
Eildon Park, QLD **103 F5**
Einasleigh, QLD **101 G5**
El Arish, QLD **101 J4**
El Questro, WA **143 J3**
El Trune, NSW **43 G5**
Elaine, Vic. **79 J2**
Elalie, QLD **105 F3**
Elands, NSW **49 J2**
Elbow Hill, SA **128 D6**
Eldee, NSW **46 B2**
Elderslie, Tas. **190 E2**
Eldorado, Vic. **76 E3**
Electrona, Tas. **191 F4**
Elgin Vale, QLD **109 J3**
Elginbah, NSW **51 G2**
Elizabeth Beach, NSW **49 K3**
Elizabeth Downs, NT **164 C4**
Elizabeth Town, Tas. **186 C3**
Ella Vale, NSW **43 F3**
Ella Vale, WA **146 B1**
Ellam, Vic. **74 D2**
Ellenborough, NSW **49 K1**
Ellenbrae, WA **143 H3**
Ellendale, Tas. **190 D2**
Ellendale, WA **143 F5**
Ellerslie, Vic. **79 F3**

Ellerston, NSW **49 H2**
Ellinbank, Vic. **80 D3**
Ellinminyt, Vic. **79 H4**
Elliott, NT **168 D4**
Elliott, Tas. **185 E4**
Elliott Heads, QLD **109 J2**
Elliston, SA **128 A6**
Elmhurst, Vic. **75 G5**
Elmina, QLD **108 C4**
Elmore, Vic. **75 K3**
Elong Elong, NSW **48 D2**
Elphinstone, QLD **104 E3**
Elphinstone, Vic. **75 J5**
Elsey, NT **165 G6**
Elsmore, NSW **44 E3**
Elvo, QLD **103 F5**
Emaroo, NSW **42 D4**
Emby, NSW **43 J5**
Emden Vale, NSW **48 E6**
Emerald, QLD **104 E5**
Emerald, Vic. **80 C2**
Emerald Beach, NSW **45 H4**
Emerald Hill, NSW **44 C5**
Emerald Springs Roadhouse, NT **164 E4**
Emita, Tas. **188 C2**
Emmaville, NSW **45 F3**
Emmdale Roadhouse, NSW **47 F2**
Emmet, QLD **107 H1**
Emu, Vic. **75 G4**
Emu Bay, SA **130 E3**
Emu Junction (ruins), SA **123 F5**
Emu Park, QLD **105 G5**
Enarra, QLD **109 F4**
Eneabba, WA **146 C5**
Eneby, QLD **104 C1**
Enfield, Tas. **191 G2**
Enfield, Vic. **79 H2**
Engoordina (ruins), NT **174 E4**
Enmore, NSW **45 F5**
Enmore, NSW **46 B3**
Enngonia, NSW **43 F3**
Enoch Point, Vic. **76 D6**
Enryb Downs, QLD **103 G3**
Ensay, Vic. **77 H6**
Epenarra, NT **171 K3**
Epping, Vic. **80 B2**
Epping Forest, Tas. **187 F4**
Epsilon, QLD **106 E5**
Epsom, QLD **104 E3**
Epsom, Vic. **75 J4**
Eribung, NSW **48 B3**
Erica, Vic. **80 E3**
Erigolia, NSW **47 J5**
Eringa (ruins), SA **123 J1**
Eringa Park, SA **129 H4**
Erinundra, Vic. **82 B4**
Erldunda, NT **174 D4**
Erldunda Roadhouse, NT **174 D4**
Erlistoun, WA **147 J4**
Ermarre, NT **172 C4**
Eromanga, QLD **107 G3**
Erong, WA **146 D1**
Errabiddy, WA **146 D1**
Erriba, Tas. **186 B3**
Erudina, SA **129 G3**
Esk, QLD **109 J4**
Eskdale, QLD **103 H3**
Eskdale, Vic. **77 G3**
Esmeralda, QLD **101 F5**
Esperance, WA **150 C5**
Essex Downs, QLD **103 G2**
Etadunna, SA **125 F5**
Ethel Creek, WA **145 G4**

INDEX 203

Eton, QLD **105 F3**
Euabalong, NSW **47 K4**
Euabalong West, NSW **47 K4**
Euchareena, NSW **48 D4**
Eucla, WA **151 J3**
Eudamullah, WA **144 C6**
Eudunda, SA **131 G1**
Eugowra, NSW **48 C4**
Eulalie, NSW **44 A2**
Eulo, NSW **46 D4**
Eulo, QLD **107 J5**
Eulolo, QLD **102 E3**
Eumundi, QLD **109 J3**
Eumungerie, NSW **48 D2**
Eungai Creek, NSW **45 H5**
Eungella, QLD **104 E2**
Eurabba, NSW **48 B5**
Eurack, Vic. **79 H3**
Eurangie, NSW **43 K2**
Eurardy, WA **146 B3**
Euratha, NSW **47 K5**
Eurebia, Tas. **185 C3**
Eureka, NSW **46 C2**
Eureka, QLD **103 G5**
Eureka Plains, NSW **43 F2**
Eurelia, SA **129 F4**
Euroa, Vic. **76 C4**
Eurobin, Vic. **77 F4**
Eurobodalla, NSW **52 D4**
Eurolie, NSW **51 G2**
Eurombah, QLD **109 F2**
Eurong, QLD **109 K2**
Eurongilly, NSW **52 A2**
Euston, NSW **50 C2**
Eva Downs, NT **169 F5**
Evandale, Tas. **187 F4**
Evans Head, NSW **45 J2**
Evansford, Vic. **75 H6**
Evanston, QLD **103 H5**
Evelyn Downs, SA **123 J4**
Evengy, QLD **103 G6**
Everton, Vic. **76 E3**
Evesham, QLD **103 H4**
Evora, QLD **104 B5**
Ewan, QLD **101 J5**
Ewaninga, NT **174 E2**
Exeter, NSW **52 E2**
Exeter, Tas. **186 E2**
Exford, Vic. **79 K2**
Exmoor, QLD **103 G3**
Exmouth, WA **144 B4**
Exmouth Gulf, WA **144 B4**
Exton, Tas. **186 D3**

F

Failford, NSW **49 K2**
Fairfield, WA **143 F4**
Fairhill, QLD **104 E5**
Fairholme, NSW **48 B4**
Fairlight, QLD **101 G2**
Fairview, NSW **47 K4**
Fairview, NSW **48 C3**
Fairview, QLD **101 G2**
Falls Creek, NSW **52 E2**
Falls Creek, Vic. **77 G4**
Falmouth, Tas. **187 J3**
Fanning River, QLD **101 K6**
Faraday, Vic. **75 J5**
Faraway Hill, SA **129 G5**
Farina (ruins), SA **129 F1**
Farrell Flat, SA **129 F6**

Fassifern, QLD **109 J5**
Fawcett, Vic. **76 C5**
Federal (ruins), SA **124 B1**
Feilton, Tas. **190 E3**
Fentonbury, Tas. **190 D2**
Fentons Creek, Vic. **75 H4**
Ferguson, SA **127 K2**
Ferguson, Vic. **79 H4**
Fermoy, QLD **103 G4**
Fern Tree, Tas. **191 F3**
Fernbank, Vic. **81 G2**
Ferndene, Tas. **186 B2**
Fernihurst, Vic. **75 H3**
Fernlees, QLD **104 E5**
Fernvale, QLD **109 J4**
Field, SA **131 G3**
Fifield, NSW **48 B3**
Finch Hatton, QLD **104 E2**
Fingal, Tas. **187 H4**
Finger Post, NSW **48 D3**
Finke (Aputula), NT **174 E4**
Finley, NSW **51 G3**
Finniss River, NT **164 C3**
Finniss Springs, SA **124 E6**
Fish Creek, Vic. **80 D5**
Fish Point, Vic. **73 H5**
Fisher, SA **126 E2**
Fitzgerald, Tas. **190 D3**
Fitzroy, NT **167 D2**
Fitzroy Crossing, WA **143 F5**
Five Ways, NSW **48 A2**
Fleetwood, QLD **104 B4**
Flinders, Vic. **80 B4**
Flintstone, Tas. **186 D5**
Flodden Hills, QLD **107 F1**
Floods Creek, NSW **41 D6**
Flora Valley, WA **143 J5**
Floraville, QLD **100 C4**
Florida, NSW **47 J1**
Florina, NT **164 E5**
Flowerdale, Tas. **185 E3**
Flowerdale, Vic. **76 B6**
Flowerpot, Tas. **191 F4**
Flying Fish Point, QLD **101 J4**
Flynn, QLD **102 D3**
Flynn, Vic. **81 F3**
Flynns Creek Upper, Vic. **81 F3**
Fog Creek, QLD **101 F5**
Foleyvale, QLD **105 F5**
Forbes, NSW **48 C4**
Forbesdale, NSW **49 J2**
Forcett, Tas. **191 G3**
Fords Bridge, NSW **42 E3**
Fords Lagoon, SA **129 G6**
Forest, Tas. **185 C3**
Forest Hill, NSW **51 K2**
Forest Vale, QLD **108 D2**
Forester, Tas. **187 G2**
Forrest, Vic. **79 H4**
Forrest, WA **153 D6**
Forrest Beach, QLD **101 K5**
Forrester, QLD **104 C4**
Forsayth, QLD **101 G5**
Forster, NSW **49 K3**
Fort Constantine, QLD **102 D2**
Fortescue River Roadhouse, WA **144 C3**
Forth, Tas. **186 B2**
Fortland, QLD **108 C3**
Fortuna, QLD **104 B4**
Fossil Centre, QLD **103 G2**
Fossil Downs, WA **143 G5**
Foster, Vic. **80 E4**
Four Brothers, SA **129 G4**

Four Corners, NSW **47 J2**
Four Mile Creek, Tas. **187 J4**
Fourteen Mile, QLD **100 E4**
Fowlers Bay, SA **127 F4**
Fowlers Gap, NSW **41 D6**
Foxhow, Vic. **79 G3**
Framlingham, Vic. **79 F3**
Frampton, NSW **52 A2**
Frances, SA **131 J4**
Frances Creek, NT **164 E4**
Francistown, Tas. **190 E5**
Frankfield, QLD **104 D4**
Frankford, Tas. **186 D3**
Frankland, WA **148 D5**
Franklin, Tas. **190 E4**
Franklyn, SA **129 G5**
Frankston, Vic. **80 B3**
Fraser Range, WA **150 D3**
Frazier Downs, WA **142 C5**
Frederickton, NSW **45 H6**
Freeburgh, Vic. **77 G4**
Freeling, SA **131 F1**
Freemans Waterhole, NSW **49 H4**
Fregon Community, SA **123 F2**
Fremantle, WA **148 B2**
Freshwater Creek, Vic. **79 J3**
Frogmore, NSW **48 D6**
Frome Downs, SA **129 H3**
Fulham, Vic. **81 F3**
Fumina South, Vic. **80 D3**
Furner, SA **131 H5**
Fyans Creek, Vic. **74 E5**

G

Gabyon, WA **146 D4**
Galah, Vic. **72 D5**
Galaquil, Vic. **74 D2**
Galbraith, QLD **100 E2**
Galiwinku, NT **166 B2**
Gallipoli, NT **172 E1**
Galong, NSW **52 B1**
Galore, NSW **51 J2**
Galway Downs, QLD **107 G2**
Gama, Vic. **72 E6**
Gamboola, QLD **101 G3**
Ganmain, NSW **51 K2**
Gannawarra, Vic. **75 J1**
Gapstead, Vic. **77 F4**
Gapuwiyak, NT **166 B3**
Garah, NSW **44 C2**
Garden Island Creek, Tas. **191 F5**
Garden Vale, NSW **42 C4**
Gardners Bay, Tas. **191 F4**
Garema, NSW **48 C5**
Garfield, QLD **104 B5**
Garfield, Vic. **80 C3**
Gargett, QLD **104 E2**
Garland, NSW **48 D5**
Garrawin, QLD **107 J5**
Gartmore, QLD **108 C1**
Garvoc, Vic. **79 F3**
Gascoyne Junction, WA **146 C1**
Gatton, QLD **109 J4**
Gatum, Vic. **78 D1**
Gavial, QLD **105 G5**
Gawler, SA **131 F1**
Gawler, Tas. **186 B2**
Gayndah, QLD **109 H2**
Gazette, Vic. **78 E3**
Geelong, Vic. **79 K3**
Geeveston, Tas. **190 E4**
Gelantipy, Vic. **77 J5**

Gellibrand, Vic. **79 H4**
Gembrook, Vic. **80 C3**
Gemoka, QLD **103 G2**
Genoa, Vic. **82 C4**
George Town, Tas. **186 D2**
Georgetown, QLD **101 G4**
Georgetown, SA **129 F5**
Georgina, NT **172 E4**
Geraden, NSW **48 C5**
Geraldton, WA **146 B4**
Gerang Gerung, Vic. **74 D3**
Geranium, SA **131 H2**
Gerara, NSW **43 G2**
Gereta, QLD **102 C1**
German Creek Mine, QLD **104 E4**
Germantown, Vic. **77 F4**
Gerogery, NSW **51 K3**
Gerringong, NSW **52 E2**
Geurie, NSW **48 D3**
Ghinghinda, QLD **109 F2**
Gibb River, WA **143 G3**
Gidgealpa, SA **125 H3**
Gidgee, NSW **42 E5**
Gidgee, WA **147 F3**
Gidginbung, NSW **48 B6**
Giffard, Vic. **81 G4**
Gifford Creek, WA **144 D6**
Gilbert River, QLD **101 F4**
Gilgai, NSW **44 E4**
Gilgai, NSW **47 K2**
Gilgandra, NSW **48 D2**
Gilgooma, NSW **44 A5**
Gilgunnia, NSW **47 J3**
Giligulgul, QLD **109 G3**
Gilliat, QLD **102 E2**
Gilmore, NSW **52 A3**
Gilmore, QLD **107 J2**
Gilnockie, NT **168 C2**
Gilroyd, WA **146 C2**
Gin Gin, NSW **48 C2**
Gin Gin, QLD **109 H2**
Gina, SA **127 J1**
Gindalbie, WA **147 H5**
Gindie, QLD **104 E5**
Gingerella, QLD **101 H4**
Gingie, NSW **43 J3**
Gingin, WA **146 D6**
Gipsy Point, Vic. **82 C4**
Giralia, WA **144 B4**
Girgarre, Vic. **76 B3**
Girilambone, NSW **43 H6**
Girral, NSW **48 A5**
Giru, QLD **101 K6**
Girvan, NSW **49 J3**
Gisborne, Vic. **79 K1**
Gladfield, Vic. **75 J2**
Gladstone, NSW **45 H6**
Gladstone, QLD **105 H5**
Gladstone, SA **129 F5**
Gladstone, Tas. **187 H1**
Gladysdale, Vic. **80 C2**
Glaziers Bay, Tas. **190 E4**
Gleeson, QLD **100 C6**
Glen, WA **146 E3**
Glen Albyn, NSW **46 E3**
Glen Alice, NSW **49 F4**
Glen Alpin, QLD **109 H5**
Glen Avon, QLD **104 C5**
Glen Boree, SA **127 G3**
Glen Davis, NSW **49 F4**
Glen Emu, NSW **47 F6**
Glen Florrie, WA **144 C5**
Glen Gailic, NSW **49 G3**
Glen Garland, QLD **99 C6**

Glen Geddes, QLD **105 G4**
Glen Helen, NT **174 B2**
Glen Hill, WA **143 J4**
Glen Huon, Tas. **190 E4**
Glen Idol, NSW **46 C2**
Glen Innes, NSW **45 F3**
Glen Maggie (ruins), NT **171 G6**
Glen Ora, NSW **46 E3**
Glen Ruth, QLD **101 J4**
Glen Valley, Vic. **77 H5**
Glenaire, Vic. **79 G5**
Glenaladale, Vic. **81 G2**
Glenalbyn, Vic. **75 H4**
Glenample, QLD **103 J4**
Glenanar, NSW **43 H6**
Glenariff, NSW **43 G5**
Glenariff, QLD **103 G6**
Glenaroua, Vic. **76 B5**
Glenayle, WA **147 J1**
Glenbervie, QLD **103 F3**
Glenbervie, Tas. **190 E5**
Glenbrook, NSW **49 G5**
Glenburgh, WA **146 C1**
Glenburn, Vic. **80 C1**
Glencoe, NSW **45 F4**
Glencoe, QLD **100 E3**
Glencoe, SA **131 H6**
Glendambo, SA **128 B2**
Glendara, NSW **42 B4**
Glenden, QLD **104 E3**
Glendevie, Tas. **190 E5**
Glendilla, QLD **108 B4**
Glenfern, Tas. **190 E3**
Glengarry, Tas. **186 D3**
Glengarry, Vic. **80 E3**
Glengary, NSW **47 K2**
Glengeera, NSW **43 F3**
Glengower, Vic. **75 H5**
Glengyle, QLD **106 C1**
Glenhaughton, QLD **109 F2**
Glenhope, NSW **42 D2**
Glenhope, NSW **43 G6**
Glenhope, Vic. **75 K5**
Glenisla, Vic. **74 E6**
Glenlee, Vic. **74 D3**
Glenlofty, Vic. **75 G5**
Glenloth, Vic. **75 G3**
Glenlyon, QLD **103 G3**
Glenlyon, Vic. **75 J6**
Glenmaggie, Vic. **81 F2**
Glenmore, QLD **109 F4**
Glenmorgan, QLD **109 F4**
Glenora, NSW **42 E4**
Glenora, NSW **46 C2**
Glenora, QLD **101 F5**
Glenora, Tas. **190 E2**
Glenorchy, Tas. **191 F3**
Glenorchy, Vic. **75 F5**
Glenore, QLD **100 D4**
Glenore, Tas. **186 D4**
Glenormiston, QLD **102 C4**
Glenormiston North, Vic. **79 F3**
Glenorn, WA **147 H4**
Glenown, NSW **47 J2**
Glenprairie, QLD **105 G4**
Glenreagh, NSW **45 H4**
Glenrock, QLD **101 H1**
Glenrowan, Vic. **76 E3**
Glenroy, QLD **105 F5**
Glenroy, SA **131 H5**
Glenroy, WA **143 G4**
Glenstuart, QLD **103 J6**
Glenthompson, Vic. **78 E2**
Glenusk, QLD **104 B6**

Glenvale, Vic. **80 B1**
Glenvue, NSW 43 F5
Glossop, SA **131 H1**
Gloucester, NSW **49 J2**
Gnaraloo, WA 144 A5
Gnarwarre, Vic. **79 J3**
Gnotuk, Vic. **79 G3**
Gnowangerup, WA **148 E4**
Gobondery, NSW **48 B3**
Gobur, Vic. **76 C5**
Gocup, NSW **52 A2**
Gogango, QLD **105 G5**
Gol Gol, NSW **46 C6**
Gol Gol, NSW 46 E5
Golconda, Tas. **187 F2**
Golden Beach, Vic. **81 G3**
Golden Valley, Tas. **186 D4**
Golembil, QLD **109 H1**
Gollan, NSW **48 D3**
Golspie, NSW **48 E6**
Gongolon, NSW **43 H4**
Goode, SA 127 K1
Goodooga, NSW **43 J2**
Goodwood, NSW 42 B5
Goolgowi, NSW **47 H5**
Goolma, NSW **48 E3**
Gooloogong, NSW **48 C5**
Goolwa, SA **131 F3**
Goomalibee, Vic. **76 D3**
Goomalling, WA **146 D6**
Goomally, QLD 105 F6
Goombungee, QLD **109 H4**
Goomeri, QLD **109 J3**
Goon Nure, Vic. **81 H3**
Goondiwindi, QLD **109 G5**
Goondooloo, NT 165 G6
Goonery, NSW 42 E4
Goongarrie, WA 147 H5
Goongarrie, WA **147 H5**
Goongerah, Vic. **82 A3**
Goonoolchrach, NSW 46 E2
Goonumbla, NSW **48 C4**
Goonyella Mine, QLD **104 E3**
Gooram, Vic. **76 C4**
Goorambat, Vic. **76 D3**
Goorawin, NSW **47 H5**
Gooray, QLD **109 F5**
Goorianawa, NSW **44 B5**
Goornong, Vic. **75 K4**
Gooroc, Vic. **75 G3**
Goowarra, QLD **105 F5**
Gorae, Vic. **78 C3**
Gorae West, Vic. **78 C3**
Gordon, Tas. **191 F5**
Gordon, Vic. **79 J1**
Gordon (ruins), SA **129 F4**
Gordon Downs, WA 143 J6
Gordonvale, QLD **101 J3**
Gore, QLD **109 H5**
Gorge Creek, QLD 101 G6
Gormandale, Vic. **81 F3**
Gormanston, Tas. **189 C2**
Goroke, Vic. **74 C4**
Gorrie, NT 168 C2
Goschen, Vic. **73 G6**
Gosford, NSW **49 H5**
Gosses, SA 128 B2
Goughs Bay, Vic. **76 D5**
Goulburn, NSW **52 D2**
Goulburn Weir, Vic. **76 B4**
Goulds Country, Tas. **187 H2**
Gowanford, Vic. **73 G5**
Gowar, Vic. **75 J5**
Gowar East, Vic. **75 G4**

Gowrie Park, Tas. **186 B3**
Goyura, Vic. **74 E2**
Grabben Gullen, NSW **52 C1**
Gracemere, QLD **105 G5**
Gracetown, WA **148 A4**
Gradgery, NSW **43 J6**
Gradule, QLD **109 F5**
Grafton, NSW **45 H3**
Graman, NSW **44 E3**
Granada, QLD 102 D1
Grandchester, QLD **109 J4**
Granite Creek, NT 164 E5
Granite Downs, SA 123 H2
Granite Flat, Vic. **77 G4**
Granite Peak, WA 147 H1
Granite Vale, QLD **105 F4**
Grantham, QLD **109 J4**
Granton, QLD 102 D4
Granton, Tas. **191 F3**
Grantville, Vic. **80 C4**
Granville Harbour, Tas. **189 A1**
Granya, Vic. **77 G2**
Grass Valley, WA **148 D1**
Grassdale, Vic. **78 C2**
Grassmere, NSW 46 D1
Grassmere, Vic. **78 E3**
Grasstree Hill, Tas. **191 F3**
Grassy, Tas. **184 B3**
Grattai, NSW **48 E3**
Gravelly Beach, Tas. **186 E2**
Gravesend, NSW **44 D3**
Gray, Tas. **187 J4**
Graytown, Vic. **76 B4**
Great Western, Vic. **75 F5**
Gredgwin, Vic. **75 H2**
Green Creek, NSW 42 E3
Green Head, WA **146 C5**
Green Lake, Vic. **74 E4**
Greenbank, NT 169 J2
Greenbushes, WA **148 C4**
Greendale, Vic. **79 J1**
Greenethorpe, NSW **48 C5**
Greenhill, QLD **105 F3**
Greenhills, WA **148 D1**
Greenmount, QLD **109 H4**
Greenmount, Vic. **81 F4**
Greenough, WA **146 B4**
Greens Beach, Tas. **186 D2**
Greens Creek, Vic. **75 F5**
Greenvale, NSW 43 G4
Greenvale, QLD 101 H5
Greenvale, QLD **101 H5**
Greenwald, Vic. **78 C3**
Greenways, SA **131 H5**
Greenwell Point, NSW **52 E2**
Gregory, WA **146 B4**
Gregory Downs, QLD 100 B5
Gregory Downs, QLD **100 B5**
Gregory Mine, QLD **104 E4**
Gregory Springs, QLD 101 H6
Gregra, NSW **48 D4**
Grenfell, NSW **48 C5**
Grenfield, QLD 107 J3
Grenville, Vic. **79 H2**
Greta, NSW **49 H3**
Greta, Vic. **76 E4**
Greta South, Vic. **76 E4**
Greta West, Vic. **76 E4**
Gretna, Tas. **190 E2**
Grevillia, NSW **45 H1**
Griffith, NSW **47 J6**
Gringegalgona, Vic. **78 D1**
Grogan, NSW **48 B6**
Grong Grong, NSW **51 J2**

Grove, Tas. **191 F4**
Gubbata, NSW **47 K5**
Guilderton, WA **148 B1**
Guildford, Vic. **75 J5**
Gular, NSW **44 A6**
Gulargambone, NSW **48 D1**
Gulgong, NSW **48 E3**
Gulmarrad, NSW **45 H3**
Gulnare, SA **129 F6**
Gulpa, NSW **51 F3**
Gulthul, NSW 50 C1
Guluguba, QLD **109 F3**
Gum Creek, QLD 100 E4
Gum Flat, NSW **44 E3**
Gum Lake, NSW **46 E3**
Gum Vale, NSW 41 D3
Gumbalara, NSW **42 C4**
Gumbalie, NSW **42 E4**
Gumbardo, QLD 107 J3
Gumbo, NSW **42 D2**
Gumlu, QLD **104 D1**
Gunalda, QLD **109 J3**
Gunana, QLD **100 B3**
Gunbar, NSW **47 H5**
Gunbar, NSW **47 H5**
Gunbower, Vic. **75 K2**
Gundagai, NSW **52 A2**
Gundaring, WA **148 E3**
Gundaroo, NSW **52 C2**
Gundiah, QLD **109 J2**
Gundibindyal, NSW **52 A1**
Gundillion, NSW **52 D3**
Gundooee, NSW 43 H5
Gundowring, Vic. **77 G3**
Gundowring Upper, Vic. **77 G3**
Gundy, NSW **49 G2**
Gunebang, NSW **47 K4**
Gungahlin, ACT **29 C1**
Gungal, NSW **49 G3**
Gunjulla, QLD 104 D3
Gunn, NSW **47 K6**
Gunnary, NSW **52 B1**
Gunnawarra, QLD 101 H4
Gunnawarra, QLD 108 D4
Gunnedah, NSW **44 D5**
Gunnewin, QLD **108 E3**
Gunniguldrie, NSW 47 J4
Gunning, NSW **52 C2**
Gunningbland, NSW **48 C4**
Gunns Plains, Tas. **186 B2**
Gunyidi, WA **146 D5**
Gurley, NSW **44 C3**
Gurulmundi, QLD **109 G3**
Gutha, WA **146 C4**
Guthalungra, QLD **104 D1**
Guthega, NSW **52 B4**
Guyra, NSW **45 F4**
Guys Forest, Vic. **77 H2**
Gwabegar, NSW **44 B5**
Gwambegwine, QLD **109 F2**
Gwandalan, Tas. **191 G4**
Gwambowen, Vic. **74 C4**
Gympie, QLD **109 J3**
Gypsum, Vic. **72 E5**
Gypsum Palace, NSW 47 F3
Gypsy Downs, QLD 102 E2

H

Haasts Bluff (Kunparrka), NT **174 B2**
Haddon, Vic. **79 H2**
Haddon Rig, NSW 48 C1
Hadley, NSW **48 E6**

Hadspen, Tas. **186 E3**
Hagley, Tas. **186 D3**
Hahndorf, SA **131 F2**
Halfway Creek, NSW **45 H4**
Half-Way Mill Roadhouse, WA **146 C5**
Halidon, SA **131 H2**
Halifax, QLD **101 K5**
Hall, ACT **29 C1**
Hallett, SA **129 F6**
Hallidays Point, NSW **49 K2**
Halls Creek, WA **143 H5**
Halls Gap, Vic. **74 E5**
Hallston, Vic. **80 D4**
Hamelin, WA 146 B2
Hamelin Bay, WA **148 A5**
Hamersley, WA 144 E4
Hamilton, SA **124 B2**
Hamilton, Tas. **190 E2**
Hamilton, Vic. **78 D2**
Hamilton Downs, NT 174 D2
Hamilton Park, NSW 43 F4
Hamley Bridge, SA **131 F1**
Hammond, SA **129 F4**
Hammond Downs, QLD 107 G2
Hampshire, Tas. **186 A2**
Hampton, NSW **49 F5**
Hampton, QLD **109 H4**
Hann River Roadhouse, QLD **101 G1**
Hannaford, QLD **109 G4**
Hannan, NSW **47 K5**
Hanson, SA **129 F6**
Hanwood, NSW **51 H1**
Happy Valley, QLD 103 F4
Happy Valley, QLD **109 K2**
Harcourt, NSW 46 C4
Harcourt, Vic. **75 J5**
Harden, NSW **52 B1**
Hardington, QLD 103 J3
Hardwicke Bay, SA **130 E2**
Harefield, NSW **51 K2**
Harford, Tas. **186 C2**
Hargraves, NSW **48 E3**
Harriedale, NSW 46 B4
Harrietville, Vic. **77 G5**
Harrington, NSW **49 K2**
Harrismith, WA **148 E3**
Harrow, Vic. **74 C5**
Harts Range, NT **175 F1**
Hartwood, NSW 47 J2
Harvest Home, QLD 104 C2
Harvey, WA **148 B3**
Harvey Town, Tas. **190 E5**
Harwood, NSW **45 H3**
Haslam, SA **127 J4**
Hastings, Tas. **190 E5**
Hastings, Vic. **80 B3**
Hastings Point, NSW **45 J1**
Hat Head, NSW **45 H6**
Hatfield, NSW **47 F5**
Hatfield, QLD **105 F3**
Hatherleigh, SA **131 H5**
Hattah, Vic. **72 D4**
Havelock, Vic. **75 H5**
Havilah, Vic. **77 F4**
Havillah, QLD **104 D2**
Hawker, SA **129 F3**
Hawker Gate, SA 129 J1
Hawker Gate House, NSW 41 C4
Hawkesdale, Vic. **78 E3**
Hawks Nest, NSW **49 J3**
Hawkston, QLD **108 E5**

Hawley Beach, Tas. **186 C2**
Hay, NSW **51 F1**
Hay Point, QLD **105 F3**
Hayes, Tas. **190 E3**
Hayes Creek Roadhouse, NT **164 E4**
Haysdale, Vic. **73 G4**
Haythorpe, NSW 46 D3
Hazel Vale, NSW 46 C2
Hazeldel, NSW 46 C5
Hazeldene, Vic. **76 B6**
Headingly, QLD **102 B3**
Healesville, Vic. **80 C2**
Heathcote, Vic. **76 A5**
Heathcote Junction, Vic. **76 B6**
Heathmere, Vic. **78 C3**
Hebel, QLD **108 D6**
Hedley, Vic. **80 E4**
Heidelberg, QLD 104 D2
Heidelberg, Vic. **80 B2**
Heka, Tas. **186 A2**
Helen Springs, NT 168 E5
Helenvale, QLD **101 H2**
Helidon, QLD **109 H4**
Hells Gate Roadhouse, QLD **100 A4**
Hellyer, Tas. **185 D3**
Henbury, NT 174 D3
Henty, NSW **51 K3**
Henty, Vic. **78 C2**
Hepburn Springs, Vic. **75 J6**
Herbert Downs, QLD 102 C4
Herberton, QLD **101 J3**
Hermannsburg, NT **174 C2**
Hermidale, NSW **47 K1**
Hermitage, Tas. **186 D6**
Herons Creek, NSW **49 K2**
Herrick, Tas. **187 H2**
Hervey Bay, QLD **109 J2**
Hesso, SA **128 E4**
Hewart Downs, NSW 41 C3
Hexham, Vic. **79 F3**
Heybridge, Tas. **186 A1**
Heyfield, Vic. **81 F3**
Heywood, Vic. **78 C3**
Hidden Valley, NT 168 C3
Hidden Valley, QLD **101 J5**
Hideaway Bay, QLD **104 E1**
High Range, NSW **52 E1**
Highbury, QLD 101 F2
Highbury, WA **148 D3**
Highclere, Tas. **186 A2**
Highcroft, Tas. **191 H4**
Highland Plains, QLD 100 A5
Highlands, QLD **107 H1**
Highlands, Vic. **76 C5**
Hill End, NSW **48 E4**
Hill End, Vic. **80 D3**
Hill Springs, WA 144 B6
Hillgrange, SA **129 G5**
Hillgrove, NSW **45 F5**
Hillgrove, QLD 101 J6
Hillside, QLD 102 D2
Hillside, QLD 108 D2
Hillside, WA **145 F3**
Hillston, NSW **47 H5**
Hilltown, SA **129 F6**
Hillview, NSW 47 J2
Hillview, WA 147 F2
Hillwood, Tas. **186 E2**
Hiltaba, SA 128 B4
Hines Hill, WA **148 E1**
Hinnomunjie, Vic. **77 H5**
Hivesville, QLD **109 H3**
Hi-Way Inn Roadhouse, NT **168 D3**
Hobart, Tas. **191 F3**

Hobartville, QLD **104 C5**
Hobbys Yards, NSW **48 E5**
Hodgson, QLD **108 E3**
Hodgson River, NT ***168 E2***
Holbrook, NSW **49 F3**
Holbrook, NSW **51 K3**
Hollands Landing, Vic. **81 G3**
Hollow Tree, Tas. **190 E2**
Holowilena, SA ***129 F3***
Holroyd, QLD ***99 B5***
Holwell, Tas. **186 D2**
Home Hill, QLD **104 D1**
Home Valley, WA ***143 J3***
Homeboin, QLD ***108 D4***
Homerton, Vic. **78 D3**
Homestead, QLD **104 B2**
Homewood, Vic. **76 C5**
Honeymah, QLD ***108 D5***
Hookina (ruins), SA **129 F3**
Hooley, WA ***144 E4***
Hope Vale, QLD **101 H1**
Hopelands, NSW ***42 D4***
Hopetoun, Vic. **74 E2**
Hopetoun, WA **149 H4**
Hopevale, Vic. **74 D2**
Hordern Vale, Vic. **79 H5**
Horrocks, WA **146 B4**
Horse Lake, NSW **46 C2**
Horseshoe Bend, NT ***174 E4***
Horsham, Vic. **74 D4**
Hotham Heights, Vic. **77 G5**
Hotspur, Vic. **78 C3**
Howard, QLD **109 J2**
Howard Springs, NT **164 D3**
Howden, Tas. **191 F4**
Howes Valley, NSW **49 G4**
Howlong, NSW **51 J4**
Howqua, Vic. **76 D5**
Howth, Tas. **186 A2**
Huckitta, NT ***175 G1***
Hugh River, NT **174 D3**
Hughenden, QLD **103 H2**
Hughes, SA **126 C2**
Humbert River Ranger Station, NT
167 C3
Humeburn, QLD ***107 J4***
Humphrey, QLD **109 H2**
Humpty Doo, NT **164 D3**
Humula, NSW **52 A3**
Hungerford, QLD **107 H6**
Hunter, Vic. **75 K3**
Huntingfield, NSW ***46 B5***
Huntly, Vic. **75 J4**
Huon, Vic. **77 G3**
Huonfels, QLD ***101 F4***
Huonville, NSW ***46 B2***
Huonville, Tas. **190 E4**
Hurricane, QLD ***101 H3***
Hurstbridge, Vic. **80 B2**
Huskisson, NSW **52 E2**
Hyden, WA **149 G2**
Hynam, SA **131 J5**
Hypurna, SA ***129 J6***

I

Iandra, NSW **48 C6**
Icy Creek, Vic. **80 D2**
Ida Bay, Tas. **190 E5**
Ida Valley, WA ***147 G4***
Idalia, QLD ***101 F5***
Idalia, QLD ***107 J1***
Idracowra, NT ***174 D4***

Iffley, QLD ***100 D5***
Iffley, QLD ***104 E4***
Ilbilbie, QLD **105 F3**
Ilford, NSW **49 F4**
Ilfracombe, QLD **103 H5**
Ilkulka Roadhouse, WA **153 D4**
Illabarook, Vic. **79 H2**
Illabo, NSW **52 A2**
Illawarra, Vic. **75 F5**
Illawong, WA **146 C5**
Illfraville, Tas. **186 D2**
Iltur, SA **122 D3**
Iluka, NSW **45 J3**
Imanpa, NT **174 C4**
Imbergee, NSW ***43 J2***
Imbil, QLD **109 J3**
Imintji, WA **143 F4**
Imooya, QLD ***101 F2***
Impadna Siding, NT **174 D4**
Indiana, NT ***175 G1***
Indigo Upper, Vic. **77 F3**
Indulkana (Iwantja), SA **123 G2**
Ingebyra, NSW **52 B5**
Ingham, QLD **101 J5**
Inglewood, QLD **109 G5**
Inglewood, Vic. **75 H4**
Ingomar, SA ***123 K6***
Ingsdon, QLD **104 E3**
Injinoo, QLD **99 B2**
Injune, QLD **108 E2**
Inkerman, NSW ***46 C2***
Inkerman, QLD ***100 D2***
Inkerman, QLD ***103 H6***
Inkerman, QLD **104 D1**
Inkerman, SA **130 E1**
Inkster, SA **127 J5**
Innamincka, SA **125 J4**
Innes Park, QLD **109 J2**
Innesowen, NSW ***42 D6***
Innesvale, NT ***167 D1***
Innisfail, QLD **101 J4**
Innouendy, WA ***146 D1***
Intaburra, QLD **104 E1**
Interlaken, Tas. **186 E6**
Inveralochy, NSW **52 D2**
Inverell, NSW **44 E3**
Invergordon, Vic. **76 C3**
Inverleigh, QLD ***100 D4***
Inverleigh, Vic. **79 J3**
Inverloch, Vic. **80 C4**
Inverway, NT ***167 B5***
Iona, NSW **46 E5**
Iona, QLD ***101 G5***
Iowabah, NSW ***48 A2***
Ipswich, QLD **109 J4**
Iris Vale, NSW ***47 J3***
Irishtown, Tas. **185 C3**
Iron Baron, SA **128 D5**
Iron Knob, SA **128 D5**
Ironhurst, QLD ***101 G4***
Ironmungy, Vic. **82 B1**
Irrapatana (ruins), SA **124 C5**
Irrewarra, Vic. **79 H3**
Irrewillipe, Vic. **79 G4**
Irrunytju (Wingelinna), WA
153 E2
Irvinebank, QLD **101 H3**
Irymple, Vic. **72 D2**
Isisford, QLD **103 H6**
Islay Plains, QLD ***104 C5***
Israelite Bay, WA **150 D5**
Ivandale, NSW ***47 F3***
Ivanhoe, NSW **47 F4**
Iwupataka, NT **174 D2**

J

Jabiru, NT **165 F3**
Jabuk, SA **131 H2**
Jackadgery, NSW **45 G3**
Jackeys Marsh, Tas. **186 D4**
Jackson, QLD **109 F3**
Jallukar, Vic. **75 F6**
Jallumba, Vic. **74 D5**
Jamberoo, NSW **52 E2**
Jambin, QLD **105 G6**
Jamestown, SA **129 F5**
Jamieson, Vic. **76 D6**
Jan Juc, Vic. **79 J4**
Jancourt East, Vic. **79 G4**
Jandowae, QLD **109 H3**
Jaraga, QLD **104 E1**
Jardine Valley, QLD **103 H2**
Jarklin, Vic. **75 J3**
Jarrahdale, WA **148 C2**
Jarrahmond, Vic. **81 K2**
Jeedamya, WA ***147 H5***
Jeffcott North, Vic. **75 G3**
Jennacubbine, WA **148 D1**
Jennapullin, WA **148 D1**
Jenolan Caves, NSW **49 F5**
Jeogla, NSW **45 G5**
Jeparit, Vic. **74 D3**
Jerangle, NSW **52 C4**
Jericho, QLD **104 C5**
Jericho, Tas. **191 F1**
Jerilderie, NSW **51 H3**
Jerramungup, WA **149 G4**
Jerrys Plains, NSW **49 G3**
Jerseyville, NSW **45 H5**
Jervis Bay, NSW **52 E2**
Jervois, NT ***175 H1***
Jetsonville, Tas. **187 G2**
Jigalong, WA **145 H5**
Jilkmingan, NT **165 G6**
Jimaringle, NSW **51 F3**
Jimboomba, QLD **109 J4**
Jimbour, QLD **109 H4**
Jimbuen, NSW **52 B5**
Jimenbuen, Vic. **82 B2**
Jimna, QLD **109 J3**
Jindabyne, NSW **52 B4**
Jindalee, NSW **52 A1**
Jindare, NT ***164 E5***
Jindera, NSW **51 J4**
Jindivick, Vic. **80 D3**
Jingalup, WA **148 D4**
Jingellic, NSW **52 A4**
Jingemarra, WA ***146 D3***
Jingera, NSW **52 C3**
Jinka, NT **175 G1**
Jitarning, WA **148 E3**
Joel, Vic. **75 F5**
Joel South, Vic. **75 G5**
Johanna, Vic. **79 G5**
Johnburgh, SA **129 F4**
Johnsonville, Vic. **81 H2**
Jomara, NSW ***44 A2***
Jondaryan, QLD **109 H4**
Joondalup, WA **148 B1**
Jooro, QLD **105 G5**
Joycedale, QLD **104 C5**
Joyces Creek, Vic. **75 J5**
Jubilee Downs, WA **143 F5**
Jubilee Park, QLD ***103 J5***
Judbury, Tas. **190 E4**
Jugiong, NSW **52 B2**
Julatten, QLD **101 J3**

Julia Creek, QLD **102 E2**
Jumbuk, Vic. **80 E4**
Juna Downs, WA ***145 F4***
Jundah, QLD **107 G1**
Jundee, WA ***147 G2***
Junee, NSW **52 A2**
Junee Reefs, NSW **52 A2**
Jung, Vic. **74 E4**
Jurien Bay, WA **146 C6**

K

K Tank, NSW **46 B2**
Kaarimba, Vic. **76 B3**
Kabelbarra, QLD **104 E5**
Kabra, QLD **105 G5**
Kadina, SA **128 E6**
Kadji Kadji, WA ***146 D4***
Kadnook, Vic. **74 C5**
Kadungle, NSW **48 B3**
Kahmoo, NSW **43 G2**
Kaimkillenbun, QLD **109 H4**
Kainton, SA **130 E1**
Kajabbi, QLD **102 D1**
Kajuligah, NSW ***47 G3***
Kalabity, SA **129 H4**
Kalala, NT **168 D2**
Kalamurina, SA **125 F3**
Kalanbi, SA **127 H3**
Kalang, NSW **45 H5**
Kalangadoo, SA **131 H6**
Kalannie, WA **146 D6**
Kalapa, QLD **105 G5**
Kalarka, QLD **105 F4**
Kalbarri, WA **146 B3**
Kaldow, SA **128 B6**
Kaleentha Loop, NSW **46 D3**
Kaleno, NSW **47 G2**
Kalgan, WA **148 E6**
Kalgoorlie/Boulder, WA **147 H6**
Kalimna, Vic. **81 J2**
Kalinga, QLD ***101 G1***
Kalinjarri, NT **171 H3**
Kalka, SA **122 B1**
Kalkadoon, QLD ***103 F4***
Kalkallo, Vic. **80 B1**
Kalkarindji, NT **167 D4**
Kalkaroo, NSW **42 C6**
Kalkaroo, SA ***129 H3***
Kalkee, Vic. **74 D4**
Kallala, QLD ***102 C3***
Kalli, WA ***146 D2***
Kaloola, NSW **43 H5**
Kalpienung, Vic. **75 G2**
Kalpowar, QLD ***99 D6***
Kalpowar, QLD **109 H1**
Kaltukatjara (Docker River), NT
173 B4
Kalumburu, WA **143 H1**
Kaluwiri, WA ***147 G3***
Kalyeeda, WA ***143 F5***
Kamarah, NSW **48 A6**
Kambalda West, WA **147 H6**
Kamballup, WA **148 E5**
Kameruka, NSW **52 D5**
Kamileroi, QLD ***100 C5***
Kamona, Tas. **187 G2**
Kanagulk, Vic. **74 D5**
Kancoona, Vic. **77 F4**
Kandanga, QLD **109 J3**
Kandos, NSW **49 F4**
Kangan, WA ***144 E3***

Kangaroo Flat, NSW **45 G6**
Kangaroo Flat, Vic. **75 J4**
Kangaroo Valley, NSW **52 E2**
Kangaroo Well, SA ***128 B3***
Kangawall, Vic. **74 C4**
Kangiara, NSW **52 B1**
Kaniva, Vic. **74 B3**
Kanowna, WA ***147 H6***
Kanpa, WA **153 B2**
Kantappa, NSW ***46 B1***
Kanumbra, Vic. **76 C5**
Kanunnah Bridge, Tas. **185 B4**
Kanya, Vic. **75 F4**
Kanyaka (ruins), SA **129 F3**
Kanyapella, Vic. **76 A2**
Kaoota, Tas. **191 F4**
Kapaldo, QLD **109 H2**
Kapinnie, SA **130 B1**
Kapooka, NSW **51 K2**
Kapunda, SA **131 F1**
Karabeal, Vic. **78 E2**
Karadoc, Vic. **72 D3**
Karalundi, WA ***147 F2***
Karanja, Tas. **190 E2**
Karara, QLD **109 H5**
Karbar, WA ***146 E3***
Karcultaby, SA **128 A5**
Kareela, QLD ***104 D6***
Kariah, Vic. **79 G3**
Karkoo, SA **128 B6**
Karlgarin, WA **149 F2**
Karmona, QLD ***107 F4***
Karnak, Vic. **74 C5**
Karoo, NSW ***43 F5***
Karoola, NSW **46 D4**
Karoola, Tas. **186 E2**
Karoonda, SA **131 G2**
Karpa Kora, NSW ***46 E4***
Karra, Vic. ***73 G3***
Karratha, WA **144 D3**
Karratha, WA ***144 D3***
Karratha Roadhouse, WA **144 D3**
Karridale, WA **148 A5**
Kars, NSW ***46 C3***
Kars Springs, NSW **49 G2**
Karte, SA **131 H2**
Karuah, NSW **49 J3**
Karumba, QLD **100 D4**
Karunjie, WA ***143 H3***
Karwalke, QLD ***107 H4***
Karwarn, NSW ***47 H3***
Karween, Vic. **72 B3**
Katamatite, Vic. **76 C2**
Katandra, QLD ***103 H3***
Katanning, WA **148 E4**
Katherine, NT **165 F5**
Kathida, NSW **45 F3**
Katoomba, NSW **49 F5**
Katunga, Vic. **76 C2**
Katyil, Vic. **74 D3**
Kawana, WA ***147 F6***
Kawarren, Vic. **79 H4**
Kayrunnera, NSW **42 A5**
Keeita, NSW **50 E2**
Keelambara, NSW **42 D5**
Keeroongooloo, QLD ***107 G2***
Keewong, NSW **47 H3**
Keiross, NSW **47 F6**
Keith, SA **131 H3**
Kellalac, Vic. **74 E3**
Kellatier, Tas. **185 E4**
Kellerberrin, WA **148 E1**
Kellevie, Tas. **191 H3**
Kelpum, QLD ***108 C1***

Kelso, Tas. **186 D2**
Kelvin, NSW **44 D5**
Kelvin View, Vic. **76 C4**
Kempsey, NSW **45 H6**
Kempton, Tas. **191 F2**
Kendall, NSW **49 K2**
Kendenup, WA **148 E5**
Kenebri, NSW **44 B5**
Kenilworth, QLD **109 J3**
Kenley, Vic. **73 G4**
Kenmare, Vic. **74 D2**
Kennedy, QLD **101 J4**
Kennedys Creek, Vic. **79 G4**
Kennett River, Vic. **79 H4**
Kensington, QLD **103 H4**
Kentbruck, Vic. **78 B3**
Kentucky, NSW **45 F5**
Keppel Sands, QLD **105 G5**
Keppoch, SA **131 H4**
Kerang, Vic. **75 H1**
Kerang East, Vic. **75 J2**
Kerein Hills, NSW **48 A3**
Kergunyah, Vic. **77 G3**
Kerrabee, NSW **49 F3**
Kerrisdale, Vic. **76 B5**
Kerriwah, NSW **48 B3**
Kerrs Creek, NSW **48 D4**
Ketchowla, SA **129 G5**
Kettering, Tas. **191 F4**
Kevington, Vic. **76 D6**
Kewell, Vic. **74 E4**
Kewell East, NSW **47 F2**
Keysbrook, WA **148 B2**
Khancoban, NSW **52 A4**
Ki Ki, SA **131 G3**
Kia Ora, NSW **43 J4**
Kia Ora, SA **129 G5**
Kiacatoo, NSW **48 A4**
Kiama, NSW **47 G3**
Kiama, NSW **52 E2**
Kiamal, Vic. **72 E4**
Kiana, NT **169 H4**
Kiandool, NSW **44 C4**
Kiandra, NSW **52 B4**
Kiaora, NSW **47 H2**
Kiata, Vic. **74 D3**
Kickabil, NSW **48 C2**
Kidman Springs, NT **167 D2**
Kidston, QLD **101 G5**
Kiewa, Vic. **77 F3**
Kihee, QLD **107 G4**
Kikoira, NSW **47 K5**
Kilberry, QLD **103 F2**
Kilcowera, QLD **107 H5**
Kilcoy, QLD **109 J4**
Kilcunda, Vic. **80 C4**
Kilferra, Vic. **76 D4**
Kilkivan, QLD **109 J3**
Killara, WA **147 F2**
Killarney, NT **168 B2**
Killarney, QLD **101 G1**
Killarney, QLD **103 J1**
Killarney, QLD **109 J5**
Killarney, Vic. **78 E4**
Killawarra, Vic. **76 E3**
Killiecrankie, Tas. **188 C2**
Killora, Tas. **191 F4**
Kilmany, Vic. **81 F3**
Kilmany South, Vic. **81 F3**
Kilmore, Vic. **76 B6**
Kilmore East, Vic. **76 B6**
Kilto, WA **142 D4**
Kimba, QLD **101 G2**
Kimba, SA **128 C5**

Kimberley, NSW **46 B4**
Kimberley, Tas. **186 C3**
Kimberley Downs, WA **142 E4**
Kimbriki, NSW **43 H5**
Kimburra, QLD **104 B2**
Kinalung, NSW **46 C2**
Kinchela, NSW **43 F4**
Kinchenga, NSW **46 C3**
Kindred, Tas. **186 B2**
King Edward River (Doongan), WA **143 G2**
King Junction, QLD **101 G2**
King River, NT **165 F5**
King River, WA **148 E6**
King Valley, Vic. **76 E4**
Kingaroy, QLD **109 H3**
Kinglake, Vic. **80 C1**
Kinglake Central, Vic. **80 B1**
Kinglake West, Vic. **80 B1**
Kingoonya, SA **128 B2**
Kingower, Vic. **75 H4**
Kingscliff, NSW **45 J1**
Kingscote, SA **130 E3**
Kingsdale, NSW **52 D2**
Kingston, Tas. **191 F4**
Kingston S.E., SA **131 G4**
Kingston-On-Murray, SA **131 H1**
Kingstown, NSW **44 E5**
Kinnabulla, Vic. **75 F2**
Kinrola Mine, QLD **104 E5**
Kintore, NT **173 B1**
Kinypanial, Vic. **75 H3**
Kioloa, NSW **52 E3**
Kirkalocka, WA **146 E4**
Kirkimbie, NT **167 B4**
Kirkstall, Vic. **78 E3**
Kirup, WA **148 B4**
Kiwirrkurra, WA **152 D4**
Knebsworth, Vic. **78 D3**
Knockwood, Vic. **80 E1**
Knowsley, Vic. **75 K4**
Knox, Vic. **80 B2**
Koetong, Vic. **77 H3**
Kogan, QLD **109 G4**
Kojonup, WA **148 D4**
Kokatha, SA **128 B3**
Kokotungo, QLD **105 G5**
Kolendo, SA **128 C4**
Kondaparinga, QLD **101 H3**
Kondinin, WA **149 F2**
Kondoolka, SA **127 K3**
Kongorong, SA **131 H6**
Kongwak, Vic. **80 C4**
Kooemba, QLD **105 F5**
Kookabookra, NSW **45 G4**
Kookynie, WA **147 H5**
Kookynie, WA **147 H5**
Koolan, WA **142 E3**
Koolanooka, WA **146 D5**
Koolatah, QLD **100 E2**
Koolburra, QLD **101 G1**
Kooline, WA **144 D5**
Kooloonong, Vic. **73 G4**
Kooltandra, QLD **105 F4**
Koolunga, SA **129 F6**
Koolyanobbing, WA **147 G6**
Koombooloomba, QLD **101 J4**
Koomooloo, SA **129 G6**
Koonadgin, WA **149 F1**
Koonalda, SA **126 C3**
Koonamore, SA **129 G4**
Koonandan, NSW **51 J1**
Koonawarra, NSW **41 E5**
Koonda, Vic. **72 C5**

Koonda, Vic. **76 C3**
Koondrook, Vic. **75 J1**
Koongawa, SA **128 C5**
Koongie Park, WA **143 H5**
Koonibba, SA **127 H3**
Koonkool, QLD **105 G6**
Koonmarra, WA **146 E2**
Koonoomoo, Vic. **76 C2**
Koonwarra, Vic. **80 D4**
Koonya, Tas. **191 H4**
Koorakee, NSW **50 D1**
Kooraree, Vic. **73 F3**
Koorawatha, NSW **48 D5**
Koorda, SA **127 H3**
Koordarrie, WA **144 B4**
Kooreh, Vic. **75 G4**
Koorilgah Mine, QLD **104 E5**
Koorkab, Vic. **73 G4**
Koorlong, Vic. **72 D2**
Koorongara, QLD **109 H5**
Kootaberra, SA **128 E4**
Koothney, NSW **44 A4**
Kootingal, NSW **44 E5**
Koo-Wee-Rup, Vic. **80 C3**
Kopi, SA **128 B5**
Koppio, SA **130 C1**
Korbel, WA **149 F1**
Korbelka, WA **149 F1**
Koriella, Vic. **76 C5**
Koroit, Vic. **78 E4**
Korong, WA **147 J4**
Korong Vale, Vic. **75 H3**
Koroop, Vic. **75 J1**
Korumburra, Vic. **80 D4**
Kotta, Vic. **75 K3**
Kotupna, Vic. **76 B3**
Koumala, QLD **105 F3**
Kowanyama, QLD **100 E2**
Kowguran, QLD **109 G3**
Koyuga, Vic. **76 A3**
Krambach, NSW **49 J2**
Krongart, SA **131 H5**
Krowera, Vic. **80 C4**
Kubill, QLD **108 B4**
Kudardup, WA **148 A5**
Kudgee, NSW **46 B3**
Kuender, WA **149 F3**
Kukerin, WA **148 E3**
Kulde, SA **131 G2**
Kulgera Roadhouse, NT **174 D5**
Kulgera Siding, NT **174 D5**
Kulin, WA **149 F3**
Kulja, WA **146 E6**
Kulkami, SA **131 H2**
Kulkyne, Vic. **72 E2**
Kulnura, NSW **49 H4**
Kulpara, SA **130 E1**
Kulpi, QLD **109 H4**
Kultanaby, SA **128 B2**
Kulwin, Vic. **72 E4**
Kulwyne, Vic. **73 F4**
Kumarina Roadhouse, WA **145 G6**
Kumbarilla, QLD **109 G4**
Kumbia, QLD **109 H3**
Kunat, Vic. **73 H6**
Kunawaritji, WA **152 A4**
Kundabung, NSW **45 H6**
Kundat Djaru, WA **143 J6**
Kungala, NSW **45 H4**
Kungie Lake, QLD **107 J5**
Kununurra, WA **143 J3**
Kunwarara, QLD **105 G4**
Kunytjanu, SA **122 B2**
Kupunn, QLD **109 H4**

Kuranda, QLD **101 J3**
Kuraya, NT **171 J2**
Kurbayia, QLD **102 C2**
Kuridala, QLD **102 D3**
Kurnwill, Vic. **72 B3**
Kurrajong, NSW **43 J3**
Kurran, QLD **102 E5**
Kurri Kurri, NSW **49 H4**
Kurting, Vic. **75 H4**
Kurumbul, QLD **109 G5**
Kurundi, NT **171 J3**
Kuttabul, QLD **104 E2**
Kwinana, WA **148 B2**
Kwolyin, WA **148 E1**
Kyabra, QLD **107 G3**
Kyabram, Vic. **76 B3**
Kyalite, NSW **50 D2**
Kyancutta, SA **128 B5**
Kybeyan, NSW **52 C4**
Kybybolite, SA **131 J5**
Kyeamba, NSW **51 K3**
Kyena, QLD **108 D5**
Kyneton, Vic. **75 K5**
Kynuna, QLD **103 F3**
Kyogle, NSW **45 H2**
Kyong, QLD **104 B3**
Kyvalley, Vic. **76 B3**
Kywong, NSW **51 J2**
Kywong, QLD **103 G4**

L

Laanecoorie, Vic. **75 H4**
Laang, Vic. **79 F4**
Laceby, Vic. **76 E3**
Lachlan, Tas. **190 E3**
Lachlan Downs, NSW **47 J2**
Lady Barron, Tas. **188 D3**
Ladysmith, NSW **51 K2**
Laen East, Vic. **75 F3**
Lagaven, QLD **102 E2**
Laggan, NSW **52 C1**
Laglan, QLD **104 C4**
Lah, Vic. **74 E3**
Laharum, Vic. **74 E5**
Laheys Creek, NSW **48 E2**
Laidley, QLD **109 J4**
Lajamanu, NT **167 D5**
Lake Argyle Village, WA **143 J3**
Lake Barlee, WA **147 F4**
Lake Bathurst, NSW **52 D2**
Lake Bennett, NT **164 D3**
Lake Boga, Vic. **73 H6**
Lake Bolac, Vic. **79 F2**
Lake Cargelligo, NSW **47 J4**
Lake Cathie, NSW **49 K2**
Lake Charm, Vic. **73 H6**
Lake Conjola, NSW **52 E3**
Lake Cowal, NSW **48 B5**
Lake Dunn, QLD **104 B4**
Lake Everard, SA **128 B3**
Lake Goldsmith, Vic. **79 G1**
Lake Grace, WA **149 F3**
Lake Harry (ruins), SA **125 F6**
Lake King, WA **149 H3**
Lake Leake, Tas. **187 H5**
Lake Marmal, Vic. **75 H3**
Lake Mason, WA **147 F3**
Lake Mundi, Vic. **78 B2**
Lake Nash, NT **172 E4**
Lake Nerramyne, WA **146 C3**
Lake Rowan, Vic. **76 D3**
Lake Stewart, NSW **41 C3**

Lake Tabourie, NSW **52 E3**
Lake Tyers, Vic. **81 J2**
Lake Violet, WA **147 G2**
Lake Wallace, NSW **41 C4**
Lake Way, WA **147 G2**
Lake Wells, WA **147 K3**
Lakefield, NT **165 F6**
Lakeland, QLD **101 H2**
Lakes Entrance, Vic. **81 J2**
Lal Lal, Vic. **79 J2**
Lalbert, Vic. **75 G1**
Lalbert Road, Vic. **73 G6**
Lalla, Tas. **186 E2**
Lalla Rookh, WA **145 F3**
Lambina, SA **123 J2**
Lamboo, WA **143 H5**
Lameroo, SA **131 H2**
Lammermoor, QLD **103 H3**
Lamplough, NSW **46 C5**
Lana, QLD **103 G3**
Lancefield, Vic. **76 A6**
Lancelin, WA **146 C6**
Lancevale, QLD **104 B5**
Landor, WA **146 D1**
Landridge, QLD **108 D4**
Landsborough, QLD **109 J3**
Landsborough, Vic. **75 G5**
Landwreath, QLD **108 E3**
Lanena, Tas. **186 E2**
Lang Lang, Vic. **80 C3**
Langawirra, NSW **46 C1**
Langhorne Creek, SA **131 F2**
Langi Logan, Vic. **75 F6**
Langidoon, NSW **46 C2**
Langkoop, Vic. **74 B5**
Langley, Vic. **75 K5**
Langleydale, NSW **46 E5**
Langlo Lakes, QLD **101 F5**
Langloh, Tas. **190 E2**
Langton, QLD **104 D4**
Langtree, NSW **47 H5**
Langville, Vic. **75 H2**
Langwell, NSW **46 B3**
Lansdale, NSW **48 B2**
Lansdown, NSW **42 E4**
Lansdowne, NSW **49 K2**
Lansdowne, QLD **108 C2**
Lansdowne, WA **143 G5**
Lapoinya, Tas. **185 D3**
Lappa, QLD **101 H3**
Lara, QLD **102 E1**
Lara, Vic. **79 K3**
Laramba, NT **171 F6**
Larloona, NSW **46 D3**
Larnook, NSW **45 H2**
Larpent, Vic. **79 H4**
Larras Lee, NSW **48 D4**
Larrimah, NT **168 D2**
Lascelles, Vic. **74 E1**
Latham, WA **146 D5**
Latrobe, Tas. **186 C2**
Lauderdale, Tas. **191 G3**
Launceston, Tas. **186 E3**
Launching Place, Vic. **80 C2**
Laura, QLD **101 H2**
Laura, SA **129 F5**
Laura Bay, SA **127 H4**
Lauradale, NSW **43 F3**
Laurelvale, NSW **42 C5**
Laurieton, NSW **49 K2**
Lavers Hill, Vic. **79 G4**
Laverton, Vic. **80 A2**
Laverton, WA **147 J4**

Laverton Downs, WA *147 J4*
Lavington, NSW *51 J4*
Lawitta, Tas. *190 E3*
Lawler, Vic. *75 F3*
Lawloit, Vic. *74 C3*
Lawn Hill, QLD *100 B5*
Lawrence, NSW *45 H3*
Lawrenny, Tas. *190 D2*
Leadville, NSW *48 E2*
Leaghur, Vic. *75 H2*
Leam, Tas. *186 E2*
Learmonth, Vic. *79 H1*
Learmonth, WA *144 A4*
Lebrina, Tas. *187 F2*
Leeka, Tas. *188 C2*
Leeman, WA *146 C5*
Leesville, Tas. *185 C2*
Leeton, NSW *51 J1*
Lefroy, Tas. *186 E2*
Legana, Tas. *186 E3*
Legerwood, Tas. *187 G2*
Legume, NSW *45 G1*
Legune, NT 167 B1
Legunia, Tas. *187 H2*
Leigh Creek, SA *129 F2*
Leigh Creek, SA 129 F2
Leinster, WA *147 H3*
Leitchville, Vic. *75 J2*
Leith, Tas. *186 B2*
Lemont, Tas. *191 G1*
Leneva, Vic. *77 F3*
Lennox Head, NSW *45 J2*
Leongatha, Vic. *80 D4*
Leongatha South, Vic. *80 D4*
Leonora, WA *147 H4*
Leonora Downs, NSW 46 C3
Leopold, Vic. *79 K3*
Leopold Downs, WA 143 F5
Lerida, NSW 47 H2
Leslie Vale, Tas. *191 F3*
Lethbridge, Vic. *79 J3*
Letts Beach (Paradise Beach), Vic. *81 G3*
Leura, QLD 105 F4
Levendale, Tas. *191 G2*
Lewisham, Tas. *191 G3*
Lexington, NSW 43 H4
Lexton, Vic. *75 H6*
Leyburn, QLD *109 H5*
Liawenee, Tas. *186 D5*
Licola, Vic. *81 F2*
Liena, Tas. *186 B3*
Lietinna, Tas. *187 F2*
Liffey, Tas. *186 D4*
Lightning Ridge, NSW *43 J3*
Liji, NT *169 F4*
Likkaparta, NT *171 J1*
Llleah, Tas. *185 C3*
Lilla Creek, NT 174 E4
Lillimur, Vic. *74 B3*
Lilliput, Vic. *76 E2*
Lily Vale, QLD 99 C6
Lilydale, SA 129 H5
Lilydale, Tas. *187 F2*
Lilydale, Vic. *80 C2*
Lilyfield, NSW 43 G3
Lima South, Vic. *76 D4*
Limbla, NT *175 F2*
Limbri, NSW *44 E5*
Limbunya, NT 167 B4
Lina Glen, QLD 107 F1
Lincoln, NSW *48 D3*
Lincoln Gap, SA *128 E4*
Linda Downs, QLD *102 B4*

Lindenow, Vic. *81 G2*
Lindenow South, Vic. *81 G2*
Lindfield, QLD 103 F2
Lindon, SA 125 J5
Lindsay, Vic. *78 B2*
Lindsay Point, Vic. *72 A2*
Linga, Vic. *72 C5*
Linton, Vic. *79 H2*
Linville, QLD *109 J3*
Lipson, SA *130 C1*
Lisdillon, Tas. *191 J1*
Lismore, NSW *45 J2*
Lismore, Vic. *79 G3*
Lissadell, WA 143 J4
Listowel Downs, QLD 107 J2
Litchfield, NT *164 C4*
Litchfield, Vic. *75 F3*
Lithgow, NSW *49 F5*
Little Billabong, NSW *51 K3*
Little River, Vic. *79 K3*
Little Swanport, Tas. *191 H1*
Little Topar Roadhouse, NSW *46 C2*
Littlemore, QLD *105 H6*
Llanelly, Vic. *75 H4*
Llangothlin, NSW *45 F4*
Llanrheidol, QLD 102 E4
Llewellyn, Tas. *187 G5*
Llorac, QLD 103 H4
Loch, Vic. *80 C4*
Loch Lilly, NSW 46 B4
Loch Sport, Vic. *81 H3*
Loch Valley, Vic. 80 D2
Lochada, WA 146 D4
Lochiel, SA *128 E6*
Lochinvar, NSW *49 H3*
Lochnagar, QLD 104 B5
Lock, SA *128 B6*
Lockhart, NSW *51 J2*
Lockhart River, QLD *99 C4*
Lockington, Vic. *75 K3*
Locksley, Vic. *76 B4*
Lockwood, Vic. *75 J4*
Lockwood South, Vic. *75 J4*
Loddon, QLD *108 B3*
Loddon Vale, Vic. *75 J2*
Logan, Vic. *75 G4*
Lombardina, WA *142 D3*
Long Plains, Vic. *73 F5*
Longerenong, Vic. *74 E4*
Longford, Tas. *186 E4*
Longford, Vic. *81 G3*
Longley, Tas. *191 F4*
Longreach, QLD *103 H5*
Longton, QLD 104 B2
Longwarry, Vic. *80 D3*
Longwood, Vic. *76 C4*
Lonnanvale, Tas. *190 E3*
Looma, WA 142 E5
Loomberah, NSW *44 E6*
Loongana, Tas. *186 A3*
Loongana, WA *153 C6*
Loorana, Tas. *184 A2*
Lords Well, SA 129 H6
Lorella Springs, NT 169 G2
Lorna Downs, QLD 102 D5
Lorna Glen, WA 147 H2
Lorne, NSW *49 K2*
Lorne, QLD 108 D2
Lorne, Vic. *79 J4*
Lornesleigh, QLD 104 C2
Lornvale, QLD 101 G4
Lorquon, Vic. *74 C3*
Lorraine, QLD 100 C5
Lorrett Downs, QLD 102 D4

Lorrinna, Tas. *186 B3*
Lottah, Tas. 187 H2
Lotus Vale, QLD 100 D3
Louisa Downs, WA 143 G5
Louisville, Tas. *191 H2*
Louth, NSW *42 E5*
Louth Bay, SA *130 C1*
Low Head, Tas. *186 D1*
Lowana Yard, Tas. *189 B3*
Lowden, WA *148 B4*
Lowdina, Tas. *191 G2*
Lower Bago, Vic. *77 J1*
Lower Barrington, Tas. *186 B2*
Lower Beulah, Tas. *186 C3*
Lower Boro, NSW *52 D2*
Lower Landing, Tas. *189 B3*
Lower Longley, Tas. *191 F4*
Lower Marshes, Tas. *191 F1*
Lower Mt Hicks, Tas. *185 E3*
Lower Norton, Vic. *74 D4*
Lower Turners Marsh, Tas. *186 E2*
Lower Wilmot, Tas. *186 B3*
Lowesdale, NSW *51 J4*
Lowlands, NSW *47 H4*
Lowmead, QLD *109 H1*
Lowood, QLD *109 J4*
Loxton, SA *131 H1*
Loyetea, Tas. *186 A2*
Lubeck, Vic. *74 E4*
Lucaston, Tas. *190 E4*
Lucinda, QLD *101 K5*
Lucindale, SA *131 H5*
Lucknow, NSW *48 D4*
Lucknow, QLD 102 E4
Lucky Bay, SA *128 D6*
Lucky Downs, QLD 101 H5
Lucy Creek, NT 172 C5
Lucyvale, Vic. *77 H3*
Lue, NSW *49 F3*
Luina, Tas. *185 D5*
Lukies Farm, NT 164 D5
Luluigui, WA 142 E5
Lulworth, Tas. *186 E1*
Lumeah, QLD 108 B2
Lunawanna, Tas. *191 F5*
Lundayra, QLD 109 F5
Lune River, Tas. *190 E5*
Lurg, Vic. *76 D4*
Lurnea, QLD *108 C3*
Lymington, Tas. *190 E4*
Lymwood, Tas. *184 B3*
Lynchford, Tas. *189 C2*
Lyndavale, NT 174 C4
Lyndbrook, QLD *101 H4*
Lyndhurst, NSW *48 D5*
Lyndhurst, QLD 101 H5
Lyndhurst, SA *129 F1*
Lyndon, WA 144 C5
Lynwood, NSW 47 G1
Lynwood, QLD 107 G2
Lyons, SA *127 H2*
Lyons, Vic. *78 C3*
Lyons River, WA 144 C6
Lyonville, Vic. *75 J6*

M

Mabel Creek, SA 123 J5
Mabel Downs, WA 143 J4
Macalister, QLD *109 H4*
McAllister, QLD 100 D4
Macarthur, Vic. *78 D3*
McArthur River, NT 169 G3

McCoys Well, SA 129 G4
McDouall Peak, SA 123 K6
McDougalls Well, NSW 41 C6
Macedon, Vic. *79 K1*
McIntyre, Vic. *75 H4*
Mackay, QLD *105 F2*
McKenzie Creek, Vic. *74 D4*
McKinlay, QLD *102 E3*
Macknade, QLD *101 J5*
Macksville, NSW *45 H5*
Mackunda Downs, QLD 102 E4
McLachlan, SA *128 B6*
McLaren Vale, SA *131 F2*
Maclean, NSW *45 H3*
McLoughlins Beach, Vic. *81 F4*
McMahons Creek, Vic. *80 D2*
Macumba, SA 124 B3
Madoonga, WA 146 E2
Madoonia Downs, WA 150 C3
Madura, WA 151 G3
Madura, WA *151 G3*
Mafeesh, SA 47 J2
Mafeking, QLD 104 B5
Maffra, NSW *52 C5*
Maffra, Vic. *81 F3*
Maggea, SA *131 H1*
Maggieville, QLD 100 D4
Magowra, QLD 100 D4
Magra, Tas. *190 E3*
Magrath Flat, SA *131 G3*
Mahanewo, SA 128 C3
Maidenwell, QLD *109 H3*
Mailapunyah, NT 169 G3
Mailer Flat, Vic. *78 E3*
Maindample, Vic. *76 D5*
Mainoru, NT 165 F5
Maitland, NSW *49 H3*
Maitland, SA *130 E1*
Maitland Downs, QLD 101 H2
Majors Creek, NSW *52 D3*
Makiri, SA *122 E3*
Makowata, QLD *105 H6*
Malabar, NSW 43 J3
Malacura, QLD 101 F5
Malagarga, QLD 107 F3
Malanda, QLD *101 J3*
Malbina, Tas. *191 F3*
Malbon, QLD *102 D2*
Malbooma, SA *127 J2*
Malcolm (abandoned), WA *147 H4*
Maldon, Vic. *75 J5*
Maldorkey, SA 129 H4
Malebo, NSW *51 K2*
Maleny, QLD *109 J3*
Mallacoota, Vic. *82 D4*
Mallala, SA *131 F1*
Mallanganee, NSW *45 H2*
Mallee, WA 146 C3
Mallina, WA 144 E3
Malmsbury, Vic. *75 K5*
Malta, QLD 108 C1
Maltee, SA *127 H4*
Malua Bay, NSW *52 D3*
Mambray Creek Roadhouse, SA *128 E5*
Manangatang, Vic. *73 F4*
Manangoora, NT 169 J2
Manara, NSW *46 E3*
Manara, NSW 47 G1
Manara Mine, NSW *46 E3*
Manberry, WA 144 B6
Mandagery, NSW *48 C4*
Mandleman, NSW 46 E4
Mandora, WA *145 H2*

Mandorah, NT *164 D3*
Mandurah, WA *148 B2*
Mandurama, NSW *48 D5*
Mandurang, Vic. *75 J4*
Maneroo, QLD 103 H5
Manfred, NSW 47 F4
Manfred, WA 146 D2
Mangalo, SA *128 C6*
Mangalore, QLD *108 C3*
Mangalore, Tas. 191 F2
Mangalore, Vic. *76 B5*
Mangana, Tas. *187 H4*
Mangaroon, WA 144 C5
Mangoplah, NSW *51 K3*
Manguri, SA *123 J5*
Manildra, NSW *48 D4*
Manilla, NSW *44 D5*
Manilla, NSW 46 C4
Maningrida, NT *165 H2*
Manjimup, WA *148 C5*
Mannahill, SA *129 H4*
Mannanarie, SA *129 F5*
Manners Creek, NT 172 E5
Manning Point, NSW *49 K2*
Manns Beach, Vic. *81 F4*
Mannum, SA *131 G2*
Mannus, NSW *52 A3*
Manoora, SA *129 F6*
Mansfield, Vic. *76 D5*
Mantamaru, WA 153 D2
Mantuan Downs, QLD 104 D6
Mantung, SA 131 H1
Manuka, NSW 47 J3
Manunda, SA 129 H5
Many Peaks, QLD *109 H1*
Manyallaluk, NT *165 F5*
Manypeaks, WA *149 F6*
Mapoon, QLD *99 A3*
Maralinga, SA *126 E1*
Marama, SA *131 H2*
Maranalgo, WA 146 E5
Maranboy, NT *165 F5*
Marandoo, WA *144 E4*
Marathon, QLD *103 G2*
Marble Bar, WA *145 G3*
March, NSW *48 D4*
Marchagee, WA *146 D5*
Marcorna, Vic. *75 J2*
Mardan, Vic. *80 D4*
Mardathuna, WA 144 B6
Mardie, WA 144 C3
Mareeba, QLD *101 J3*
Marfield, NSW 47 F3
Margaret Downs, NT 168 B1
Margaret River, WA 143 H5
Margaret River, WA *148 A5*
Margate, Tas. *191 F4*
Marian, QLD *105 F2*
Marillana, WA 145 F4
Marimo, QLD *102 D2*
Marin Plains, QLD 99 D6
Marion Bay, SA *130 D2*
Marion Downs, QLD *102 C5*
Marita Downs, QLD 103 H4
Markwood, Vic. *76 E3*
Marla, SA *123 H3*
Marlborough, QLD *105 F4*
Marlo, Vic. *81 K2*
Marma, Vic. *74 E4*
Marmor, QLD *105 G5*
Marnoo, Vic. *75 F4*
Marnoo East, Vic. *75 F4*
Marona, NSW 46 E5
Maronan, QLD 102 E2

Marong, NSW **47 J5**
Marong, Vic. **75 J4**
Maroochydore, QLD **109 K3**
Maroomba, QLD **103 H3**
Maroona, Vic. **79 F1**
Maroonah, WA **144 C5**
Marqua, NT **172 D6**
Marrabel, SA **131 F1**
Marradong, WA **148 C3**
Marrakai, NT **164 E3**
Marrapina, NSW **41 E5**
Marrar, NSW **51 K2**
Marrawah, Tas. **184 D6**
Marraweeny, Vic. **76 C4**
Marrilla, WA **144 B5**
Marron, WA **146 B1**
Marryat, SA **123 H2**
Marsden, NSW **48 B5**
Martins Well, SA **129 G3**
Marulan, NSW **52 D2**
Marungi, Vic. **76 C3**
Marvell Loch, WA **149 G1**
Mary Kathleen, QLD **102 D2**
Mary River, NT **164 E4**
Mary River Roadhouse, NT **165 F4**
Mary Springs, WA **146 B3**
Mary Valley, QLD **101 G1**
Maryborough, QLD **109 J2**
Maryborough, Vic. **75 H5**
Maryfield, NT **168 D2**
Marymia, WA **147 G1**
Marysville, Vic. **80 C1**
Maryvale, NSW **48 D3**
Maryvale, NT **174 E4**
Maryvale, QLD **101 H6**
Maryvale, QLD **102 D4**
Mascot, NSW **42 E3**
Massey, Vic. **75 F3**
Matakana, NSW **47 J4**
Mataranka, NT **165 G6**
Mathinna, Tas. **187 H3**
Mathoura, NSW **51 F3**
Matlock, Vic. **80 E2**
Matong, NSW **51 J2**
Maude, NSW **51 F1**
Maude, Vic. **79 J3**
Maules Creek, NSW **44 D5**
Mawarra, NSW **46 C2**
Mawbanna, Tas. **185 D3**
Mawson, WA **148 D1**
Maxwelton, QLD **103 F2**
May Downs, QLD **104 E4**
Maya, WA **146 D5**
Mayberry, Tas. **186 B4**
Maydena, Tas. **190 D3**
Mayneside, QLD **103 F5**
Mayrung, NSW **51 G3**
Maytown, QLD **101 G2**
Mazar, NSW **46 B4**
Mead, Vic. **75 J2**
Meadow, WA **146 B2**
Meadow Glen, NSW **47 H1**
Meadowbank, QLD **101 D4**
Meandarra, QLD **109 F4**
Meander, Tas. **186 C4**
Meatian, Vic. **73 G6**
Meckering, WA **148 D1**
Meda, WA **142 E4**
Meeberrie, WA **146 C3**
Meedo, WA **146 B1**
Meekatharra, WA **147 F2**
Meeleebee, QLD **109 F3**
Meeline, WA **146 E4**
Meena Murtee, NSW **46 E1**

Meeniyan, Vic. **80 D4**
Meeragoolia, WA **146 B1**
Meerawa, QLD **101 J3**
Meerlieu, Vic. **81 G3**
Megan, NSW **45 H4**
Megine, QLD **108 E4**
Meka, WA **146 D3**
Melaleuca, NT **164 E3**
Melba Flats, Tas. **189 B1**
Melbourne, Vic. **80 B2**
Melita, WA **147 H4**
Mella, Tas. **185 C3**
Mellenbye, WA **146 D4**
Mellish Park, QLD **100 B5**
Mellool, Vic. **73 H5**
Melrose, SA **128 E5**
Melrose, Tas. **186 B2**
Melrose, WA **147 H3**
Melton, SA **129 G4**
Melton, Vic. **79 K2**
Melton Mowbray, Tas. **191 F1**
Melville Forest, Vic. **78 D1**
Memana, Tas. **188 D2**
Memerambi, QLD **109 H3**
Menangina, WA **147 J5**
Mendleyarri, WA **147 H5**
Mendooran, NSW **48 D2**
Mengha, Tas. **185 C3**
Menindee, NSW **46 D3**
Meningie, SA **131 G3**
Mentone, Vic. **80 B3**
Menzies, WA **147 H5**
Mepunga East, Vic. **79 F4**
Mepunga West, Vic. **79 F4**
Merah North, NSW **44 B4**
Merapah, QLD **99 B5**
Merbein, Vic. **72 D2**
Merbein South, Vic. **72 D2**
Mercadool, NSW **43 K3**
Mercunda, SA **131 H1**
Meredith, Vic. **79 J2**
Meribah, SA **131 J2**
Merimal, QLD **105 G4**
Merimbula, NSW **52 D5**
Merinda, QLD **104 E1**
Meringur, Vic. **72 B3**
Meringur North, Vic. **72 B3**
Merino, Vic. **78 C2**
Merita, NSW **42 E3**
Merivale, QLD **108 E2**
Merluna, QLD **99 B4**
Mern Merna, SA **129 F3**
Mernda, Vic. **80 B2**
Merolia, WA **147 J4**
Merredin, WA **149 F1**
Merri Merrigal, NSW **47 J4**
Merriang, Vic. **77 F4**
Merricks, Vic. **80 B4**
Merrigum, Vic. **76 B3**
Merrijig, Vic. **76 E5**
Merrinee, Vic. **72 C3**
Merrinong, NSW **43 H2**
Merriton, SA **128 E6**
Merriwa, NSW **49 F2**
Merriwagga, NSW **47 H5**
Merrygoen, NSW **48 E2**
Merrywinebone, NSW **44 B3**
Merseylea, Tas. **186 C3**
Merton, Vic. **76 C5**
Mertondale, WA **147 H4**
Merty Merty, SA **125 H5**
Merungle, NSW **47 H5**
Meryula, NSW **47 J1**
Metcalfe, Vic. **75 K5**

Metford, NSW **46 C2**
Methul, NSW **51 K1**
Metung, Vic. **81 H2**
Meunna, Tas. **185 D4**
Mia Mia, Vic. **75 K5**
Mia Mia, WA **144 B5**
Miami, NSW **48 A4**
Miandetta, NSW **48 A1**
Michelago, NSW **52 C3**
Middle Camp, NSW **46 C3**
Middle Park, QLD **101 F6**
Middlefield, NSW **48 B3**
Middlemount, QLD **104 E4**
Middleton, SA **130 E2**
Middleton, Tas. **191 F5**
Middleton Hotel, QLD **102 E4**
Midge Point, QLD **104 E2**
Midgee, SA **128 D6**
Midgery, NSW **43 K3**
Midland, WA **148 B1**
Midway Point, Tas. **191 G3**
Miena, Tas. **186 D5**
Miepoll, Vic. **76 C4**
Miga Lake, Vic. **74 C5**
Mila, NSW **52 C6**
Milabena, Tas. **185 D3**
Milang, SA **131 F2**
Milawa, Vic. **76 E3**
Mildura, Vic. **72 D2**
Miles, QLD **109 G3**
Mileura, WA **146 E2**
Milgarra, QLD **100 D4**
Milgun, WA **146 E1**
Milguy, NSW **44 D3**
Milikapiti, NT **164 C1**
Milingimbi, NT **165 J2**
Millaa Millaa, QLD **101 J4**
Millaroo, QLD **104 D1**
Millbank, NSW **45 G5**
Mil-Lel, SA **131 H6**
Millers Creek, SA **128 C1**
Millfield, NSW **49 H4**
Millgrove, Vic. **80 C2**
Millicent, SA **131 H6**
Millie, NSW **44 C3**
Millijiddee, WA **143 F6**
Milling, WA **146 D6**
Millmerran, QLD **109 H4**
Milloo, Vic. **75 K3**
Millrose, WA **147 H2**
Millthorpe, NSW **48 E4**
Milltown, Vic. **78 C3**
Millungera, QLD **102 E1**
Milly Milly, WA **146 D2**
Milo, QLD **107 H2**
Milpa, NSW **41 D5**
Milparinka, NSW **41 D3**
Milrae, NSW **43 J4**
Milray, QLD **104 B2**
Milton, NSW **52 E3**
Milton Park, NT **174 C2**
Milvale, NSW **48 C6**
Milyakburra, NT **166 C4**
Mimili, SA **123 G2**
Mimong, QLD **103 F3**
Minara, WA **147 H4**
Minarto, NSW **47 F5**
Minburra, SA **129 F4**
Mincha, Vic. **75 J2**
Mindarie, SA **131 H2**
Minderoo, WA **144 B4**
Mindi, QLD **104 E3**
Minemoorong, NSW **48 B3**
Miners Rest, Vic. **79 H1**

Minetta, NSW **42 D3**
Mingah Springs, WA **145 F6**
Mingary, SA **129 J4**
Mingay, Vic. **79 G2**
Mingela, QLD **104 C1**
Mingenew, WA **146 C5**
Minhamite, Vic. **78 E3**
Minilya Roadhouse, WA **144 B5**
Minimay, Vic. **74 B4**
Mininer, WA **144 E5**
Mininera, Vic. **79 F2**
Minjilang, NT **165 F1**
Minlaton, SA **130 E2**
Minley, NSW **42 E5**
Minmindie, Vic. **75 H2**
Minnamoolka, QLD **101 H4**
Minnie Creek, WA **144 C6**
Minnie Downs, QLD **108 B2**
Minnie Water, NSW **45 H4**
Minnies O.S., QLD **101 F4**
Minnipa, SA **128 B5**
Minore, NSW **48 C3**
Minrimar, NSW **43 J2**
Mintabie, SA **123 G3**
Minyip, Vic. **74 E3**
Miralie, Vic. **73 G5**
Miram, Vic. **74 B3**
Miranda, NSW **51 F2**
Miranda Downs, QLD **100 E3**
Mirani, QLD **104 E2**
Mirboo, Vic. **80 E4**
Mirboo North, Vic. **80 D4**
Miriam Vale, QLD **105 H6**
Mirikata, SA **128 B1**
Mirimbah, Vic. **76 E5**
Mirirrinyungu (Duck Ponds), NT **167 D6**
Mirool, NSW **48 A6**
Mirrabooka, NSW **47 J3**
Mirrabooka, QLD **108 B4**
Mirri, QLD **102 D3**
Mirtna, QLD **104 C3**
Missabotti, NSW **45 H5**
Mission Beach, QLD **101 J4**
Mistake Creek, NT **167 A4**
Mitakoodi, QLD **102 D2**
Mitchell, QLD **108 D3**
Mitchell Vale, NSW **43 G3**
Mitchells Flat, NSW **45 F5**
Mitchellstown, Vic. **76 B4**
Mitchellville, SA **128 D6**
Mitiamo, Vic. **75 J3**
Mitre, Vic. **74 C4**
Mitta Mitta, Vic. **77 G4**
Mittagong, NSW **52 E1**
Mittagong, QLD **100 E5**
Mittiebah, NT **169 J6**
Mittyack, Vic. **72 E5**
Miundi Mundi, NSW **46 A2**
Moama, NSW **51 F4**
Moble, QLD **107 H3**
Mockinyah, Vic. **74 D5**
Moe, Vic. **80 E3**
Mogal Plain, NSW **48 A3**
Moglonemby, Vic. **76 C4**
Mogo, NSW **52 D3**
Mogongong, NSW **48 C5**
Mogriguy, NSW **48 D2**
Moina, Tas. **186 B3**
Mokepilly, Vic. **75 F5**
Mole Creek, Tas. **186 C3**
Molesworth, Tas. **191 F3**
Molesworth, Vic. **76 C5**

Moliagul, Vic. **75 H4**
Molka, Vic. **76 C4**
Mollerin, WA **146 E6**
Mollongghip, Vic. **79 J1**
Mollyan, NSW **48 E1**
Molong, NSW **48 D4**
Moltema, Tas. **186 C3**
Momba, NSW **42 C5**
Mona Vale, QLD **107 H3**
Mona Vale, Tas. **187 F6**
Monak, NSW **50 C1**
Monegeetta, Vic. **76 A6**
Monia Gap, NSW **47 J5**
Monivea, NSW **47 F3**
Monkey Mia, WA **146 A2**
Monkira, QLD **106 D1**
Monolan, NSW **42 B4**
Monomie, NSW **48 B4**
Monstraven, QLD **100 D6**
Montagu, Tas. **185 B2**
Montana, Tas. **186 C4**
Monteagle, NSW **48 C6**
Montejinni, NT **168 B3**
Montgomery, Vic. **81 G3**
Monto, QLD **109 H1**
Montumana, Tas. **185 D3**
Moockra, SA **129 F4**
Moodiarrup, WA **148 D4**
Moogara, Tas. **190 E3**
Moojeeba, QLD **99 C5**
Mooka, WA **146 B1**
Moolah, NSW **47 G3**
Moolawatana, SA **129 H1**
Moolbong, NSW **47 G4**
Mooleulooloo, SA **129 J3**
Mooloo Downs, WA **146 C1**
Mooloogool, WA **147 F2**
Mooloolerie, NSW **46 D4**
Moolooloo O.S., NT **168 A3**
Moolort, Vic. **75 J5**
Moomba (Private), SA **125 H4**
Moona Plains, NSW **45 F5**
Moona Vale, NSW **42 B6**
Moonambel, Vic. **75 G5**
Moonan Flat, NSW **49 H2**
Moonaree, SA **128 C4**
Moonbi, NSW **44 E5**
Moonbria, NSW **51 G2**
Moondarra, Vic. **80 E3**
Moondene, NSW **47 F3**
Moonee Beach, NSW **45 H4**
Moonera, WA **151 G3**
Moongulla, NSW **43 K2**
Moonie, QLD **109 G4**
Moonta, SA **130 E1**
Moonya, QLD **103 J5**
Moonyoonooka, WA **146 B4**
Moora, Vic. **76 B4**
Moora, WA **146 D6**
Moorabbin, Vic. **80 B2**
Mooraberree, QLD **106 E2**
Moorak, QLD **108 D2**
Mooralla, Vic. **78 D1**
Mooramanna, QLD **108 E5**
Moorarie, WA **146 E1**
Moore, NSW **44 E5**
Moore, QLD **109 J4**
Moore Park Beach, QLD **109 J1**
Mooreland Downs, NSW **42 D3**
Mooren, NSW **48 E2**
Mooreville, Tas. **186 A2**
Moorland, NSW **49 K2**
Moorleah, Tas. **185 E3**
Moorna, NSW **46 C6**

Moornanyah, NSW **47 F4**
Moorngag, Vic. **76 D4**
Moorook, SA **131 H1**
Mooroopna, Vic. **76 C3**
Mooroopna North, Vic. **76 B3**
Mootwingee, NSW **46 C1**
Moppin, NSW **44 C2**
Morago, NSW **51 F3**
Moralana, SA **129 F3**
Moranbah, QLD **104 E3**
Morangarell, NSW **48 B6**
Morawa, WA **146 C4**
Moray Downs, QLD **104 C3**
Morchard, SA **129 F5**
Morden, NSW **41 E5**
Moree, NSW **44 C3**
Morella, QLD **103 H4**
Morgan, SA **131 G1**
Morgan Vale, SA **129 H5**
Moriac, Vic. **79 J3**
Morialpa, SA **129 H4**
Morialta, NSW **44 B3**
Moriarty, Tas. **186 C2**
Morisset, NSW **49 H4**
Morkalla, Vic. **72 B3**
Morney, QLD **106 E2**
Mornington, Vic. **80 B3**
Mornington, WA **143 G4**
Moroak, NT **165 H6**
Moroco, NSW **51 G3**
Morongla Creek, NSW **48 D5**
Morpeth, QLD **104 E3**
Morri Morri, Vic. **75 F4**
Morrisons, Vic. **79 J2**
Morstone, QLD **100 A6**
Mortlake, Vic. **79 F3**
Morton Plains, Vic. **75 F2**
Morundah, NSW **51 J2**
Moruya, NSW **52 D4**
Moruya Head, NSW **52 D4**
Morven, QLD **108 D3**
Morwell, Vic. **80 E3**
Moselle, QLD **103 G2**
Moss Vale, NSW **52 E1**
Mossgiel, NSW **47 G4**
Mossman, QLD **101 J2**
Mossy Point, NSW **52 D4**
Moulamein, NSW **50 E2**
Moulyinning, WA **148 E3**
Mt Amhurst, WA **143 H5**
Mount Arrowsmith, NSW **41 D4**
Mt Barker, SA **131 F2**
Mount Barker, WA **148 E6**
Mt Barkly, NT **171 F4**
Mt Barnett Roadhouse, WA **143 G4**
Mount Barry, SA **124 A4**
Mt Baw Baw Alpine Village, Vic. **80 E2**
Mount Beauty, Vic. **77 G4**
Mt Beckworth, Vic. **75 H6**
Mt Brockman, WA **144 D4**
Mount Browne, NSW **41 D4**
Mount Bryan, SA **129 F6**
Mt Buffalo, Vic. **77 F4**
Mt Buller Alpine Village, Vic. **76 E5**
Mount Burr, SA **131 H5**
Mount Carbine, QLD **101 H3**
Mount Cavenagh, NT **174 D5**
Mt Celia, WA **147 J5**
Mt Christie, SA **127 G2**
Mount Clarence, SA **123 J5**
Mt Clere, WA **146 E1**
Mt Coolon, QLD **104 D3**
Mount Cooper, QLD **104 C2**

Mount Damper, SA **128 B5**
Mount Dare, SA **124 B1**
Mt Denison, NT **170 E5**
Mt Direction, Tas. **186 E2**
Mt Divide, WA **145 H4**
Mount Doris, NSW **47 G2**
Mt Duneed, Vic. **79 K3**
Mt Dutton (ruins), SA **124 B3**
Mount Eba, SA **128 B1**
Mount Ebenezer Roadhouse, NT **174 C4**
Mt Edgar, WA **145 G3**
Mt Eliza, Vic. **80 B3**
Mt Elizabeth, WA **143 G3**
Mt Elsie, QLD **104 C2**
Mt Elvire, WA **147 G5**
Mt Emu, Vic. **79 G2**
Mount Emu Plains, QLD **103 H1**
Mount Fairy, NSW **52 D2**
Mt Fitton (ruins), SA **129 G1**
Mt Florance, WA **144 E3**
Mt Freeling, SA **129 G1**
Mount Gambier, SA **131 H6**
Mount Gap, NSW **42 E6**
Mount Garnet, QLD **101 H4**
Mount George, NSW **49 J2**
Mt Gibson, WA **146 E5**
Mount Gipps, NSW **46 B2**
Mount Gipps, NSW **46 B2**
Mt Gordon, QLD **102 C1**
Mt Gould, WA **146 E1**
Mt Guide, QLD **102 C2**
Mount Gunson, SA **128 D3**
Mt Hale, WA **146 E2**
Mount Hector, QLD **104 E2**
Mount Helen, Vic. **79 H2**
Mount Hill, SA **128 C6**
Mt Hooghly, Vic. **75 H5**
Mount Hope, NSW **47 J3**
Mount Hope, SA **130 B1**
Mt Hopeless, SA **125 H6**
Mt Horeb, NSW **52 A2**
Mt House, WA **143 G4**
Mt Howitt, QLD **107 F3**
Mt Ida (ruins), WA **147 G4**
Mount Isa, QLD **102 C2**
Mount Ive, SA **128 C4**
Mt Jackson, WA **147 F5**
Mt James, WA **144 D6**
Mt Keith, WA **147 G3**
Mount Kew, NSW **47 F2**
Mount Kokeby, WA **148 D2**
Mount Larcom, QLD **105 H5**
Mt Lawless, QLD **109 H2**
Mount Leonard, QLD **106 E2**
Mount Lewis, NSW **47 J2**
Mt Liebig, NT **173 E1**
Mt Lloyd, Tas. **190 E3**
Mt Lonarch, Vic. **75 G6**
Mt Lyndhurst, SA **129 F1**
Mt McConnell, QLD **104 D2**
Mt Macedon, Vic. **75 K6**
Mt McLaren, QLD **104 D4**
Mt Magnet, WA **146 E3**
Mount Manara, NSW **47 F3**
Mount Margaret, QLD **107 G3**
Mt Margaret, WA **147 J4**
Mount Marlow, QLD **107 H1**
Mt Martha, Vic. **80 B3**
Mount Mary, SA **131 G1**
Mt Minnie, WA **144 C4**
Mount Molloy, QLD **101 J3**
Mt Morgan, QLD **105 G5**
Mt Moriac, Vic. **79 J3**

Mt Morris, QLD **108 B2**
Mount Mulgrave, QLD **101 G2**
Mount Mulligan, QLD **101 H3**
Mt Mulyah, WA **42 D4**
Mt Murchison, NSW **46 E1**
Mt Narryer, WA **146 C2**
Mount Norman, QLD **103 G1**
Mount Ossa, QLD **104 E2**
Mt Padbury, WA **146 E1**
Mt Perry, QLD **109 H2**
Mt Phillips, WA **144 D6**
Mt Pleasant, SA **131 F2**
Mt Remarkable, WA **147 J5**
Mt Richmond, Vic. **78 C3**
Mt Riddock, NT **175 F1**
Mt Ringwood, NT **164 D3**
Mount Russell, NSW **44 E3**
Mt Sandiman, WA **144 C6**
Mt Sanford, NT **167 C3**
Mount Sarah, SA **124 B2**
Mount Seaview, NSW **49 J1**
Mt Selwyn, NSW **52 B4**
Mt Seymour, Tas. **191 G1**
Mount Shannon, NSW **41 D4**
Mt Skinner, NT **171 H5**
Mt Squire (ruins), NT **174 E4**
Mt Stuart, WA **144 C4**
Mount Sturgeon, QLD **103 H1**
Mt Sturt, NSW **41 D3**
Mount Surprise, QLD **101 G4**
Mt Tabor, QLD **108 D2**
Mt Taylor, Vic. **81 H2**
Mt Torrens, SA **131 F2**
Mt Vernon, WA **144 E6**
Mt Victor, SA **129 G4**
Mt Victoria, NSW **49 F5**
Mt View, WA **146 B3**
Mount Vivian, SA **128 B2**
Mt Wallace, Vic. **79 J2**
Mount Wedge, NT **171 F6**
Mount Wedge, SA **128 B6**
Mt Weld, WA **147 J4**
Mount Westwood, NSW **41 C5**
Mount Willoughby, SA **127 J4**
Mount Windsor, QLD **102 E5**
Mt Wittenoom, WA **146 D3**
Mount Woowoolahra, NSW **46 B1**
Mountain River, Tas. **191 F3**
Mountain Valley, NT **165 H5**
Moura, QLD **109 F1**
Mourilyan, QLD **101 J4**
Mouroubra, WA **146 E5**
Moutajup, Vic. **78 E2**
Mowanjum, WA **142 B4**
Mowla Bluff, WA **142 E5**
Moyhu, Vic. **76 E4**
Moyston, Vic. **75 F6**
Muccan, WA **145 G2**
Muchea, WA **148 B1**
Muckadilla, QLD **108 E3**
Muckatah, Vic. **76 C2**
Muckaty, NT **168 E6**
Muddal, NSW **48 A2**
Mudgeacca, QLD **102 D4**
Mudgee, NSW **48 E3**
Mudgeegonga, Vic. **77 F3**
Mudjimba, QLD **109 K3**
Mudludja, WA **143 G5**
Muggon, WA **146 C2**
Mugincoble, NSW **48 C4**
Mukinbudin, WA **146 E6**
Mulan, WA **152 D2**
Mulbring, NSW **49 H4**

Mulculca, NSW **46 B3**
Mulga Downs, WA **144 E4**
Mulga Park, NT **174 B5**
Mulga Valley, NSW **42 B4**
Mulga Valley, NSW **46 A1**
Mulga View, SA **129 G2**
Mulgaria, SA **128 E1**
Mulgathing, SA **127 H1**
Mulgildie, QLD **109 H2**
Mulgrave, QLD **103 J5**
Mulgul, WA **145 F6**
Mulka, SA **125 F4**
Mulla, NSW **48 B2**
Mullaley, NSW **44 C6**
Mullengandra, NSW **51 K4**
Mullengudgery, NSW **48 B2**
Mullewa, WA **146 C4**
Mullingar, NSW **46 D4**
Mullion Creek, NSW **48 D4**
Mullumbimby, NSW **45 J2**
Muloorina, SA **124 E5**
Mulwala, NSW **51 H4**
Mulwala, Vic. **76 D2**
Mulya, NSW **42 E5**
Mulyandry, NSW **48 C5**
Mulyungarie, SA **129 J3**
Mumballup, WA **148 C4**
Mumbannar, Vic. **78 B3**
Mumbil, NSW **48 D3**
Mumblebone Plain, NSW **48 B1**
Mummulgum, NSW **45 H2**
Munabullangana, WA **144 E2**
Mundadoo, NSW **43 H5**
Mundaring, WA **148 C1**
Mundubbera, QLD **109 H2**
Mundijong, WA **148 B2**
Mundiwindi, WA **145 G5**
Mundoo Bluff, QLD **104 B3**
Mundoora, SA **128 E6**
Mundowdna, SA **125 F6**
Mundowney, NSW **44 E5**
Mundrabilla, WA **151 H3**
Mundrabilla, WA **151 H3**
Mundubbera, QLD **109 H2**
Mundulla, SA **131 H4**
Mungabroom, NT **168 E4**
Mungallala, QLD **108 D3**
Mungana, QLD **101 H3**
Mungar, QLD **109 J2**
Mungerannie Roadhouse, SA **125 F4**
Mungeribah, NSW **48 C2**
Mungery, NSW **48 C3**
Mungindi, NSW **44 B2**
Mungkarta, NT **171 H3**
Munglinup, WA **149 J4**
Mungo, NSW **46 E5**
Mungunburra, QLD **104 B2**
Mungungo, QLD **109 H1**
Munna, NSW **48 E3**
Munro, Vic. **81 G2**
Muntadgin, WA **149 F1**
Muradup, WA **148 D4**
Muralgarra, WA **146 C4**
Murchison, Vic. **76 B4**
Murchison Downs, WA **147 F2**
Murchison East, Vic. **76 B4**
Murchison Roadhouse, WA **146 C2**
Murdinga, SA **128 B6**
Murdong, WA **148 E4**
Murdunna, Tas. **191 H3**
Murgenella Ranger Station, NT **165 G1**
Murghebolluc, Vic. **79 J3**

Murgon, QLD **109 H3**
Murgoo, WA **146 D3**
Muriel, NSW **47 K1**
Murkaby, SA **129 G6**
Murmungee, Vic. **77 F3**
Murnpeowie, SA **125 G6**
Murphys Creek, Vic. **75 H4**
Murra Murra, QLD **108 C5**
Murra Warra, Vic. **74 D3**
Murrabit, Vic. **73 J6**
Murrah, NSW **52 D5**
Murrami, NSW **51 H1**
Murranji, NT **168 C3**
Murrawa, NSW **43 H4**
Murrawal, NSW **48 E1**
Murray Bridge, SA **131 G2**
Murray Downs, NT **171 J4**
Murray Town, SA **129 F5**
Murrayville, Vic. **72 B5**
Murrindal, Vic. **81 J1**
Murrindindi, Vic. **76 C6**
Murringo, NSW **48 D6**
Murroon, Vic. **79 H4**
Murrum, WA **146 E4**
Murrumbateman, NSW **52 C2**
Murrumburrah, NSW **52 B1**
Murrungowar, Vic. **82 A4**
Murrurundi, NSW **49 G2**
Murtoa, Vic. **74 E4**
Murweh, QLD **108 C4**
Murwillumbah, NSW **45 J1**
Musgrave, QLD **99 C6**
Musgrave (ruins), NT **174 E4**
Musselboro, Tas. **187 F3**
Muswellbrook, NSW **49 G3**
Mutarnee, QLD **101 K5**
Mutchilba, QLD **101 H3**
Mutijulu, NT **173 D4**
Mutooroo, SA **129 J4**
Muttaburra, QLD **103 H4**
Muttama, NSW **52 A2**
Mutti, QLD **103 G6**
Mutton Hole, QLD **100 D4**
Myall, NSW **42 C5**
Myall, Vic. **73 J6**
Myall Creek, SA **128 D4**
Myalla, Tas. **185 D3**
Myally, QLD **100 C5**
Myalup, WA **148 B3**
Myamyn, Vic. **78 C3**
Myendett, QLD **108 C3**
Myola, QLD **100 D5**
Myola, Vic. **76 A4**
Myponga, SA **131 F2**
Myria, SA **131 H1**
Myrniong, Vic. **79 K2**
Myrnong, NSW **42 C4**
Myrrhee, Vic. **76 E4**
Myrrhee, Vic. **80 D2**
Myrtle Bank, Tas. **187 F2**
Myrtle Springs, SA **129 F1**
Myrtleford, Vic. **77 F4**
Mysia, Vic. **75 H3**
Mystic Park, Vic. **73 H6**
Myuna, NSW **43 G3**

N

Nabageena, Tas. **185 C3**
Nabawa, WA **146 B4**
Nabiac, NSW **49 J2**
Nabowla, Tas. **187 F2**
Nackara, SA **129 G5**

Nagaela, NSW **46 B4**
Nagambie, Vic. **76 B4**
Nagoorin, QLD **105 H6**
Nahweena, NSW **42 E2**
Nala, Tas. **191 G1**
Nalbarra, WA **146 E4**
Nalinga, Vic. **76 C3**
Nallan, WA **146 E3**
Nambi, WA **147 H4**
Nambour, QLD **109 J3**
Nambrok, Vic. **81 F3**
Nambucca Heads, NSW **45 H5**
Nana Glen, NSW **45 H4**
Nanagari, Vic. **72 A3**
Nanambinia, WA **150 D4**
Nanami, NSW **48 C5**
Nanango, QLD **109 H3**
Nanarup, WA **148 E6**
Nandaly, Vic. **73 F5**
Nanga Bay, WA **146 A2**
Nangerybone, NSW **47 K3**
Nangiloc, Vic. **72 E3**
Nangunyah, NSW **42 C2**
Nangus, NSW **52 A2**
Nangwarry, SA **131 H6**
Nanneella, Vic. **76 A3**
Nannup, WA **148 B5**
Nanson, WA **146 B4**
Nantawarra, SA **128 E6**
Nantawarrina, SA **129 G2**
Nanutarra, WA **144 C4**
Nanutarra Roadhouse, WA **144 C4**
Nanya, NSW **46 B4**
Nanya, QLD **104 D4**
Nap Nap, NSW **50 E1**
Napier Downs, WA **143 F4**
Napoleon, QLD **107 H3**
Napoleons, Vic. **79 H2**
Nappa Merrie, QLD **106 E4**
Napperby, NT **171 F6**
Napranum, QLD **99 B4**
Napunyah, NSW **42 D5**
Naracoopa, Tas. **184 B2**
Naracoorte, SA **131 H5**
Naradhan, NSW **47 J5**
Narbethong, Vic. **80 C1**
Nardoo, NSW **42 C3**
Nardoo, QLD **100 C5**
Nardoo, QLD **108 B4**
Nareen, Vic. **78 C1**
Narembeen, WA **149 F2**
Nariel, QLD **109 F5**
Nariel Creek, Vic. **77 H3**
Naringal, Vic. **79 F4**
Narndee, WA **146 E4**
Narooma, NSW **52 D4**
Narrabri, NSW **44 C4**
Narrandera, NSW **51 J2**
Narraport, Vic. **75 F2**
Narrawa, Tas. **186 B3**
Narraway, NSW **43 K5**
Narrawong, Vic. **78 C3**
Narrewillock, Vic. **75 G3**
Narriah, NSW **47 K5**
Narridy, SA **129 F6**
Narriearra, NSW **42 A3**
Narrikup, WA **148 E6**
Narrina, SA **129 F2**
Narrogin, WA **148 D3**
Narromine, NSW **48 C3**
Narrung, SA **131 G3**
Narwietooma, NT **174 C1**
Narwonah, NSW **48 C3**
Naryilco, QLD **107 F5**

Nashdale, NSW **48 D4**
Natal Downs, QLD **104 C2**
Nathalia, Vic. **76 B2**
Nathan River, NT **169 G2**
Natimuk, Vic. **74 D4**
National Park, Tas. **190 D2**
Native Corners, Tas. **191 F2**
Natone, Tas. **186 A2**
Natte Yallock, Vic. **75 G5**
Natya, Vic. **73 G4**
Navarre, Vic. **75 G5**
Nea, NSW **44 D6**
Nebo, QLD **104 E3**
Nectar Brook, SA **128 E5**
Neds Creek, WA **147 G1**
Needles, Tas. **186 C3**
Neerim, Vic. **80 D3**
Neerim Junction, Vic. **80 D2**
Neerim South, Vic. **80 D3**
Neeworra, NSW **44 B2**
Neika, Tas. **191 F3**
Neilrex, NSW **48 E2**
Nelia, QLD **103 H2**
Nelia Gaan, NSW **46 D2**
Nelia Outstation, NSW **46 D3**
Nelligen, NSW **52 D3**
Nelson, Vic. **78 B3**
Nelson Bay, NSW **49 J3**
Nelson Springs, NT **167 B4**
Nelungaloo, NSW **48 C4**
Nemingha, NSW **44 E6**
Nenen, NT **168 C1**
Nepabunna, SA **129 G2**
Nerang, QLD **109 K5**
Nereena, QLD **103 H5**
Nerren Nerren, WA **146 B3**
Nerrena, Vic. **80 D4**
Nerriga, NSW **52 D2**
Nerrigundah, NSW **52 D4**
Nerrima, WA **142 E5**
Nerrin Nerrin, Vic. **79 F2**
Netallie, NSW **46 E1**
Netherby, Vic. **74 C3**
Netley, WA **146 B3**
Netley Gap, SA **129 H5**
Neuarpur, Vic. **74 B4**
Neumayer Valley, QLD **100 C5**
Neurea, NSW **48 D3**
Neuroodla, SA **128 E3**
Neutral Junction, NT **171 H4**
Nevertire, NSW **48 B2**
New Chum, NSW **42 D4**
New Crown, NT **175 F5**
New Forest, WA **146 C3**
New Moon, QLD **101 J5**
New Norcia, WA **146 D6**
New Norfolk, Tas. **190 E3**
New Park, NSW **51 J2**
New Quinyambie, SA **129 J2**
Newbridge, NSW **48 E5**
Newbridge, Vic. **75 H4**
Newbury, Vic. **79 J1**
Newcastle, NSW **49 H4**
Newcastle Waters, NT **168 D4**
Newdegate, WA **149 G3**
Newell, QLD **101 J2**
Newfield, Vic. **79 G4**
Newham, Vic. **75 K6**
Newhaven, NT **170 D6**
Newhaven, Vic. **80 C4**
Newlands Mine, QLD **104 D3**
Newlyn, Vic. **75 J6**
Newman, WA **145 G5**
Newmerella, Vic. **81 K2**

Newnes, NSW **49 F4**
Newry, NT **167 B2**
Newry, Vic. **81 F2**
Newstead, Vic. **75 J5**
Newton Boyd, NSW **45 G3**
Ngalangkati, WA **143 F5**
Nganganawili, WA **147 G2**
Nguiu, NT **164 C2**
Ngukurr, NT **165 J6**
Nhill, Vic. **74 C3**
Nhulunbuy, NT **166 D2**
Niangala, NSW **44 E6**
Nicholas Rivulet, Tas. **191 F4**
Nicholson, Vic. **81 H2**
Nicholson, WA **143 K5**
Nickavilla, QLD **107 H3**
Niermur, NSW **50 E3**
Nietta, Tas. **186 B3**
Nildottie, SA **131 G2**
Nile, Tas. **187 F4**
Nilma, Vic. **80 D3**
Nilpena, SA **129 F2**
Nilpinna, SA **124 C4**
Nimaru, QLD **108 B3**
Nimbin, NSW **45 J2**
Nimmitabel, NSW **52 C5**
Ninda, Vic. **73 F6**
Nindigully, QLD **108 E5**
Nine Mile Cowal, NSW **48 C2**
Ningaloo, WA **144 A4**
Ninghan, WA **146 E5**
Ninyeunook, Vic. **75 G2**
Nipan, QLD **109 G1**
Nirranda, Vic. **79 F4**
Nirranda East, Vic. **79 F4**
Nita Downs, WA **142 C6**
Noarlunga Centre, SA **131 F2**
Noccundra, QLD **107 G4**
Nockatunga, QLD **107 G4**
Noella, QLD **108 B2**
Nonda, QLD **103 F2**
Nonning, SA **128 C4**
Noojee, Vic. **80 D2**
Nook, Tas. **186 C3**
Nookawarra, WA **146 D2**
Noona, NSW **47 G2**
Noonama, NSW **42 C4**
Noonamah, NT **164 D3**
Noondoo, QLD **108 E5**
Noondoonia, WA **150 D4**
Noongal, WA **146 D4**
Noonkanbah, WA **143 F5**
Noorama, QLD **108 C5**
Noorat, Vic. **79 F3**
Noorinbee, Vic. **82 B4**
Noorinbee North, Vic. **82 B4**
Noorong, Vic. **73 J5**
Noorongong, Vic. **77 G3**
Noorooma, NSW **43 G2**
Noosa Heads, QLD **109 J3**
Nooyeah Downs, QLD **107 G5**
Noradjuha, Vic. **74 D5**
Noranside, QLD **102 D4**
Noreena Downs, WA **145 G4**
Norfolk, QLD **100 A6**
Normans Lake, WA **148 E3**
Normanton, QLD **100 D4**
Normanville, SA **131 F3**
Normanville, Vic. **75 H2**
Nornalup, WA **148 D6**
Norseman, WA **150 C4**
North Bannister, WA **148 C2**
North Bourke, NSW **43 F4**

North Dandalup, WA **148 B2**
North Dorrigo, NSW **45 G4**
North Goonyella Mine, QLD **104 E3**
North Haven, NSW **49 K2**
North Head, QLD **101 F5**
North Lilydale, Tas. **187 F2**
North Melbergen, NSW **47 J5**
North Moolooloo, SA **129 F2**
North Motton, Tas. **186 B2**
North Mulga, SA **129 H1**
North Peake (ruins), SA **124 C4**
North Scottsdale, Tas. **187 G2**
North Shields, SA **130 C1**
North Star, NSW **44 D2**
North Well, SA **128 B2**
Northam, WA **148 C1**
Northampton, WA **146 B4**
Northcliffe, WA **148 C6**
Northdown, Tas. **186 C2**
Northern Gully, WA **146 C4**
Norwich Park Mine, QLD **104 E4**
Notts Well, SA **131 G1**
Nowa Nowa, Vic. **81 J2**
Nowendoc, NSW **49 H1**
Nowie North, Vic. **73 G5**
Nowingi, Vic. **72 D3**
Nowra, NSW **52 E2**
Nturiya, NT **171 G5**
Nubeena, Tas. **191 H4**
Nubingerie, NSW **48 D3**
Nugadong, WA **146 D5**
Nugent, Tas. **191 H2**
Nulla, NSW **46 B5**
Nullagine, WA **145 G4**
Nullamanna, NSW **44 E3**
Nullan, Vic. **74 E3**
Nullarbor Roadhouse, SA **126 E3**
Nullawarre, Vic. **79 F4**
Nullawil, Vic. **75 G2**
Nulty, NSW **43 F4**
Nulty Springs, NSW **43 G3**
Numbulwar, NT **166 B5**
Numeralla, NSW **52 C4**
Numery, NT **175 G2**
Numurkah, Vic. **76 C2**
Nunamara, Tas. **187 F3**
Nundle, NSW **49 H1**
Nundoolka, NSW **41 D5**
Nundora, NSW **41 D5**
Nundroo, SA **127 F3**
Nunga, Vic. **72 E5**
Nungarin, WA **146 E6**
Nunjikompita, SA **127 J4**
Nuntherungie, NSW **42 A5**
Nurina, WA **153 C6**
Nuriootpa, SA **131 F1**
Nurrabiel, Vic. **74 D5**
Nurrungar, SA **128 D3**
Nutwood Downs, NT **168 E2**
Nyabing, WA **149 F4**
Nyah, Vic. **73 G5**
Nyah West, Vic. **73 G5**
Nyang, WA **144 B5**
Nyarrin, Vic. **73 F5**
Nychum, QLD **101 H3**
Nyirripi (Waite Creek), NT **170 C6**
Nymagee, NSW **47 J2**
Nymboida, NSW **45 H4**
Nyngan, NSW **48 B1**
Nyngynderry, NSW **46 E3**
Nyora, NSW **51 H3**
Nyora, Vic. **80 C4**

O

O.T. Downs, NT **169 F3**
Oak Hills, QLD **101 J5**
Oak Park, QLD **101 G5**
Oak Park, SA **129 G5**
Oak Vale, QLD **108 D2**
Oak Valley, NT **174 E3**
Oakbank, SA **129 J5**
Oakden Hills, SA **128 D3**
Oakey, QLD **109 H4**
Oakham, QLD **107 G2**
Oakland Park, QLD **100 E4**
Oaklands, NSW **51 H3**
Oakleigh, QLD **108 B2**
Oakley, QLD **103 J2**
Oakvale, NSW **43 G5**
Oakvale, SA **129 J5**
Oakvale, Vic. **75 H2**
Oakwood, NSW **44 E3**
Oakwood, Tas. **191 H4**
Oaky Creek Mine, QLD **104 E4**
Oasis Roadhouse, QLD **101 H5**
Oatlands, Tas. **191 F1**
Oban, QLD **102 C3**
Oberon, NSW **49 F5**
Obley, NSW **48 D3**
Ocean Beach, WA **148 D6**
Ocean Shores, NSW **45 J2**
Oenpelli, NT **165 G2**
Offham, QLD **108 B4**
Officer, Vic. **80 C3**
Ogmore, QLD **105 F4**
Olary, SA **129 H4**
Old Andado, NT **175 G4**
Old Bar, NSW **49 K2**
Old Baratta (ruins), SA **129 G4**
Old Beach, Tas. **191 F3**
Old Bonalbo, NSW **45 H2**
Old Burren, NSW **44 B4**
Old Delamere, NT **168 A2**
Old Halls Creek (ruins), WA **143 H5**
Old Herbert Vale, QLD **100 A5**
Old Junee, NSW **51 K2**
Old Kolonga, QLD **109 H1**
Old Laura (ruins), QLD **101 H1**
Old May Downs (ruins), QLD **102 C2**
Old Quinyambie, SA **129 J1**
Old Tallangatta, Vic. **77 G3**
Old Warrah, NSW **49 G2**
Old Wooroona, QLD **102 B2**
Oldina, Tas. **185 E3**
Olinda, NSW **49 F4**
Olio, QLD **103 G3**
Olive Downs, NSW **41 D2**
Olive Downs, QLD **103 F2**
Olive Vale, QLD **101 H2**
Olorah Downs, SA **129 H5**
Olympic Dam, SA **128 D1**
Oma, QLD **103 H6**
O'Malley, SA **126 E2**
Omeo, Vic. **77 H5**
Omicron, QLD **106 E5**
Ondit, Vic. **79 H3**
One Arm Point, WA **142 D3**
One Tree, NSW **41 D4**
One Tree, NSW **47 G6**
Onepah, NSW **41 D2**
Ongerup, WA **149 F4**
Onslow, WA **144 B3**
Oobagooma, WA **142 E4**
Oodla Wirra, SA **129 G5**
Oodnadatta, SA **124 B3**
Ooldea, SA **127 F1**

Oolloo, NT **164 D5**
Oombulgurri, WA **143 J2**
Oonah, Tas. **185 E4**
Oondooroo, QLD **103 G3**
Oonoomurra, QLD **102 D2**
Ooraminna (ruins), NT **174 E3**
Ooratippra, NT **172 B5**
Oorindi, QLD **102 E2**
Ootann, QLD **101 H3**
Ootha, NSW **48 B4**
Opalton, QLD **103 G5**
Ophir, NSW **48 E4**
*Opium Creek, NT **164 E3***
Opossum Bay, Tas. **191 G4**
Ora Banda, WA **147 H5**
*Orana, NSW **47 F3***
Orange, NSW **48 D4**
*Orange Creek, NT **174 D3***
Orbost, Vic. **81 K2**
Orchid Beach, QLD **109 K2**
Orford, Tas. **191 H2**
Orford, Vic. **78 D3**
Orielton, Tas. **191 G3**
*Orient, QLD **107 G5***
*Orientos, QLD **106 E5***
*Oriners, QLD **101 F1***
Orkabie, QLD **105 F3**
Ormley, Tas. **187 H4**
Ororoo, SA **129 F5**
Orrtipa-Thurra, NT **172 B6**
Osborne Well, NSW **51 H3**
Osterley, Tas. **190 D1**
*Osterley Downs, NSW **47 J2***
Oudabunna, WA **146 E4**
Oulnina Park, SA **129 H4**
Ouse, Tas. **190 D1**
*Outalpa, SA **129 H4***
Ouyen, Vic. **72 E5**
Ovens, Vic. **77 F4**
*Overflow, NSW **47 K2***
Overlander Roadhouse, WA **146 B2**
*Overnewton, NSW **46 E4***
Owen, SA **131 F1**
*Owen Downs, NSW **42 B3***
*Owen Springs, NT **174 D2***
Oxenford, QLD **109 K5**
Oxley, NSW **47 F6**
Oxley, Vic. **76 E3**
Oyster Cove, Tas. **191 F4**
Ozenkadnook, Vic. **74 B5**

P

Paaratte, Vic. **79 F4**
Packsaddle Roadhouse, NSW **41 D5**
*Paddington, NSW **47 G2***
Paddys Plain, NSW **45 H4**
Padthaway, SA **131 H4**
Pakenham, Vic. **80 C3**
Palana, Tas. **188 C1**
Palgarup, WA **148 C5**
Pallamallawa, NSW **44 D3**
Pallarenda, QLD **101 K5**
Palm Island, QLD **101 K5**
Palmer River Roadhouse, QLD **101 H2**
*Palmer Valley, NT **174 D3***
*Palmerville, QLD **101 G2***
Paloona, Tas. **186 B2**
*Palparara, QLD **106 E1***
Paluma, QLD **101 J5**
Palumpa, NT **164 B5**
Pambula, NSW **52 D5**

*Panban, NSW **46 E4***
*Pandanus Creek, QLD **101 H5***
*Pandie Pandie, SA **125 G1***
*Paney, SA **128 B4***
Pangee, NSW **48 A2**
*Panitya, Vic. **72 A5***
Panmure, Vic. **79 F4**
Pannawonica, WA **144 D3**
*Pantijan, WA **143 F3***
Panton Hill, Vic. **80 B2**
Paper Beach, Tas. **186 E2**
Pappinbarra, NSW **49 K1**
Papulankutja, WA **153 D2**
Papunya, NT **174 B1**
Paraburdoo, WA **144 E5**
Parachilna, SA **129 F2**
Paradise, Tas. **186 C3**
Paradise, Vic. **75 G4**
*Parakylia, SA **128 C1***
Paraparap, Vic. **79 J3**
Paratoo, SA **129 G5**
Parattah, Tas. **191 G1**
*Pardoo, WA **145 F2***
Pardoo Roadhouse, WA **145 G2**
Parenna, Tas. **184 B2**
Parilla, SA **131 H2**
*Paringa, NSW **46 B2***
Paringa, SA **131 J1**
Park Beach, Tas. **191 G3**
Parkes, NSW **48 C4**
Parkham, Tas. **186 D3**
Parkside, Tas. **187 J3**
Parkville, NSW **49 G2**
Parndana, SA **130 D3**
Parnella, Tas. **187 J3**
Parnngurr (Cotton Ck), WA **145 J4**
*Paroo, WA **147 G2***
Parrakie, SA **131 H2**
Parramatta, NSW **49 G5**
Parrawe, Tas. **185 D4**
Parry Beach, WA **148 D6**
Paruna, SA **131 J2**
Parwan, Vic. **79 K2**
Paschendale, Vic. **78 C2**
*Pasha, QLD **104 D3***
Paskeville, SA **130 E1**
Pata, SA **131 H1**
Patchewollock, Vic. **72 D5**
Pateena, Tas. **186 E3**
Paterson, NSW **49 H3**
Patersonia, Tas. **187 F3**
Patho, Vic. **75 K2**
*Pathungra, QLD **102 D4***
*Pattison, NSW **43 F4***
*Paulvue, QLD **103 H5***
Paw Paw, SA **123 F2**
Pawleena, Tas. **191 G3**
Pawtella, Tas. **191 G1**
Payne, QLD **103 H4**
Paynes Find, WA **146 E5**
Paynesville, Vic. **81 H2**
Paynters, NSW **47 K6**
Paynters, NSW **51 J2**
Peaceful Bay, WA **148 D6**
Peak Downs Mine, QLD **104 E4**
*Peak Hill, NSW **41 D4***
Peak Hill, NSW **48 C3**
*Peak Vale, QLD **104 D4***
Peake, SA **124 C4**
Peake, SA **131 H2**
Peakview, NSW **52 C4**
Pearcedale, Vic. **80 B3**
Pearlah, SA **130 B1**
Pearshape, Tas. **184 A3**

Pebbly Beach, NSW **52 E3**
Pedirka (ruins), SA **124 B2**
Peebinga, SA **131 J2**
Peechelba, Vic. **76 E3**
*Peedamulla, WA **144 C4***
Peelwood, NSW **48 E6**
Pegarah, Tas. **184 B2**
Pekina, SA **129 F5**
*Pelham, QLD **101 F6***
Pelham, Tas. **190 E2**
Pella, Vic. **74 D2**
Pelverata, Tas. **191 F4**
Pemberton, WA **148 C5**
Pembrooke, NSW **49 K1**
Penarie, NSW **50 E1**
Pender, WA **142 D4**
*Pendiana, NSW **43 H5***
*Peneena, NSW **47 F4***
Penguin, Tas. **186 B2**
Penna, Tas. **191 G3**
Penneshaw, SA **130 E3**
Penola, SA **131 H5**
Penong, SA **127 G5**
Penshurst, Vic. **78 E2**
Pentland, QLD **104 B2**
Penzance, Tas. **191 H4**
Peppermint Grove Beach, WA **148 B4**
Peppers Plains, Vic. **74 D3**
Peppimenarti, NT **164 C5**
Perekerten, NSW **50 E2**
Perenjori, WA **146 D5**
Perenna, Vic. **74 C2**
Perisher Valley, NSW **52 B4**
*Pernatty, SA **128 E3***
*Peron, WA **146 A2***
Peronne, Vic. **74 C4**
Perponda, SA **131 G2**
*Perrinvale, WA **147 G4***
Perry Bridge, Vic. **81 G3**
Perth, Tas. **186 E4**
Perth, WA **148 B1**
Perthville, NSW **48 E5**
Petcheys Bay, Tas. **190 E4**
Peterborough, SA **129 F5**
Peterborough, Vic. **79 F4**
Petford, QLD **101 H3**
Petina, SA **127 J4**
*Petita, NSW **42 B4***
*Petro, NSW **46 D5***
*Phillip Creek, NT **171 H1***
Phillpott, QLD **108 B4**
Pia Wadjari, WA **146 D3**
*Pialah, QLD **103 G1***
Piallamore, NSW **44 E6**
Piallaway, NSW **44 D6**
Piamble, Vic. **73 G4**
Piambra, NSW **48 E2**
Piangil, Vic. **73 G4**
*Picarilli, QLD **107 G5***
Pickertaramoor, NT **164 D2**
Picola, Vic. **76 B2**
Picton, NSW **49 G6**
Pier Millan, Vic. **72 E5**
Piesseville, WA **148 D3**
Pigeon Hole, NT **167 D3**
Pigeon Ponds, Vic. **74 C6**
Pikedale, QLD **109 H5**
Pillana, SA **130 B1**
Pillar Valley, NSW **45 H4**
Pilliga, NSW **44 B4**
Pillinger (ruins), Tas. **189 C3**
Pimba, SA **128 D3**
Pimbaacia, SA **127 J4**

Pimbee, WA **146 B1**
Pimpara Lake, NSW **41 D4**
Pimpinio, Vic. **74 D4**
*Pincally, NSW **41 D4***
Pindabunna, WA **146 E5**
Pindar, WA **146 C4**
*Pindera Downs, NSW **41 E3***
Pine Camp, NSW **46 B5**
Pine Clump, NSW **48 C1**
Pine Creek, NT **164 E4**
*Pine Creek, SA **129 G5***
Pine Gap, NT **174 D2**
Pine Grove, Vic. **75 K3**
*Pine Hill, NT **171 G5***
Pine Hill, QLD **104 D5**
Pine Lodge, Vic. **76 C3**
*Pine Point, NSW **46 B3***
Pine Point, SA **130 E1**
*Pine Ridge, NSW **41 C5***
*Pine Ridge, NSW **47 H2***
*Pine Ridge, NSW **47 J3***
Pine Ridge, NSW **49 G1**
*Pine Valley, SA **129 H6***
*Pine View, NSW **41 C5***
*Pine View, NSW **48 C2***
Pinegrove, WA **146 C3**
Piney Range, NSW **48 C5**
*Pingandy, WA **144 E5***
Pingaring, WA **149 F3**
Pingelly, WA **148 D2**
Pingrup, WA **149 F4**
*Pingine, QLD **107 J3***
Pinjarra, WA **148 B2**
*Pinjin, WA **147 J5***
*Pinkilla, QLD **107 H3***
*Pinnacles, QLD **101 G2***
*Pinnacles, WA **147 G4***
Pinnaroo, SA **131 J2**
Pintharuka, WA **146 C4**
Pioneer, QLD **104 D1**
Pioneer, Tas. **187 H2**
Piora, NSW **45 H2**
Pipalyatjara, SA **122 B1**
Pipers Brook, Tas. **186 E2**
Pipers River, Tas. **186 E2**
Piries, Vic. **76 D5**
Pirita, Vic. **72 D3**
Pirlangimpi, NT **164 C1**
Pirron Yallock, Vic. **79 G4**
Pitfield, Vic. **79 H2**
Pithara, WA **146 D6**
*Pitherty, QLD **107 J5***
Pittong, Vic. **79 H2**
Pittsworth, QLD **109 H4**
*Planet Downs, QLD **104 E6***
*Planet Downs O.S., QLD **106 E2***
Platina, NSW **48 B3**
Pleasant Hills, NSW **51 J3**
Plenty, Tas. **190 E3**
*Plevna Downs, QLD **107 F3***
Plumbago, SA **129 H4**
Pmara Jutunta, NT **171 G5**
Poatina, Tas. **186 E5**
Point Cook, Vic. **80 A2**
Point Lonsdale, Vic. **80 A3**
Point Lookout, QLD **109 K4**
Point Samson, WA **144 D2**
Pokataroo, NSW **44 A3**
Poldinna, SA **128 B5**
*Polelle, WA **147 F2***
Polhill (ruins), NT **174 E3**
Police Point, Tas. **190 E5**
Policemans Point, SA **131 G3**
*Pollygammon, QLD **102 D4***

*Polocara, NSW **42 D5***
Pomborneit, Vic. **79 G3**
Pomborneit North, Vic. **79 G3**
Pomona, QLD **109 J3**
Pomonal, Vic. **74 E5**
*Pondana, WA **151 F3***
Pontville, Tas. **191 F2**
Pontypool, Tas. **191 H1**
*Pony Hills, QLD **109 F2***
Poochera, SA **127 K5**
Poolajeilo, Vic. **74 B6**
Poole, Tas. **188 D6**
Pooncarie, NSW **46 D4**
Poonindie, SA **130 C1**
Pootilla, Vic. **79 J1**
Pootnoura, SA **123 J4**
Poowong, Vic. **80 D4**
Popanyinning, WA **148 D3**
Popiltah, NSW **46 C4**
Popio, NSW **46 C4**
Porepunkah, Vic. **77 F4**
Pormpuraaw, QLD **100 E1**
Porongurup, WA **148 E6**
Port Albert, Vic. **81 F4**
Port Alma, QLD **105 G5**
Port Arthur, Tas. **191 H4**
Port Augusta, SA **128 E4**
Port Bonython, SA **128 E5**
Port Broughton, SA **128 E6**
Port Campbell, Vic. **79 G4**
Port Clinton, SA **130 E1**
Port Davis, SA **128 E5**
Port Denison, WA **146 C5**
Port Douglas, QLD **101 J3**
Port Elliot, SA **131 F3**
Port Fairy, Vic. **78 E4**
Port Franklin, Vic. **80 E4**
Port Germein, SA **128 E5**
Port Gibbon, SA **128 D6**
Port Hedland, WA **145 F2**
Port Huon, Tas. **190 E4**
Port Julia, SA **130 E1**
Port Kembla, NSW **49 G6**
Port Kenny, SA **127 J5**
Port Latta, Tas. **185 D3**
Port Le Hunt, SA **127 G4**
Port Lincoln, SA **130 C1**
Port MacDonnell, SA **131 H6**
Port Macquarie, NSW **49 K1**
Port Neill, SA **128 C6**
Port Pirie, SA **128 E5**
Port Rickaby, SA **130 E1**
Port Roper, NT **166 A6**
Port Sorell, Tas. **186 C2**
Port Victoria, SA **130 E1**
Port Vincent, SA **130 E2**
Port Wakefield, SA **130 E1**
Port Welshpool, Vic. **80 E4**
Portarlington, Vic. **80 A3**
Porters Retreat, NSW **48 E5**
Portland, NSW **49 F4**
Portland, Vic. **78 C4**
*Portland Downs, QLD **103 H5***
Portland Roads, QLD **99 C4**
Portsea, Vic. **80 A3**
Potato Point, NSW **52 D4**
Pottsville Beach, NSW **45 J1**
*Powell Creek, NT **168 D5***
Powelltown, Vic. **80 C2**
Powers Creek, Vic. **74 B6**
Prairie, QLD **103 H2**
*Prairie, QLD **107 H4***
Prairie, Vic. **75 J3**
*Prairie Downs, WA **145 F5***

Prattenville, NSW **43 F4**
Pratts, NSW **43 H3**
Premaydena, Tas. **191 H4**
Premer, NSW **49 F1**
Premier Downs, WA **153 B6**
Prenti Downs, WA **147 J2**
Preolenna, Tas. **185 D4**
Preston, Tas. **186 B2**
Preston Beach, WA **148 B3**
Prevelly, WA **148 A5**
Price, SA **130 E1**
Primrose Sands, Tas. **191 G3**
Princetown, Vic. **79 G5**
Princhester, QLD **105 G4**
Priory, Tas. **187 J2**
Promised Land, Tas. **186 B3**
Prooinga, Vic. **73 F4**
Proserpine, QLD **104 E2**
Prospect, QLD **100 E5**
Proston, QLD **109 H3**
Prungle, NSW **46 E6**
Pucawan, NSW **51 K1**
Puckapunyal, Vic. **76 B5**
Puggoon, NSW **48 E3**
Pukatja (Ernabella), SA **123 F1**
Pulchra, NSW **42 A5**
Pulgamurtie, NSW **41 E4**
Pull Pulla, NSW **42 E6**
Pullabooka, NSW **48 B5**
Pullagaroo, WA **146 E4**
Pullut, Vic. **74 D2**
Pungalina, NT **169 J3**
Punjaub, QLD **100 B4**
Punmu, WA **145 K4**
Puntabie, SA **127 J4**
Pura Pura, Vic. **79 G2**
Puralka, Vic. **78 B2**
Purbrook, QLD **108 E1**
Purfleet, NSW **49 K2**
Purlewaugh, NSW **44 C6**
Purnamoota, NSW **46 B2**
Purnango, NSW **42 B4**
Purnawilla, NSW **46 E1**
Purnim, Vic. **79 F3**
Purnong, SA **131 G2**
Purple Downs, SA **128 D2**
Puta Puta, NT **173 B4**
Putaputa, SA **122 B1**
Puttapa, SA **129 F2**
Putty, NSW **49 G4**
Pyalong, Vic. **76 A5**
Pyengana, Tas. **187 H2**
Pygery, SA **128 B5**
Pymurra, QLD **102 D2**
Pyramid, WA **144 E3**
Pyramid Hill, Vic. **75 J2**

Q

Quaama, NSW **52 D5**
Quairading, WA **148 D1**
Quambatook, Vic. **75 H2**
Quambetook, QLD **103 F3**
Quambone, NSW **43 J5**
Quamby, NSW **47 F3**
Quamby, QLD **102 D2**
Quamby Brook, Tas. **186 D4**
Quandary, NSW **51 K1**
Quandialla, NSW **48 B5**
Quandong Vale, SA **129 H5**
Quarrells, QLD **103 F2**
Quarry Hill, NSW **46 C2**
Quartz Hill, NT **175 F1**

Queanbeyan, NSW **52 C3**
Queenscliff, Vic. **80 A3**
Queenstown, Tas. **189 C2**
Questa Park, NSW **42 B4**
Quilberry, QLD **108 C4**
Quilpie, QLD **107 H3**
Quinalow, QLD **109 H4**
Quindanning, WA **148 C3**
Quinninup, WA **148 C5**
Quinns Rock, WA **148 B1**
Quirindi, NSW **49 G1**
Quobba, WA **144 A6**
Quondong, NSW **46 C3**
Quorn, SA **128 E4**

R

Rabbit Flat Roadhouse, NT **170 C2**
Raglan, QLD **105 G5**
Raglan, Vic. **75 G6**
Railton, Tas. **186 C3**
Rainbow, Vic. **74 D2**
Rainbow Beach, QLD **109 K3**
Raleigh, NSW **45 H5**
Raminea, Tas. **190 E5**
Ramingining, NT **165 J2**
Ranceby, Vic. **80 D4**
Rand, NSW **51 J3**
Ranelagh, Tas. **190 E4**
Ranga, Tas. **188 D3**
Rangers Valley, QLD **104 B4**
Ranges Valley, QLD **102 E3**
Ranken, NT **172 D2**
Rankins Springs, NSW **47 J5**
Rannes, QLD **105 G5**
Rapid Bay, SA **130 E3**
Rappville, NSW **45 H2**
Rata, NSW **47 F5**
Rathdowney, QLD **109 J5**
Rathgar, NSW **42 D2**
Rathscar, Vic. **75 H5**
Ravenshoe, QLD **101 J4**
Ravensthorpe, WA **149 H4**
Ravenswood, QLD **104 C1**
Ravenswood, Vic. **75 J5**
Ravenswood, WA **148 B2**
Ravensworth, NSW **49 G3**
Ravensworth, NSW **51 F2**
Rawlinna, WA **153 A6**
Rawlinna, WA **153 A6**
Rawson, Vic. **80 E3**
Ray, QLD **107 H3**
Raymond Terrace, NSW **49 H3**
Raywood, Vic. **75 J4**
Reaka, NSW **46 D5**
Red Bluff, Vic. **77 G3**
Red Cap Creek, Vic. **78 B1**
Red Cliffs, Vic. **72 D3**
Red Hill, WA **144 C4**
Red Hills, Tas. **186 C3**
Red Mountain, QLD **104 E3**
Red Range, NSW **45 F3**
Red Rock, NSW **45 H4**
Redan, NSW **46 B3**
Redbank, QLD **109 G2**
Redbank, Vic. **75 G5**
Redcliffe, QLD **105 F6**
Redcliffe, QLD **109 J4**
Redcliffe, SA **129 G6**
Redesdale, Vic. **75 K5**
Redford, QLD **108 D2**
Redhill, SA **128 E6**
Redmond, WA **148 E6**

Redpa, Tas. **185 B3**
Redrock, QLD **104 D4**
Reedy Corner, NSW **48 B1**
Reedy Creek, SA **131 H5**
Reedy Creek, Vic. **76 B5**
Reedy Dam, Vic. **74 E2**
Reedy Marsh, Tas. **186 D3**
Reedy Spring, QLD **103 H1**
Reefton, NSW **48 B6**
Reekara, Tas. **184 A2**
Regatta Point, Tas. **189 B2**
Reid River, QLD **101 K6**
Reids Flat, NSW **48 D6**
Rekuna, Tas. **191 G2**
Relbia, Tas. **187 F3**
Remington, NSW **43 J3**
Remlap, WA **146 E5**
Renison Bell, Tas. **189 B1**
Renmark, SA **131 J1**
Renmark North, SA **131 J1**
Renner Springs Roadhouse, NT **168 D5**
Rennie, NSW **51 H3**
Reola, NSW **42 B4**
Retreat, NSW **44 E5**
Retreat, NSW **47 F4**
Retreat, QLD **107 G2**
Retreat, Tas. **186 E2**
Retro, QLD **104 D4**
Reynolds Neck, Tas. **186 D5**
Rheban, Tas. **191 H2**
Rheola, Vic. **75 H4**
Rhyll, Vic. **80 B4**
Rhyndaston, Tas. **191 G1**
Riana, Tas. **186 A2**
Rich Avon, Vic. **75 F4**
Richmond, QLD **103 G2**
Richmond, Tas. **191 G3**
Richmond Hill, Tas. **186 D2**
Riddells Creek, Vic. **80 A1**
Ridgelands, QLD **105 G5**
Ridgelands, QLD **108 E2**
Ridgley, Tas. **186 A2**
Rifle Creek, QLD **102 C2**
Ringarooma, Tas. **187 G2**
Ringwood, NT **175 F2**
Ringwood, Vic. **80 B2**
Ripponhurst, Vic. **78 D3**
Risdon Vale, Tas. **191 F3**
River Heads, QLD **109 J2**
Riveren, NT **167 C5**
Riverina, WA **147 G5**
Riverside, NSW **46 E2**
Riverside, QLD **104 D6**
Riverside Mine, QLD **104 D3**
Riversleigh Fossil Field, QLD **100 B5**
Riverton, SA **131 F1**
Roach, NSW **51 J2**
Robe, SA **131 G5**
Roberts Point, Tas. **191 F4**
Robertson, NSW **52 E2**
Robertson Range, WA **145 H5**
Robin Hood, QLD **101 G5**
Robinson River, NT **169 J3**
Robinvale, Vic. **73 F3**
Rocherlea, Tas. **186 E3**
Rochester, Vic. **76 A3**
Rochford, Vic. **76 A6**
Rock Flat, NSW **52 C4**
Rockbank, Vic. **80 A2**
Rockhampton, QLD **105 G5**
Rockhampton Downs, NT **169 F6**
Rockingham, WA **148 B2**
Rocklands, QLD **102 B1**

Rocklea, WA **144 E4**
Rockley, NSW **48 E5**
Rockvale, QLD **103 F2**
Rockview, NSW **51 K2**
Rockwood, QLD **103 H3**
Rocky Cape, Tas. **185 D3**
Rocky Cape Beach, Tas. **185 D3**
Rocky Glen, NSW **42 E5**
Rocky Glen, NSW **44 C6**
Rocky Gully, WA **148 D5**
Rocky River, NSW **45 F5**
Rocky River, SA **130 D3**
Rodinga (ruins), NT **174 E3**
Rodney Downs, QLD **103 J4**
Roebourne, WA **144 D3**
Roebuck Roadhouse, WA **142 C5**
Roger River, Tas. **185 C3**
Roger River West, Tas. **185 B3**
Rokeby, Tas. **191 G3**
Rokeby, Vic. **80 D3**
Rokewood, Vic. **79 H2**
Roland, Tas. **186 B3**
Rollands Plains, NSW **49 K1**
Rolleston, QLD **104 E6**
Rollingstone, QLD **101 K5**
Roma, QLD **108 E3**
Romani, NSW **47 J3**
Romsey, Vic. **76 A6**
Ronlow Park, QLD **104 B3**
Rookwood, QLD **101 H3**
Roopena, SA **128 E5**
Roper Bar, NT **165 J6**
Roper Valley, NT **165 H6**
Rosalind Park, NSW **47 F5**
Roseberry, Vic. **74 E2**
Roseberth, QLD **106 D2**
Rosebery, Tas. **189 C1**
Rosebrook, Vic. **78 E4**
Rosebud, Vic. **80 A4**
Rosedale, QLD **109 H1**
Rosedale, Vic. **81 F3**
Rosegarland, Tas. **190 E2**
Rosella Plains, QLD **101 H4**
Roses Tier, Tas. **187 G3**
Rosevale, QLD **103 F3**
Rosevale, Tas. **186 E3**
Rosevears, Tas. **186 E3**
Rosewhite, Vic. **77 F4**
Rosewood, NSW **52 A3**
Rosewood, NT **167 A3**
Rosewood, QLD **109 J4**
Roslyn, NSW **52 D1**
Roslynmead, Vic. **75 K2**
Ross, Tas. **187 F5**
Ross Creek, Vic. **79 H2**
Ross River, NT **174 E2**
Rossarden, Tas. **187 G4**
Rossbridge, Vic. **79 F1**
Rosscommon, QLD **43 H3**
Rosslyn, QLD **109 H2**
Rossmoya, QLD **105 G4**
Rossville, QLD **101 H2**
Rostella, NSW **43 F2**
Rostron, Vic. **75 G4**
Roto, NSW **47 H4**
Round Plain, NSW **46 E5**
Rowella, Tas. **186 E2**
Rowena, NSW **44 B3**
Rowsley, Vic. **79 K2**
Roxborough Downs, QLD **102 C4**
Roxburgh, NSW **49 G3**
Roxby Downs, SA **128 D2**
Roxby Downs, SA **128 D2**
Roy Hill, WA **145 G4**

Royal George, Tas. **187 H5**
Royalla, ACT **29 C4**
Royles, QLD **105 F4**
Rubicon, Vic. **76 D6**
Ruby Plains, WA **143 H5**
Rubyvale, QLD **104 D5**
Rudall, SA **128 C6**
Ruffy, Vic. **76 C5**
Rufus River, NSW **46 B6**
Rugby, NSW **52 C1**
Rum Jungle, NT **164 D3**
Rumbalara (ruins), NT **174 E4**
Running Creek, Vic. **77 G4**
Running Stream, NSW **49 F4**
Runnymede, QLD **103 F2**
Runnymede, QLD **108 D5**
Runnymede, Tas. **191 G2**
Runnymede, Vic. **76 A4**
Rupanyup, Vic. **74 E4**
Rushworth, Vic. **76 B4**
Rushy Lagoon, Tas. **188 C6**
Russells, NSW **42 D6**
Rutchillo, QLD **102 E2**
Rutherglen, Vic. **76 E2**
Ruthven, QLD **103 H6**
Rutland Plains, QLD **100 E2**
Rye, Vic. **80 A4**
Rye Park, NSW **52 C1**
Rylstone, NSW **49 F3**
Rywung, QLD **109 G3**

S

Saddleworth, SA **131 F1**
St Albands, QLD **104 E3**
St Albans, NSW **49 G4**
St Andrews, Vic. **80 B2**
St Arnaud, Vic. **75 G4**
St Arnaud East, Vic. **75 G4**
St Evins, Vic. **74 C5**
St Fillans, Vic. **80 C1**
St George, QLD **108 E5**
St Germains, Vic. **76 B3**
St Helens, Tas. **187 J3**
St Helens Plains, Vic. **74 E4**
St James, Vic. **76 D3**
St Kilda, Vic. **80 B2**
St Lawrence, QLD **105 F4**
St Leonards, Tas. **187 F3**
St Leonards, Vic. **80 A3**
St Marys, Tas. **187 J4**
St Patricks River, Tas. **187 F3**
St Pauls, QLD **99 B1**
Sale, Vic. **81 G3**
Salisbury, NSW **49 H3**
Salisbury, Vic. **74 C3**
Salisbury Downs, NSW **42 A4**
Salisbury West, Vic. **75 H4**
Salmon Gums, WA **149 K3**
Salt Creek, SA **131 G3**
Saltern, QLD **103 J5**
Saltwater River, Tas. **191 H4**
Samaria, Vic. **76 D4**
Samford, QLD **109 J4**
San Marino, SA **123 J4**
San Remo, Vic. **80 C4**
Sandalwood, SA **131 H2**
Sandfire Roadhouse, WA **145 H2**
Sandfly, Tas. **191 F4**
Sandford, Tas. **191 G3**
Sandford, Vic. **78 C2**
Sandhill Lake, Vic. **75 H1**
Sandigo, NSW **51 J2**

Sandilands, SA **130 E1**
Sandon, NSW **45 J3**
Sandon, Vic. **75 J5**
Sandringham, QLD **102 C5**
Sandringham, Vic. **80 B3**
Sandsmere, Vic. **74 B3**
Sandstone, WA **147 F3**
Sandy Camp, NSW **43 J5**
Sandy Creek, Vic. **77 G3**
Sandy Flat, NSW **45 G3**
Sandy Hollow, NSW **49 G3**
Sandy Point, Vic. **80 D5**
Sangar, NSW **51 H3**
Sanpah, NSW **41 C5**
Santa Teresa, NT **174 E3**
Santos, QLD **106 E5**
Sapphire, QLD **104 D5**
Sapphire Beach, NSW **45 H4**
Saraji Mine, QLD **104 E4**
Sarina, QLD **105 F3**
Sarina Beach, QLD **105 F3**
Sarsfield, Vic. **81 H2**
Sassafras, NSW **52 E2**
Sassafras, Tas. **186 C2**
Saunders Beach, QLD **101 K5**
Savage River, Tas. **185 C5**
Savannah Downs, QLD **100 E6**
Savernake, NSW **51 H3**
Sawtell, NSW **45 H4**
Saxby Downs, QLD **103 F1**
Sayers Lake, NSW **46 E3**
Scamander, Tas. **187 J3**
Scarsdale, Vic. **79 H2**
Scartwater, QLD **104 C2**
Sceale Bay, SA **127 J5**
Scone, NSW **49 G2**
Scotchtown, Tas. **185 C3**
Scotsburn, Vic. **79 J2**
Scott Creek, NT **164 E6**
Scotts Creek, Vic. **79 G4**
Scotts Head, NSW **45 H5**
Scottsdale, Tas. **187 G2**
Sea Elephant, Tas. **184 B2**
Sea Lake, Vic. **73 F6**
Seabrook, Tas. **185 E3**
Seacombe, Vic. **81 G3**
Seaforth, QLD **105 F2**
Seal Rocks, NSW **49 K3**
Seaspray, Vic. **81 G4**
Seaton, Vic. **81 F2**
Sebastian, Vic. **75 J4**
Sebastopol, NSW **51 K1**
Sedan, SA **131 G1**
Sedan Dip, QLD **102 E1**
Sedgeford, QLD **104 C5**
Sedgwick, Vic. **75 J5**
Seemore Downs, WA **153 A6**
Seisia, QLD **99 B2**
Selbourne, Tas. **186 D3**
Sellheim, QLD **104 C1**
Selwyn, QLD **102 D3**
Serpentine, Vic. **75 J3**
Serpentine, WA **148 B2**
Serviceton, Vic. **74 B3**
Sesbania, QLD **103 G3**
Seven Emu, NT **169 J3**
Seven Mile Beach, Tas. **191 G3**
Seventeen Seventy, QLD **105 H6**
Seville, Vic. **80 C2**
Seymour, Tas. **187 J4**
Seymour, Vic. **76 B5**
Shackleton, WA **148 E1**
Shadforth, NSW **48 E4**
Shamrock, WA **142 C5**

Shannon, Tas. **186 D6**
Shannons Flat, NSW **52 C4**
Sheans Creek, Vic. **76 C4**
Shearwater, Tas. **186 C2**
Sheep Hills, Vic. **74 E3**
Sheffield, Tas. **186 C3**
Shelbourne, Vic. **75 J4**
Shelburne, QLD **99 B3**
Shelford, Vic. **79 J3**
Shelley, Vic. **77 H3**
Shellharbour, NSW **49 G6**
Shelly Beach, Tas. **191 H2**
Shenandoah, NT **168 D3**
Shepherds, NSW **51 K2**
Shepparton, Vic. **76 C3**
Sheringa, SA **128 B6**
Sherlock, SA **131 G2**
Sherlock, WA **144 E3**
Sherwood, NSW **45 G6**
Sherwood Park, QLD **107 J2**
Shoalhaven Heads, NSW **52 E2**
Shoreham, Vic. **80 B4**
Shute Harbour, QLD **104 E2**
Shuttleton, NSW **47 J2**
Shuttleworth, QLD **104 C4**
Siam, SA **128 D4**
Sidmouth, Tas. **186 D2**
Silkwood, QLD **101 J4**
Silver Plains, QLD **99 C5**
Silverton, NSW **46 B2**
Simmie, Vic. **76 A3**
Simpson, Vic. **79 G4**
Simpsons Bay, Tas. **191 F5**
Singleton, NSW **49 H3**
Singleton, NT **171 H3**
Singleton, WA **148 B2**
Sisters Beach, Tas. **185 D3**
Sisters Creek, Tas. **185 D3**
Skenes Creek, Vic. **79 H5**
Skipton, Vic. **79 G2**
Skye, QLD **104 C6**
Slade Point, QLD **105 F2**
Slashes Creek, QLD **102 D4**
Slaty Creek, Vic. **75 G4**
Sloane, Vic. **76 D2**
Smeaton, Vic. **75 J6**
Smiggin Holes, NSW **52 B4**
Smithfield, QLD **101 J3**
Smithton, Tas. **185 C3**
Smithtown, NSW **45 H6**
Smithville, SA **131 H2**
Smithville House, NSW **41 C4**
Smokers Bank, Tas. **185 C3**
Smoko, Vic. **77 G4**
Smoky Bay, SA **127 H4**
Smythesdale, Vic. **79 H2**
Snake Valley, Vic. **79 H2**
Snobs Creek, Vic. **76 D6**
Snowtown, SA **128 E6**
Snug, Tas. **191 F4**
Sofala, NSW **48 E4**
Somerby, QLD **104 E5**
Somers, Vic. **80 B4**
Somerset, QLD **99 B2**
Somerset, Tas. **186 A1**
Somerton, NSW **44 D5**
Somerville, Vic. **80 B3**
Sommariva, QLD **108 C3**
Sorell, Tas. **191 G3**
Sorell Creek, Tas. **191 F3**
Sorrento, Vic. **80 A4**
Soudan, NT **172 D2**
South Arm, Tas. **191 G4**
South Blackwater Mine, QLD **104 E5**

South Forest, Tas. **185 C3**
South Franklin, Tas. **190 E4**
South Galway, QLD **107 F2**
South Gap, SA **128 E3**
South Grafton, NSW **45 H3**
South Hedland, WA **145 F2**
South Ita, NSW **46 B4**
South Johnstone, QLD **101 J4**
South Kilkerran, SA **130 E1**
South Kolan, QLD **109 J2**
South Kumminin, WA **149 F2**
South Mission Beach, QLD **101 J4**
South Nietta, Tas. **186 B3**
South Preston, Tas. **186 B3**
South Riana, Tas. **186 A2**
South Springfield, Tas. **187 G2**
South West Rocks, NSW **45 H5**
Southend, SA **131 H6**
Southern Brook, WA **148 D1**
Southern Cross, QLD **104 C1**
Southern Cross, WA **147 F6**
Southern Hills, WA **150 D4**
Southport, Tas. **190 E5**
Spalding, SA **129 F6**
Spalford, Tas. **186 B2**
Spargo Creek, Vic. **79 J1**
Speed, Vic. **72 E5**
Speewa, Vic. **73 G5**
Sphinx, QLD **104 D2**
Spirit Hills, NT **167 A1**
Split Rock, QLD **102 B1**
Spoonbill, QLD **102 E1**
Sprent, Tas. **186 B2**
Spreyton, Tas. **186 C3**
Spring Beach, Tas. **191 H2**
Spring Creek, NT **169 H3**
Spring Creek, QLD **101 H5**
Spring Creek, QLD **101 J6**
Spring Creek, WA **143 K4**
Spring Hill, NSW **48 D4**
Spring Hill, NT **164 E4**
Spring Hill, WA **148 C1**
Spring Ridge, NSW **49 F1**
Springdale, NSW **52 A1**
Springfield, QLD **101 H4**
Springfield, QLD **108 E3**
Springfield, Tas. **187 G2**
Springhill Bottom, Tas. **191 F2**
Springhurst, Vic. **76 E3**
Springsure, QLD **104 E5**
Springton, SA **131 G2**
Springvale, QLD **101 H2**
Springvale, QLD **102 D5**
Springvale, QLD **104 C4**
Springvale, WA **143 H5**
Springwood, NSW **49 G5**
Springwood, QLD **104 E6**
Squeaking Point, Tas. **186 C2**
Staceys Bridge, Vic. **77 H3**
Staghorn Flat, Vic. **77 F3**
Stamford, QLD **103 H3**
Stanage, QLD **105 G3**
Stanbridge, NSW **47 F5**
Stanbroke, QLD **102 C3**
Stanhope, Vic. **76 B3**
Stanifords, NSW **47 J3**
Stanley, Tas. **185 C2**
Stanley, Vic. **77 F3**
Stannifer, NSW **44 E4**
Stannum, NSW **45 F3**
Stansbury, SA **130 E2**
Stanthorpe, QLD **109 H5**
Stanwell, QLD **105 G5**
Starcke, QLD **101 H1**

Staughton Vale, Vic. **79 J2**
Staverton, Tas. **186 B3**
Stawell, Vic. **75 F5**
Steiglitz, Vic. **79 J2**
Steinbrook, NSW **45 G2**
Stenhouse Bay, SA **130 D2**
Stephens Creek, NSW **46 B2**
Steppes, Tas. **186 D6**
Stieglitz, Tas. **187 J3**
Stirling, NT **171 H5**
Stirling, QLD **100 E3**
Stirling, QLD **104 B5**
Stirling, QLD **108 E3**
Stirling North, SA **128 E4**
Stockinbingal, NSW **52 A1**
Stockmans Reward, Vic. **80 D1**
Stokes Bay, SA **130 D3**
Stonehenge, QLD **103 G6**
Stonehenge, Tas. **191 G1**
Stoneleigh, Vic. **79 G2**
Stoneyford, Vic. **79 G4**
Stonor, Tas. **191 G1**
Stony Crossing, NSW **50 E2**
Stormlea, Tas. **191 H4**
Storys Creek, Tas. **187 G4**
Stowport, Tas. **186 A2**
Stradbroke, Vic. **81 F3**
Strahan, Tas. **189 B2**
Strangways Bore (ruins), SA **124 D5**
Stratford, NSW **49 J2**
Stratford, Vic. **81 G3**
Strath Creek, Vic. **76 B5**
Strathalbyn, SA **131 F2**
Stratham, Vic. **148 B4**
Strathaven, QLD **101 F1**
Strathblane, Tas. **190 E5**
Strathbogie, NSW **45 F3**
Strathbogie, Vic. **76 C4**
Strathburn, QLD **99 C6**
Strathdownie, Vic. **78 B2**
Strathearn, SA **129 H3**
Strathelbiss, QLD **102 D4**
Strathfield, QLD **102 E3**
Strathfieldsaye, Vic. **75 K4**
Strathgordon, QLD **99 B6**
Strathgordon, Tas. **190 B3**
Strathkellar, Vic. **78 D2**
Strathleven, QLD **101 F2**
Strathmay, QLD **99 C6**
Strathmay, QLD **101 F1**
Strathmerton, Vic. **76 C2**
Strathmore, QLD **101 F4**
Strathmore, QLD **104 D2**
Strathpark, QLD **101 F6**
Strathpine, QLD **109 J4**
Stratton, Vic. **72 E5**
Streaky Bay, SA **127 J5**
Streatham, Vic. **79 G2**
Strelley, WA **145 F2**
Strickland, Tas. **190 D1**
Stroud, NSW **49 J3**
Stroud Road, NSW **49 J3**
Struan, SA **131 H5**
Strzelecki, Vic. **80 D4**
Stuart Creek, SA **124 D6**
Stuart Mill, Vic. **75 G4**
Stuart Town, NSW **48 D3**
Stuarts Point, NSW **45 H5**
Stuarts Well Roadhouse, NT **174 D3**
Sturt Creek, WA **152 E1**
Sturt Meadows, WA **147 H4**
Sturt Vale, SA **129 H5**
Sturts Meadows, NSW **46 B1**
Sudley, QLD **99 B4**

Suffolk Park, NSW **45 J2**
Suggan Buggan, Vic. **77 K5**
Sujeewong, QLD **109 G2**
Sullivan, WA **146 C4**
Sulphur Creek, Tas. **186 B2**
Summerfield, Vic. **75 J4**
Summervale, QLD **108 B1**
Sunbury, Vic. **80 A1**
Sunday Creek, NT **168 C2**
Sunnyside, Tas. **186 C3**
Sunnyside, Vic. **77 H4**
Sunset Strip, NSW **46 C3**
Sunshine, Vic. **80 A2**
Supplejack Downs, NT **170 C1**
Surat, QLD **109 F4**
Surbiton, QLD **104 C4**
Surfers Paradise, QLD **109 K5**
Surges Bay, Tas. **190 E5**
Surveyors Bay, Tas. **190 E5**
Surveyors Lake, NSW **46 E3**
Sussex, NSW **43 G6**
Sussex Inlet, NSW **52 E2**
Sutherland, Vic. **75 G4**
Sutherlands, SA **131 G1**
Sutton, NSW **52 C2**
Sutton, Vic. **75 F2**
Sutton Forest, NSW **52 E1**
Sutton Grange, Vic. **75 K5**
Swan Hill, Vic. **73 H5**
Swan Marsh, Vic. **79 G4**
Swan Reach, SA **131 G1**
Swan Reach, Vic. **81 H2**
Swanpool, Vic. **76 D4**
Swansea, Vic. **49 H4**
Swansea, Tas. **187 H6**
Swanwater, Vic. **75 G4**
Swifts Creek, Vic. **77 H6**
Swim Creek Plains, NT **164 E3**
Sydenham, Vic. **80 A2**
Sydney, NSW **49 H5**
Sylvania, WA **145 G5**

T

Tabba Tabba, WA **145 F3**
Tabberabbera, Vic. **81 G1**
Tabbita, NSW **47 J6**
Tabletop, QLD **100 E4**
Tabourie Lake, NSW **52 E3**
Tabratong, NSW **48 B2**
Tabulam, NSW **45 G2**
Taggerty, Vic. **76 C6**
Tahara, Vic. **78 C2**
Tailem Bend, SA **131 G2**
Takone, Tas. **185 E4**
Takone West, Tas. **185 D4**
Takura, QLD **109 J2**
Talavera, QLD **104 B1**
Talawa, Tas. **187 G2**
Talawanta, QLD **100 C5**
Talbingo, NSW **52 B3**
Talbot, Vic. **75 H5**
Taldora, QLD **100 D5**
Taldra, SA **131 J1**
Taleeban, NSW **47 K5**
Talgarno, Vic. **77 G2**
Talia, SA **127 K5**
Talisker, WA **146 C2**
Tallageira, Vic. **74 B5**
Tallalara, NSW **42 C5**
Tallandoon, Vic. **77 G3**
Tallangatta, Vic. **77 G3**
Tallangatta Valley, Vic. **77 G3**
Tallarook, Vic. **76 B5**

Tallawang, NSW **48 E2**
Tallebung, NSW **47 K3**
Tallering, WA **146 C4**
Tallimba, NSW **48 A5**
Tallygaroopna, Vic. **76 C3**
Talmalmo, NSW **51 K4**
Talwood, QLD **109 F5**
Talyealye, NSW **42 D2**
Tamala, WA **146 A2**
Tambar Springs, NSW **49 F1**
Tambellup, WA **148 E5**
Tambo, QLD **108 C1**
Tambo Crossing, Vic. **81 H1**
Tambo Upper, Vic. **81 H2**
Tamboon, Vic. **82 B5**
Tamborine, QLD **109 J5**
Tambua, NSW **47 H1**
Tamleugh, Vic. **76 C4**
Tamleugh North, Vic. **76 C3**
Tammin, WA **148 E1**
Tampa, WA **147 H4**
Tamworth, NSW **44 E6**
Tamworth, QLD **103 H2**
Tanami Downs, NT **170 B3**
Tanbar, QLD **107 F2**
Tandarra, Vic. **75 J3**
Tandau, NSW **46 C3**
Tanderra, QLD **108 D1**
Tangadee, WA **145 F6**
Tangambalanga, Vic. **77 G3**
Tangorin, QLD **103 H3**
Tanina, Tas. **190 E2**
Tanja, NSW **52 D5**
Tanjil Bren, Vic. **80 D2**
Tanjil South, Vic. **80 E3**
Tankarooka, NSW **42 D6**
Tankerton, Vic. **80 B4**
Tannum Sands, QLD **105 H5**
Tantanoola, SA **131 H6**
Tanumbirini, NT **169 F3**
Tanunda, SA **131 F1**
Tanwood, Vic. **75 G5**
Tanybryn, Vic. **79 H4**
Taplan, SA **131 J1**
Tara, NSW **42 D5**
Tara, NSW **47 J3**
Tara, NSW **47 J2**
Tara, NT **171 H4**
Tara, QLD **109 G4**
Taradale, Vic. **75 K5**
Tarago, NSW **52 D2**
Taragoro, SA **128 C6**
Taralga, NSW **52 D1**
Tarana, NSW **49 F5**
Taranna, Tas. **191 H4**
Tarbrax, QLD **103 F2**
Tarcombe, Vic. **76 C5**
Tarcoola, SA **127 J2**
Tarcoon, NSW **43 G4**
Tarcutta, NSW **52 A3**
Tardie, WA **146 D3**
Tardun, WA **146 C4**
Taree, NSW **49 K2**
Tarella, NSW **42 B5**
Tarella, QLD **103 J3**
Targa, Tas. **187 F2**
Tarin Rock, WA **149 F3**
Taringo Downs, NSW **47 H3**
Tariton Downs, NT **172 C6**
Tarlee, SA **131 F1**
Tarmoola, WA **147 H4**
Tarnagulla, Vic. **75 H4**
Tarnook, Vic. **76 D4**
Taroborah, QLD **104 E5**

Taroom, QLD **109 F2**
Taroon, Vic. **79 F4**
Taroona, Tas. **191 F3**
Tarpeena, SA **131 H6**
Tarragal, Vic. **78 C4**
Tarraleah, Tas. **190 C1**
Tarranginnie, Vic. **74 C3**
Tarrango, Vic. **72 C3**
Tarranyurk, Vic. **74 D3**
Tarrawingee, Vic. **76 E3**
Tarrayoukyan, Vic. **74 C6**
Tarrington, Vic. **78 D2**
Tarwin, Vic. **80 D4**
Tarwin Lower, Vic. **80 D5**
Tarwong, NSW **47 F5**
Tasman, NSW **47 G3**
Tatham, NSW **45 H2**
Tathra, NSW **52 D5**
Tatong, Vic. **76 D4**
Tatura, Vic. **76 B3**
Tatyoon, Vic. **79 F1**
Tawallah, NT **169 G2**
Tawonga, Vic. **77 G4**
Tayene, Tas. **187 F3**
Taylors Arm, NSW **45 G5**
Taylors Flat, NSW **48 D6**
Tea Gardens, NSW **49 J3**
Tea Tree, Tas. **191 F2**
Teddywaddy, Vic. **75 G3**
Teddywaddy West, Vic. **75 G3**
Teds Beach, Tas. **190 B3**
Teesdale, Vic. **79 J3**
Tego, QLD **108 C5**
Telangatuk, Vic. **74 D5**
Telegraph Point, NSW **49 K1**
Telfer Mining Centre, WA **145 J3**
Telford, Vic. **76 D2**
Telita, Tas. **187 H2**
Telopea Downs, Vic. **74 B3**
Temma, Tas. **185 A4**
Temora, NSW **51 K1**
Tempe Downs, NT **174 C3**
Tempy, Vic. **72 E5**
Tenham, QLD **107 G2**
Tennant Creek, NT **171 H2**
Tennyson, Vic. **75 K3**
Tent Hill, SA **128 E4**
Tenterden, WA **148 E5**
Tenterfield, NSW **45 G2**
Tepco, SA **129 J4**
Teralba, NSW **43 H3**
Terang, Vic. **79 F3**
Teridgerie, NSW **44 B5**
Terip Terip, Vic. **76 C5**
Terka, SA **128 E5**
Termeil, NSW **52 E3**
Terowie, SA **129 F5**
Terranyana, NSW **46 B4**
Terrick Terrick, QLD **107 J1**
Terro Creek, NSW **42 A4**
Terry Hie Hie, NSW **44 D3**
Teryawynnia, NSW **46 E2**
Teutonic, WA **147 H4**
Teviot, QLD **103 G4**
Tewantin, QLD **109 J3**
Tewkesbury, Tas. **185 E4**
Texas, QLD **104 B4**
Texas, QLD **109 H5**
Thalia, Vic. **75 F2**
Thallon, QLD **108 E5**
Thane, QLD **109 H5**
Thangoo, WA **142 C5**
Thangool, QLD **105 G6**
Tharbogang, NSW **47 J6**

Thargomindah, QLD **107 H5**
Tharwa, ACT **29 C4**
The Avenue, NSW **42 B6**
The Banca, Tas. **187 H1**
The Bluff, NSW **47 H2**
The Caves, QLD **105 G5**
The Entrance, NSW **49 H4**
The Garden, NT **174 E1**
The Gardens, Tas. **187 J2**
The Glen, Tas. **186 E2**
The Gums, QLD **109 G4**
The Gums, SA **129 G6**
The Gurdies, Vic. **80 C4**
The Heart, Vic. **81 G3**
The Lagoon, NSW **43 G4**
The Lakes, WA **148 C1**
The Lynd, QLD **101 H5**
The Lynd Junction, QLD **101 H5**
The Monument, QLD **102 D3**
The Oaks, SA **129 G5**
The Range, NSW **42 C4**
The Rock, NSW **51 K3**
The Rookery, NSW **47 J2**
The Selection, NSW **41 D5**
The Sisters, Vic. **79 F3**
The Strip, NSW **46 E2**
The Troffs, NSW **48 B3**
The Twins, SA **128 B1**
The Veldt, NSW **41 D5**
The Yanko, NSW **51 H2**
Theda, WA **143 G2**
Theebine, QLD **109 J3**
Thelangerin, NSW **47 G6**
Theldarpa, NSW **41 D3**
Theodore, QLD **109 G2**
Theresa Creek, NSW **45 H2**
Thevenard, SA **127 H4**
Thinoomba, QLD **109 J2**
Thirlestone, QLD **104 B3**
Thirlstane, Tas. **186 C2**
Thirroul, NSW **49 G6**
Thologolong, Vic. **77 G2**
Thomby, QLD **108 E4**
Thoona, Vic. **76 D3**
Thora, NSW **45 H5**
Thornleigh, QLD **103 J6**
Thornton, Vic. **76 D6**
Thorntonia, QLD **100 B6**
Thorpdale, Vic. **80 D3**
Thoura, NSW **42 D2**
Thowgla Upper, Vic. **77 J3**
Thredbo, NSW **52 B5**
Three Rivers, WA **147 F1**
Three Springs, WA **146 C5**
Three Ways Roadhouse, NT **171 H2**
Thuddungra, NSW **48 C6**
Thule, Vic. **75 K1**
Thulloo, NSW **47 K5**
Thundelarra, WA **146 D4**
Thurlga, SA **128 B4**
Thurloo Downs, NSW **42 B3**
Thurrulgoona, QLD **108 B5**
Thursday Island, QLD **99 B2**
Thyangra, QLD **107 G5**
Thylungra, QLD **107 G3**
Thyra, NSW **51 F4**
Ti Tree Roadhouse, NT **171 G5**
Tiaro, QLD **109 J2**
Tiarra, NSW **47 G3**
Tibarri, QLD **102 E2**
Tiberias, Tas. **191 F1**
Tibooburra, NSW **41 D3**
Tichborne, NSW **48 C4**
Tickera, SA **128 E6**

Ticklara, QLD **107 F5**
Tidal River, Vic. **80 E5**
Tielta, NSW **41 C5**
Tieri, QLD **104 E4**
Tieyon, SA **123 H1**
Til Til, NSW **47 F5**
Tilba Tilba, NSW **52 D4**
Tilbooroo, QLD **107 J4**
Tilcha, SA **125 J6**
Tilmouth Roadhouse, NT **171 F6**
Tilpa, NSW **42 D5**
Tilpilly, NSW **42 D6**
Tiltagara, NSW **47 G2**
Tiltagoonah, NSW **42 E6**
Tiltawirra, NSW **42 C4**
Timbarra, Vic. **77 J6**
Timber Creek, NT **167 C2**
Timbertop, Vic. **76 E5**
Timboon, Vic. **79 F4**
Timmering, Vic. **76 A3**
Timor, NSW **49 G2**
Timora, QLD **100 E4**
Tin Can Bay, QLD **109 J3**
Tinamba, Vic. **81 F3**
Tincurrin, WA **148 E3**
Tindarey, NSW **43 F6**
Tinderbox, Tas. **191 F4**
Tinderry, QLD **107 H4**
Tingha, NSW **44 E4**
Tingoora, QLD **109 H3**
Tinnenburra, QLD **108 B5**
Tintaldra, Vic. **77 J2**
Tintinara, SA **131 H3**
Tipperary, NT **164 D4**
Tiranna, QLD **108 B3**
Tirlta, NSW **41 E6**
Tirranna Roadhouse, QLD **100 B4**
Titjikala, NT **174 E3**
Tittybong, Vic. **75 G2**
Tiverton, NSW **43 H6**
Tiverton, NSW **47 K1**
Tiverton, SA **129 G5**
Tjirrkarli, WA **153 A3**
Tjukayirla Roadhouse, WA **153 A3**
Tjukurla, WA **152 E6**
Tjuninanta, NT **173 B4**
Tjuntjuntjarra, WA **153 C5**
Tobermorey, NT **172 E5**
Tobermory, QLD **107 H4**
Tocal, QLD **103 G5**
Tocal, QLD **103 G5**
Tocumwal, NSW **51 G3**
Todd River, NT **174 E2**
Todd River Downs, NT **175 F3**
Todmorden, SA **123 J3**
Togari, Tas. **185 B3**
Tolga, QLD **101 J3**
Tolmie, Vic. **76 E5**
Tom Price, WA **144 E4**
Tomahawk, Tas. **188 B6**
Tomerong, NSW **52 E2**
Tomingley, NSW **48 C3**
Tomingley West, NSW **48 C3**
Tomoo, QLD **108 D4**
Tonebridge, WA **148 D5**
Tongala, Vic. **76 B3**
Tonganah, Tas. **187 G2**
Tongio, Vic. **77 H5**
Tongy, QLD **108 D4**
Tonimbuk, Vic. **80 C3**
Tonkoro, QLD **103 F5**
Toobanna, QLD **101 J5**
Toobeah, QLD **109 F5**
Tooborac, Vic. **76 A5**

Toodyay, WA **148 C1**
Toogong, NSW **48 D4**
Toogoolawah, QLD **109 J4**
Toolakea, QLD **101 K5**
Toolamba, Vic. **76 C3**
Toolangi, Vic. **80 C1**
Toolebuc, QLD **102 E4**
Toolern Vale, Vic. **79 K2**
Tooleybuc, NSW **50 D2**
Toolibin, WA **148 E3**
Tooligie, SA **128 B6**
Toolleen, Vic. **76 A4**
Toolondo, Vic. **74 D5**
Tooloomba Creek Roadhouse, QLD **105 F4**
Tooloombilla, QLD **108 E2**
Tooma, NSW **52 A4**
Toombullup, Vic. **76 E5**
Toompine Hotel, QLD **107 H4**
Toongabbie, Vic. **81 F3**
Toopuntal, NSW **50 E1**
Toora, Vic. **80 E4**
Tooradin, Vic. **80 C3**
Toorale, NSW **42 E4**
Tooralee, NSW **47 G4**
Tooraweenah, NSW **48 D1**
Toowoomba, QLD **109 H4**
Top Hut, NSW **46 D5**
Top Springs Roadhouse, NT **168 B3**
Topar, NSW **46 C2**
Tor Downs, NSW **46 C4**
Torbanlea, QLD **109 J2**
Torbay, WA **148 E6**
Toronto, NSW **49 H4**
Torquay, Vic. **79 K4**
Torrens Creek, QLD **103 J2**
Torrington, NSW **45 F3**
Torrita, Vic. **72 D5**
Torrumbarry, Vic. **75 K2**
Torryburn, NSW **44 E5**
Torwood, QLD **101 G3**
Tottenham, NSW **48 B2**
Tottington, Vic. **75 G4**
Toukley, NSW **49 H4**
Towaninny, Vic. **75 G2**
Towaninny South, Vic. **75 G2**
Towera, WA **144 B5**
Townson, QLD **109 J5**
Townsville, QLD **101 K5**
Towong, Vic. **77 J3**
Trafalgar, Vic. **80 D3**
Tragowel, Vic. **75 J2**
Trajere, NSW **48 C5**
Trangie, NSW **48 C2**
Traralgon, Vic. **80 E3**
Traralgon South, Vic. **80 E3**
Trawalla, Vic. **79 H1**
Trawool, Vic. **76 B5**
Trayning, WA **146 E6**
Traynors Lagoon, Vic. **75 F4**
Trebonne, QLD **101 J5**
Tredega, NSW **42 E3**
Trelega, NSW **46 C5**
Trentham, Vic. **75 J6**
Tresco, Vic. **73 H6**
Trevallyn, NSW **44 D4**
Trevallyn, NSW **47 F1**
Trewalla, Vic. **78 C4**
Trewilga, NSW **48 C3**
Triabunna, Tas. **191 H2**
Trial Harbour, Tas. **189 A1**
Trida, NSW **47 G4**
Trinidad, QLD **107 H2**
Trowutta, Tas. **185 C3**

Trundle, NSW **48 B4**
Trunkey Creek, NSW **48 E5**
Truro, SA **131 G1**
Tryphinia, QLD **105 F5**
Tuan, QLD **109 J2**
Tubbut, Vic. **77 K5**
Tubbut, Vic. **82 A3**
Tucabia, NSW **45 H3**
Tuckanarra, WA **146 E3**
Tudor Park, NSW **43 J2**
Tuena, NSW **48 E5**
Tuggeranong, ACT **29 C3**
Tulendeena, Tas. **187 G2**
Tullah, Tas. **185 E6**
Tullamore, NSW **48 B3**
Tullibigeal, NSW **47 K4**
Tully, QLD **101 J4**
Tully Heads, QLD **101 J4**
Tulmur, QLD **103 F4**
Tumbar, QLD **104 C5**
Tumbarumba, NSW **52 A3**
Tumblong, NSW **52 A2**
Tumbridge, NSW **47 F4**
Tumby Bay, SA **130 C1**
Tumorrama, NSW **52 B2**
Tumut, NSW **52 A3**
Tunart, Vic. **72 B3**
Tunbridge, Tas. **187 F6**
Tundulya, NSW **42 E5**
Tungamah, Vic. **76 D3**
Tunnack, Tas. **191 G1**
Tunnel, Tas. **187 F2**
Tunney, WA **148 D5**
Turee Creek, WA **145 F5**
Turill, NSW **49 F2**
Turlee, NSW **46 E5**
Turner, WA **143 J5**
Turners Beach, Tas. **186 B2**
Turners Marsh, Tas. **186 E2**
Tuross Head, NSW **52 D4**
Turra, NSW **42 E2**
Turrawan, NSW **44 C4**
Turriff, Vic. **72 E6**
Tuttawa, NSW **43 K2**
Tutye, Vic. **72 C5**
Tweed Heads, NSW **45 J1**
Twelve Mile, NSW **46 C5**
Twin Peaks, WA **146 C3**
Twin Wells, NSW **46 B4**
Two Rivers, QLD **102 D4**
Two Rocks, WA **148 B1**
Two Wells, SA **131 F1**
Tyaak, Vic. **76 B5**
Tyabb, Vic. **80 B3**
Tyagong, NSW **48 C5**
Tyalgum, NSW **45 J1**
Tycannah, NSW **44 C3**
Tyenna, Tas. **190 D2**
Tyers, Vic. **80 E3**
Tylden, Vic. **75 K6**
Tynedale, NSW **45 H3**
Tynong, Vic. **80 C3**
Tyntynder South, Vic. **73 H5**
Tyrendarra, Vic. **78 D3**
Tyrendarra East, Vic. **78 D3**
Tyringham, NSW **45 G4**
Tyrrell Downs, Vic. **73 F5**

U

Uanda, QLD **103 J3**
Uarbry, NSW **48 E2**
Uaroo, WA **144 C4**

Ubobo, QLD **105 H6**
Ucharonidge, NT **168 E4**
Ucolta, SA **129 F5**
Uki, NSW **45 J1**
Ularunda, QLD **108 D3**
Ulkiya, SA **122 D2**
Ulladulla, NSW **52 E3**
Ullawarra, WA **144 C5**
Ullina, Vic. **75 J6**
Ulmarra, NSW **45 H3**
Ultima, Vic. **73 G6**
Ulverstone, Tas. **186 B2**
Umagico, QLD **99 B2**
Umbakumba, NT **166 D4**
Umbeara, NT **174 D5**
Umberatana, SA **129 G1**
Umpukulu, SA **122 D1**
Undera, Vic. **76 B3**
Underbool, Vic. **72 C5**
Underwood, Tas. **187 F2**
Undilla, QLD **100 B6**
Undina, QLD **102 E2**
Ungarie, NSW **48 A5**
Ungarra, SA **130 C1**
Ungo, QLD **107 H1**
Uno, SA **128 D4**
Uplands, Vic. **77 H5**
Upper Blessington, Tas. **187 G3**
Upper Castra, Tas. **186 B3**
Upper Dromedary, Tas. **191 F2**
Upper Esk, Tas. **187 G3**
Upper Horton, NSW **44 D4**
Upper Lansdowne, NSW **49 K2**
Upper Maffra West, Vic. **81 F2**
Upper Manilla, NSW **44 D5**
Upper Natone, Tas. **186 A2**
Upper Scamander, Tas. **187 J3**
Upper Stone, QLD **101 J5**
Upper Tooloom, NSW **45 G2**
Upper Woodstock, Tas. **190 E4**
Upson Downs, NSW **46 E6**
Urala, WA **144 B4**
Uralla, NSW **45 F5**
Urana, NSW **51 H3**
Urandangi, QLD **102 B3**
Urangeline East, NSW **51 J3**
Urania, SA **130 E1**
Uranquinty, NSW **51 K2**
Urapunga, NT **165 J6**
Urbenville, NSW **45 G1**
Urella Downs, NSW **42 B3**
Urisino, NSW **42 C3**
Urunga, NSW **45 H5**
Useless Loop (Saltworks), WA **146 A2**
Uteara, NSW **42 E4**
Uxbridge, Tas. **190 E3**

V

Vacy, NSW **49 H3**
Valencia Creek, Vic. **81 F2**
Valla, NSW **45 H5**
Valla Beach, NSW **45 H5**
Valley of Lagoons, QLD **101 H5**
Van Lee, QLD **101 G4**
Vandyke, QLD **104 D5**
Vanrook, QLD **100 E3**
Varley, WA **149 G3**
Vasey, Vic. **78 D1**
Vasse, WA **148 A4**
Vaughan, Vic. **75 J5**
Vaughan Springs, NT **170 D5**

Veitch, SA **131 H2**
Vena Park, QLD **100 D5**
Venus Bay, SA **127 J5**
Venus Bay, Vic. **80 D4**
Verdun Valley, QLD **103 F4**
Vergemont, QLD **103 G5**
Vermont Hill, NSW **47 K3**
Verona Sands, Tas. **191 F5**
Verran, SA **128 C6**
Vesper, Vic. **80 D2**
Victor Harbor, SA **131 F3**
Victoria River Downs, NT **167 D3**
Victoria River Roadhouse, NT **167 D2**
Victoria Settlement, NT **164 E1**
Victoria Vale, QLD **101 F5**
Victoria Valley, Tas. **190 D1**
Victoria Valley, Vic. **78 E1**
Victory Downs, NT **174 C5**
Viewmont, NSW **46 D3**
Villafranca, QLD **104 D3**
Vinifera, Vic. **73 G5**
Violet Town, Vic. **76 C4**
Violet Vale, QLD **99 C6**
Virginia, SA **131 F1**
Vite Vite, Vic. **79 G2**
Vivonne Bay, SA **130 D3**
Volo, NSW **47 F2**

W

Waaia, Vic. **76 C2**
Wabricoola, SA **129 G4**
Waddamana, Tas. **186 D6**
Waddi, NSW **51 H1**
Waddikee, SA **128 C5**
Wadeye (Port Keats), NT **164 B5**
Wadnaminga, SA **129 H4**
Wagant, Vic. **72 E4**
Wagga Wagga, NSW **51 K2**
Wagga Wagga, WA **146 D4**
Waggabundi, QLD **100 B6**
Waggarandall, Vic. **76 D3**
Wagin, WA **148 D3**
Wagon Flat, Vic. **74 B2**
Wahgunyah, Vic. **76 E2**
Wahroonga, WA **146 B1**
Wahroongah, QLD **103 H6**
Waikerie, SA **131 H1**
Waiko, NSW **47 G4**
Waikola, QLD **109 F3**
Wail, Vic. **74 D4**
Wailki, WA **146 E6**
Wairewa, Vic. **81 J2**
Wairuna, QLD **101 H4**
Waitara, QLD **104 E3**
Waitchie, Vic. **73 G5**
Waite River, NT **171 J5**
Waka, NSW **41 C3**
Wakes Lagoon, QLD **107 J2**
Wakool, NSW **51 F3**
Wal Wal, Vic. **74 E4**
Walbundrie, NSW **51 J3**
Walcha, NSW **45 F5**
Walcha Road, NSW **44 E5**
Waldburg, WA **144 E6**
Walebing, WA **146 D6**
Walenda, NSW **47 F3**
Walgett, NSW **43 K4**
Walgra, QLD **102 B3**
Walhalla, Vic. **80 E2**
Walhallow, NT **169 G4**
Walkaway, WA **146 B4**

Walkcege, QLD **103 G2**
Walker Flat, SA **131 G2**
Walkers Hill, NSW **47 K3**
Walkerston, QLD **105 F2**
Walkerville, Vic. **80 D5**
Walla Walla, NSW **51 J3**
Wallabadah, NSW **49 G1**
Wallaby Creek, NSW **45 G1**
Wallace, Vic. **79 J1**
Wallace Rockhole, NT **174 D3**
Wallal, QLD **108 C3**
Wallal Downs, WA **145 G2**
Wallaloo, Vic. **75 F4**
Wallan, Vic. **76 B6**
Wallanburra, NSW **43 G5**
Wallangarra, QLD **109 H6**
Wallangra, NSW **44 E3**
Wallaroo, QLD **105 F5**
Wallaroo, SA **128 E6**
Wallatinna, SA **123 H3**
Wallendbeen, NSW **52 A1**
Wallerawang, NSW **49 F4**
Wallerberdina, SA **128 E3**
Wallinduc, Vic. **79 H2**
Walling Rock, WA **147 G5**
Wallington, Vic. **79 K3**
Walloway (ruins), SA **129 F4**
Wallumbilla, QLD **109 F3**
Wallundry, NSW **52 A1**
Wallup, Vic. **74 D3**
Walmer, NSW **48 D3**
Walpeup, Vic. **72 D5**
Walpole, Tas. **190 E5**
Walpole, WA **148 D6**
Walwa, Vic. **77 H2**
Wamberra, NSW **46 D5**
Wamboin, ACT **29 D2**
Wamboyne, NSW **48 B5**
Wammadoo, QLD **103 G5**
Wanaaring, NSW **42 C3**
Wanalta, Vic. **76 A4**
Wanbi, SA **131 H2**
Wanda, NSW **46 C3**
Wandagee, WA **144 B5**
Wandana, SA **127 H4**
Wandering, WA **148 C3**
Wandiligong, Vic. **77 F4**
Wandilo, SA **131 H6**
Wando, NSW **43 J3**
Wando Bridge, Vic. **78 C1**
Wandoan, QLD **109 F3**
Wandong, Vic. **76 B6**
Wandoona, NSW **44 B3**
Wandovale, QLD **101 H6**
Wandsworth, NSW **45 F4**
Wandsworth, QLD **107 G2**
Wangamana, NSW **42 D3**
Wanganella, NSW **51 F2**
Wangarabell, Vic. **82 C4**
Wangaratta, Vic. **76 E3**
Wangareena, NSW **42 D3**
Wangary, SA **130 B1**
Wangianna (ruins), SA **124 E6**
Wangkatjungka, WA **143 G6**
Wangrawally, NSW **43 J4**
Wanilla, SA **130 B1**
Wanko, QLD **108 B3**
Wanna, WA **144 D5**
Wannarra, WA **146 D5**
Wannon, Vic. **78 D2**
Wannoo Billabong Roadhouse, WA **146 B2**

Wansey Downs, QLD **108 C2**
Wantabadgery, NSW **52 A2**
Wantagong, NSW **51 K3**
Wapet Camp, WA **144 C3**
Warakurna, WA **153 D1**
Warakurna Roadhouse, WA **153 D1**
Waratah, NSW **43 H4**
Waratah, Tas. **185 D5**
Waratah Bay, Vic. **80 D5**
Waratah North, Vic. **80 D5**
Warbreccan, QLD **103 G6**
Warburn, NSW **47 J6**
Warburton, Vic. **80 C2**
Warburton, WA **153 C2**
Warcowie, SA **129 F3**
Wards River, NSW **49 J3**
Wareek, Vic. **75 H5**
Wareo, QLD **107 J4**
Wargambegal, NSW **47 K4**
Warialda, NSW **44 D3**
Warialda Rail, NSW **44 D3**
Warkton, NSW **48 E1**
Warkworth, NSW **49 G3**
Warmun (Turkey Creek), WA **143 J4**
Warnambool Downs, QLD **103 G4**
Warncoort, Vic. **79 H3**
Warne, Vic. **75 G2**
Warnertown, SA **128 E5**
Warooka, SA **130 D2**
Waroona, WA **148 B3**
Warra, QLD **102 D4**
Warra, QLD **109 G4**
Warrachie, SA **128 B6**
Warracknabeal, Vic. **74 E3**
Warraderry, NSW **48 C5**
Warragoon, NSW **51 H3**
Warragul, Vic. **80 D3**
Warrak, Vic. **75 G6**
Warral, NSW **44 E6**
Warralong, WA **145 F2**
Warrambine, Vic. **79 H3**
Warramboo, SA **128 B5**
Warranangra, NSW **46 B6**
Warrawagine, WA **145 H3**
Warraweena, SA **129 F2**
Warreah, QLD **103 J2**
Warrego, NT **171 H2**
Warrell Creek, NSW **45 H5**
Warren, NSW **48 C2**
Warren Vale, QLD **100 D5**
Warrenbayne, Vic. **76 D4**
Warriedar, WA **146 D4**
Warrigal, NSW **48 B1**
Warrigal, QLD **103 J2**
Warrina (ruins), SA **124 C4**
Warringa, Tas. **186 B2**
Warrion, Vic. **79 H3**
Warrnambool, Vic. **78 E4**
Warrobil, NSW **48 E3**
Warrong, QLD **108 D2**
Warrong, Vic. **78 E3**
Warroo, NSW **42 D2**
Warroo, NSW **48 B5**
Warroora, WA **144 A5**
Warrow, SA **130 B1**
Warrumbungle, NSW **44 A6**
Warruwi, NT **165 G2**
Wartaka, SA **128 D4**
Wartaru, SA **122 C3**
Wartook, Vic. **74 E5**
Warwaegae, NSW **50 E1**
Warwick, QLD **109 H5**
Washpool, SA **129 F6**
Watalgan, QLD **109 J1**

Watchem, Vic. **75 F3**
Watchupga, Vic. **75 F2**
Waterbag, NSW **46 C1**
Waterford, Vic. **81 G1**
Waterhouse, Tas. **188 B6**
Waterloo, NT **167 B3**
Waterloo, Tas. **190 E4**
Waterloo, Vic. **75 G6**
Wathana, QLD **104 E1**
Watheroo, WA **146 D5**
Watinuna, SA **123 F2**
Watson, SA **126 E2**
Watsons Creek, NSW **44 E5**
Watten, QLD **103 H2**
Wattle Creek, Vic. **75 G5**
Wattle Flat, NSW **48 E4**
Wattle Grove, Tas. **190 E4**
Wattle Hill, Tas. **191 G3**
Wattle Hill, Vic. **79 G5**
Wattle Vale, NSW **42 B4**
Waubra, Vic. **75 H6**
Wauchope, NSW **49 K1**
Wauchope, NT **171 H3**
Waukaringa (ruins), SA **129 G4**
Wave Hill, NSW **43 G4**
Wave Hill, NSW **46 E2**
Wave Hill, NT **167 D4**
Waverley, QLD **108 C2**
Waverley Downs, NSW **42 C2**
Waverney (abandoned), QLD **107 F2**
Wayatinah, Tas. **190 D1**
Weabonga, NSW **44 E6**
Wean, NSW **44 D5**
Wearne, NSW **44 D2**
Webbs, NSW **48 C3**
Wedderburn, Vic. **75 H3**
Wedderburn Junction, Vic. **75 H3**
Wee Jasper, NSW **52 B2**
Wee Waa, NSW **44 B4**
Weebo, WA **147 H3**
Weedallion, NSW **48 C6**
Weegena, Tas. **186 C3**
Weelamurra, QLD **108 C5**
Weelarrana, WA **145 G5**
Weemelah, NSW **44 B2**
Weerangourt, Vic. **78 D3**
Weerite, Vic. **79 G3**
Weetah, Tas. **186 D3**
Weetaliba, NSW **48 E2**
Weethalle, NSW **47 K5**
Weetulta, SA **130 E1**
Wee-Wee-Rup, Vic. **75 J2**
Wehla, Vic. **75 H4**
Weilmoringle, NSW **43 H2**
Weipa, QLD **99 A4**
Weja, NSW **48 A5**
Welaregang, NSW **52 A4**
Welbourne Hill, SA **123 J3**
Weldborough, Tas. **187 H2**
Wellclose, QLD **107 J2**
Wellgrove, NSW **45 F3**
Wellington, NSW **48 D3**
Wellington, SA **131 G2**
Wellstead, WA **149 F5**
Welltree, NT **164 C4**
Welshmans Reef, Vic. **75 J5**
Welshpool, Vic. **80 E4**
Wemen, Vic. **72 E4**
Wentworth, NSW **46 C6**
Wentworth Falls, NSW **49 F5**
Wepar, SA **131 H6**
Werna, QLD **103 G3**
Wernadinga, QLD **100 C4**
Werneth, Vic. **79 H3**

Werribee, Vic. **80 A2**
Werribee South, Vic. **80 A3**
Werrimull, Vic. **72 C3**
Werrington, QLD **101 G5**
Werris Creek, NSW **49 G1**
Wertaloona, SA **129 G2**
Wesley Vale, Tas. **186 C2**
West Frankford, Tas. **186 D2**
West Kentish, Tas. **186 B3**
West Leichhardt, QLD **102 C2**
West Montagu, Tas. **185 B2**
West Pine, Tas. **186 A2**
West Ridgley, Tas. **186 A2**
West Scottsdale, Tas. **187 F2**
West Wyalong, NSW **48 B5**
Westbury, Tas. **186 D3**
Westby, NSW **51 K3**
Westby, Vic. **75 J1**
Westdale, NSW **44 E6**
Westdale, WA **148 C2**
Western Creek, NT **168 C2**
Western Creek, Tas. **186 C4**
Western Flat, SA **131 H4**
Western Junction, Tas. **187 F4**
Westerton, QLD **103 G5**
Westerway, Tas. **190 E2**
Westgate, QLD **108 C3**
Westgrove, QLD **108 E2**
Westland, QLD **103 H5**
Westmar, QLD **109 F4**
Westmere, Vic. **79 F2**
Westmoreland, QLD **100 A4**
Weston Creek, ACT **29 C2**
Westward Ho, QLD **102 D4**
Westwood, QLD **105 G5**
Westwood, Tas. **186 E3**
Westwood Downs, NSW **41 C5**
Wetherby, QLD **103 G3**
Weymouth, Tas. **186 E1**
Wharminda, SA **128 C6**
Wharparilla, Vic. **75 K2**
Whealbah, NSW **47 H5**
Wheeo, NSW **52 C1**
Whetstone, QLD **109 G5**
Whim Creek, WA **144 E3**
Whiporie, NSW **45 H3**
Whipstick, NSW **42 B5**
Whirily, Vic. **75 F2**
White Beach, Tas. **191 H4**
White Cliffs, NSW **42 B5**
White Cliffs, WA **147 J4**
White Flat, SA **130 C1**
White Hills, Tas. **187 F3**
White Wells, WA **146 D5**
Whitefoord, Tas. **191 G1**
Whitemark, Tas. **188 C3**
Whitemore, Tas. **186 E4**
Whitewood, QLD **103 G3**
Whitfield, Vic. **76 E4**
Whitlands, Vic. **76 E4**
Whittata, SA **128 E3**
Whittlesea, Vic. **80 B1**
Whitton, NSW **51 H1**
Whorouly, Vic. **76 E3**
Whroo, Vic. **76 B4**
Whurlie, NSW **46 C4**
Whyalla, SA **128 E5**
Whyte Yarcowie, SA **129 F5**
Wiangaree, NSW **45 H1**
Wickepin, WA **148 E3**
Wickham, WA **144 D3**
Wickliffe, Vic. **79 F2**
Widbury, QLD **109 G2**
Widgeegoara, QLD **108 C5**

Widgelli, NSW **47 J6**
Widgiemooltha, WA **149 K1**
Widgiewa, NSW **51 H2**
Wilangee, NSW **46 B1**
Wilburville, Tas. **186 D5**
Wilby, Vic. **76 D3**
Wilcannia, NSW **46 E1**
Wilga, NSW **47 F1**
Wilga Downs, NSW **43 G5**
Wilga Downs, NSW **47 K1**
Wilgareena, NSW **43 F5**
Wilgaroon, NSW **43 F5**
Wilgena, SA **127 J2**
Wilkatana, SA **128 E4**
Wilkur, Vic. **75 F2**
Wilkurra, NSW **46 E4**
Willa, Vic. **72 D6**
Willaba, NSW **46 C4**
Willalooka, SA **131 H4**
Willandspey, QLD **104 C3**
Willangie, Vic. **75 F1**
Willare Bridge Roadhouse, WA **142 E5**
Willatook, Vic. **78 E3**
Willaura, Vic. **79 F1**
Willawarrin, NSW **45 G5**
Willbriggie, NSW **51 H1**
Willenabrina, Vic. **74 D2**
Willeroo, NT **168 A1**
William Creek, SA **124 C5**
Williambury, WA **144 C5**
Williams, WA **148 D3**
Williamsdale, ACT **29 C4**
Williamsdale, NSW **52 C3**
Williamsford, Tas. **189 C1**
Williamstown, SA **131 F1**
Williamtown, NSW **49 J4**
Willippa, SA **129 G3**
Willochra (ruins), SA **128 E4**
Willoh, NSW **43 H3**
Willora, NT **171 H5**
Willow Grove, Vic. **80 D3**
Willow Tree, NSW **49 G2**
Willowie, SA **129 F5**
Willowmavin, Vic. **76 B6**
Willows, QLD **104 D5**
Willung, Vic. **81 F3**
Willunga, SA **131 F2**
Willurah, NSW **51 G2**
Wilmington, QLD **104 E1**
Wilmington, SA **128 E4**
Wilmot, Tas. **186 B3**
Wilpena, SA **129 F3**
Wilpoorinna, SA **129 F1**
Wiltshire, Tas. **185 C2**
Wiluna, WA **147 G2**
Wimbledon, NSW **48 E5**
Winbin, QLD **107 J3**
Winchelsea, Vic. **79 J3**
Windalle, NSW **46 D3**
Windamingle, NSW **46 C5**
Windara, NSW **47 G1**
Windera, NSW **43 G5**
Winderie, WA **146 C1**
Windeyer, NSW **48 E3**
Windidda, WA **147 J2**
Windimurra, WA **147 F4**
Windomal, Vic. **73 G4**
Windorah, QLD **107 G2**
Windouran, NSW **50 E2**
Windy Harbour, WA **148 C6**
Winfield, QLD **109 J1**
Wingeel, Vic. **79 H3**
Wingello, NSW **52 D2**

Wingen, NSW **49 G2**
Wingham, NSW **49 J2**
Winiam, Vic. **74 C3**
Winjallok, Vic. **75 G4**
Winnaleah, Tas. **187 H2**
Winnambool, Vic. **73 F4**
Winnindoo, Vic. **81 F3**
Winning, WA **144 B5**
Winninowie, SA **128 E4**
Winslow, Vic. **78 E3**
Wintinna, SA **123 J3**
Winton, NSW **44 D6**
Winton, QLD **103 G4**
Winton, Vic. **76 D4**
Wiralia, QLD **107 H4**
Wirliyajarrayi (Willowra), NT **171 F4**
Wirrabara, SA **129 F5**
Wirragulla, NSW **49 H3**
Wirraminna, SA **128 C2**
Wirraminna, SA **128 C2**
Wirrappa, SA **128 D3**
Wirrawarra, NSW **43 F2**
Wirrealpa, SA **129 G2**
Wirrega, SA **131 H4**
Wirrida, SA **123 J6**
Wirrilyerna, QLD **102 C4**
Wirrinya, NSW **48 B5**
Wirriwa, NSW **43 J3**
Wirrulla, SA **127 J4**
Wirryilka, NSW **46 C3**
Wiseleigh, Vic. **81 H2**
Wisemans Ferry, NSW **49 G4**
Witchcliffe, WA **148 A5**
Witchelina, SA **128 E1**
Witchitie, SA **129 F4**
Withersfield, QLD **104 D5**
Withywine, QLD **103 G5**
Wittenburra, QLD **107 J5**
Wivenhoe, Tas. **186 A1**
Woden Valley, ACT **29 C2**
Wodonga, Vic. **77 F2**
Wogarl, WA **149 F1**
Wogarno, WA **146 E4**
Wollar, NSW **49 F3**
Wollombi, NSW **49 G4**
Wollomombi, NSW **45 F5**
Wollongong, NSW **49 G6**
Wollun, NSW **45 F5**
Wolseley, SA **131 J4**
Wolumia, NSW **52 D5**
Wolverton, QLD **99 C4**
Womalilla, QLD **108 D3**
Wombah, NSW **107 J5**
Wombat, NSW **52 A1**
Wombelano, Vic. **74 C5**
Wombin, QLD **107 H4**
Womboota, NSW **51 F4**
Wombungi, NT **164 D6**
Wonboyn, NSW **52 D6**
Wondai, QLD **109 H3**
Wondalga, NSW **52 A3**
Wondinong, WA **147 F3**
Wondoola, QLD **100 D5**
Wonga, NSW **42 B3**
Wonga, NSW **46 B3**
Wonga Lilli, NSW **42 C4**
Wongabinda, NSW **44 D3**
Wongalara, NSW **47 F2**
Wongalea, NSW **43 J5**
Wongalee, QLD **103 H2**
Wongan Hills, WA **146 D6**
Wonganoo, WA **147 H3**
Wongarbon, NSW **48 D3**
Wongarra, Vic. **79 H5**

Wongatoa, NSW **47 H5**
Wongawol, WA **147 J2**
Wongungarra, Vic. **77 G6**
Wonnaminta, NSW **41 E5**
Wonthaggi, Vic. **80 C4**
Wonwondah East, Vic. **74 E5**
Wonyip, Vic. **80 E4**
Wood Wood, Vic. **73 G5**
Woodanilling, WA **148 E4**
Woodbourne, Vic. **76 C6**
Woodbourne, Vic. **79 J2**
Woodbridge, Tas. **191 F4**
Woodburn, NSW **45 J2**
Woodbury, Tas. **187 F6**
Woodenbong, NSW **45 H1**
Woodend, NSW **51 J3**
Woodend, Vic. **75 K6**
Woodfield, Vic. **76 D5**
Woodford, QLD **109 J4**
Woodgate, QLD **109 J2**
Woodlands, NSW **42 E4**
Woodlands, QLD **108 E4**
Woodlands, WA **144 E6**
Woodleigh, WA **146 B2**
Woods Point, Vic. **80 E1**
Woods Well, SA **131 G3**
Woodsdale, Tas. **191 G1**
Woodside, SA **131 F2**
Woodside, Vic. **81 F4**
Woodstock, NSW **43 G4**
Woodstock, NSW **48 D5**
Woodstock, QLD **101 F5**
Woodstock, QLD **101 K6**
Woodstock, Tas. **190 E4**
Woodstock, Vic. **75 J4**
Woodstock, Vic. **80 B1**
Woodstock, WA **145 F3**
Woodvale, Vic. **75 J4**
Woohlpooer, Vic. **74 D6**
Woolah, WA **143 J3**
Woolamai, Vic. **80 C4**
Woolbrook, NSW **44 E5**
Woolcunda, NSW **46 B4**
Wooleen, WA **146 D3**
Woolerina, QLD **108 D5**
Woolgoolga, NSW **45 H4**
Woolgorong, WA **146 C3**
Wooli, NSW **45 H4**
Woolla Downs, NT **171 H5**
Woolner, NT **164 E2**
Woolomin, NSW **49 H1**
Woolooga, QLD **109 J3**
Woolshed Flat, SA **128 E4**
Woolsthorpe, Vic. **78 E3**
Wooltana, SA **129 G1**
Woomargama, NSW **51 K3**
Woomelang, Vic. **74 E1**
Woomera, SA **128 D2**
Woonigan, QLD **102 C3**
Woorabinda, QLD **105 F5**
Wooragee, Vic. **77 F3**
Woorak, Vic. **74 C3**
Wooramel Roadhouse, WA **146 B1**
Woorarra, Vic. **80 E4**
Woori Yallock, Vic. **80 C2**
Woorinen South, Vic. **73 G5**
Woorlba, WA **150 E4**
Woorndoo, Vic. **79 F2**
Wooroloo, WA **148 C1**
Wooroona, QLD **102 B2**
Wooroonook, Vic. **75 G3**
Wooroorooka, QLD **108 B5**
Woosang, Vic. **75 G3**
Wootton, NSW **49 J3**

Worsley Refinery, WA **148 C3**
Wotonga, QLD **104 E3**
Wowan, QLD **105 G5**
Woy Woy, NSW **49 H5**
Wrattonbully, SA **131 J5**
Wrightley, Vic. **76 D4**
Wrotham Park, QLD **101 G3**
Wubin, WA **146 D5**
Wudinna, SA **128 B5**
Wujal Wujal, QLD **101 J2**
Wuk Wuk, Vic. **81 G2**
Wulgulmerang, Vic. **77 J5**
Wumalgi, QLD **105 F4**
Wunara Store, NT **172 C2**
Wundowie, WA **148 C1**
Wunghnu, Vic. **76 C3**
Wunkar, SA **131 H1**
Wurankuwu, NT **164 C2**
Wurarga, WA **146 D4**
Wurruk, Vic. **81 F3**
Wuttagoona, NSW **42 E6**
Wutul, QLD **109 H4**
Wutungurra, NT **171 K3**
Wyaga, QLD **109 G5**
Wyalkatchem, WA **146 E6**
Wyalong, NSW **48 B5**
Wyan, NSW **45 H2**
Wyandotte, QLD **101 H5**
Wyandra, QLD **108 C4**
Wyanga, NSW **48 C3**
Wyangala, NSW **48 D5**
Wyberba, QLD **109 H6**
Wycheproof, Vic. **75 G2**
Wychitella, Vic. **75 H3**
Wycliffe Well Roadhouse, NT **171 H3**
Wydgee, WA **146 E4**
Wye River, Vic. **79 J4**
Wyee, NSW **49 H4**
Wyeebo, Vic. **77 G3**
Wyelangta, Vic. **79 H4**
Wyena, Tas. **187 F2**
Wyloo, WA **144 C4**
Wyloona, NSW **42 C6**
Wymah, NSW **51 K4**
Wynbring, SA **127 H2**
Wyndham, NSW **52 D5**
Wyndham, WA **143 J3**
Wynyangoo, WA **146 E3**
Wynyard, Tas. **185 E3**
Wyoming, NSW **47 G6**
Wyong, NSW **49 H4**
Wyree, NSW **47 J2**
Wyrra, NSW **48 B5**

Wyseby, QLD **108 E1**
Wyuna, Vic. **76 B3**
Wyuna Downs, NSW **43 G5**

Y

Yaamba, QLD **105 G4**
Yaapeet, Vic. **74 D2**
Yabba North, Vic. **76 C3**
Yabulu, QLD **101 K5**
Yacka, SA **129 F6**
Yackandandah, Vic. **77 F3**
Yadlamulka, SA **128 E4**
Yakabindie, WA **147 G3**
Yakara, QLD **107 H5**
Yakka Munga, WA **142 D5**
Yalamurra, QLD **107 J3**
Yalardy, WA **146 C2**
Yalata, SA **127 F3**
Yalata Roadhouse, SA **127 F3**
Yalbalgo, WA **146 B1**
Yalboroo, QLD **104 E2**
Yalbra, WA **146 D1**
Yalgogrin, NSW **48 A5**
Yalgoo, WA **146 D4**
Yallakool, NSW **51 F3**
Yallalong, WA **146 C3**
Yallaroi, NSW **44 D2**
Yalleroi, QLD **104 B5**
Yallingup, WA **148 A4**
Yalloch, NSW **47 G3**
Yallook, Vic. **75 J3**
Yallourn North, Vic. **80 E3**
Yallunda Flat, SA **130 C1**
Yalpara, SA **129 F4**
Yalwal, NSW **52 E2**
Yalymboo, SA **128 D3**
Yamala, QLD **104 E5**
Yamarna, WA **147 K4**
Yamba, NSW **45 J3**
Yambacoona, Tas. **184 A1**
Yambah, NT **174 D1**
Yambuk, Vic. **78 D4**
Yambutta, QLD **107 G3**
Yan Yean, Vic. **80 B1**
Yanac, Vic. **74 C3**
Yanakie, Vic. **80 E5**
Yancannia, NSW **42 A4**
Yanchep, WA **148 B1**
Yanco, NSW **51 J1**
Yanco Glen, NSW **46 B2**
Yanda, NSW **43 J5**

Yandal, WA **147 H3**
Yandama, NSW **41 C3**
Yandamindra, WA **147 H4**
Yandanooka, WA **146 C5**
Yandaran, QLD **109 J1**
Yandeyarra, WA **144 E3**
Yandilla, NSW **43 F5**
Yandina, QLD **109 J3**
Yando, Vic. **75 H2**
Yandoit, Vic. **75 J5**
Yanerbie Beach, SA **127 J5**
Yanergee, NSW **49 F1**
Yanga, NSW **50 E1**
Yangalake, NSW **50 E2**
Yangan, QLD **109 J5**
Yaninee, SA **128 B5**
Yankalilla, SA **131 F3**
Yankaninna, SA **129 G1**
Yanna, QLD **108 C3**
Yannathan, Vic. **80 C3**
Yanrey, WA **144 B4**
Yantabulla, NSW **42 E3**
Yantanabie, SA **127 J4**
Yara, NSW **47 J4**
Yaraka, QLD **107 H1**
Yarck, Vic. **76 C5**
Yardea, SA **128 B4**
Yardie Creek, WA **144 A4**
Yarding, WA **148 E1**
Yaringa, WA **146 B2**
Yarlarweelor, WA **146 E1**
Yarloop, WA **148 B3**
Yarmawl, NSW **51 H1**
Yarra Creek, Tas. **184 B3**
Yarra Glen, Vic. **80 C2**
Yarra Junction, Vic. **80 C2**
Yarrabah, QLD **101 J3**
Yarrabandai, NSW **48 B4**
Yarraberb, Vic. **75 J4**
Yarrabubba, WA **147 F3**
Yarraby, Vic. **73 G5**
Yarraden, QLD **99 C6**
Yarragon, Vic. **80 D3**
Yarralin, NT **167 D3**
Yarraloola, WA **144 C3**
Yarram, Vic. **81 F4**
Yarramalong, NSW **49 H4**
Yarraman, NSW **49 F2**
Yarraman, QLD **109 H3**
Yarramba, SA **129 J3**
Yarranbah, NSW **44 B4**
Yarraquin, WA **146 E3**
Yarrara, Vic. **72 B3**
Yarras, NSW **49 J1**

Yarrawalla, Vic. **75 J2**
Yarrawalla South, Vic. **75 J3**
Yarrawin, NSW **43 H4**
Yarrawonga, QLD **108 C3**
Yarrawonga, Vic. **76 D2**
Yarromere, QLD **104 B3**
Yarronvale, QLD **108 B3**
Yarroweyah, Vic. **76 C2**
Yarroweyah South, Vic. **76 C2**
Yarrowitch, NSW **45 F6**
Yarrowyck, NSW **44 E5**
Yarwun, QLD **105 H5**
Yass, NSW **52 C2**
Yatchaw, Vic. **78 D2**
Yathong, NSW **47 H3**
Yathonga, NSW **42 D5**
Yatpool, Vic. **72 D3**
Yea, Vic. **76 C5**
Yealering, WA **148 E2**
Yearinan, NSW **44 B6**
Yearinga, Vic. **74 B3**
Yednalue, SA **129 F4**
Yeeda, WA **142 E4**
Yeelanna, SA **130 B1**
Yeerip, Vic. **76 D3**
Yeelirrie, WA **147 G3**
Yelarbon, QLD **109 G5**
Yelgun, NSW **45 J1**
Yelka, NSW **41 D5**
Yelma, WA **147 H2**
Yelta, NSW **47 F2**
Yeltacowie, SA **128 D3**
Yelvertoft, QLD **102 C2**
Yenda, NSW **47 J6**
Yenloora, QLD **107 H5**
Yeo Yeo, NSW **52 A1**
Yeodene, Vic. **79 H4**
Yeoval, NSW **48 D3**
Yeppoon, QLD **105 G4**
Yerelina, SA **129 G1**
Yerilla, WA **147 H5**
Yerong Creek, NSW **51 K3**
Yerrinbool, NSW **51 F1**
Yerrinbool, NSW **52 E1**
Yerritup, WA **149 K4**
Yethera, NSW **48 B3**
Yetman, NSW **44 E2**
Yeungroon, Vic. **75 G3**
Yiddah, NSW **48 B5**
Yilliminnung, WA **148 D3**
Yimkin, NSW **43 G6**
Yindi, WA **147 J6**
Yinnar, Vic. **80 E3**
Yinnetharra, WA **144 C6**

Yirrkala, NT **166 D2**
Yiyili, WA **143 G5**
Yolla, Tas. **185 E4**
Yongala, SA **129 F5**
Yoogali, NSW **47 J6**
York, WA **148 D1**
York Plains, Tas. **187 F6**
Yorketown, SA **130 E2**
Yorkrakine, WA **148 E1**
Yorkshire Downs, QLD **103 F2**
Yornaning, WA **148 D3**
Yornup, WA **148 C5**
Yoting, WA **148 E1**
Youangarra, WA **147 F4**
Youanmi Downs, WA **147 F4**
Youanmite, Vic. **76 C3**
Young, NSW **48 C6**
Youngareen, NSW **48 A5**
Youngerina, NSW **42 E3**
Youno Downs, WA **147 F2**
Yowah, QLD **107 J4**
Yowergabbie, WA **146 E4**
Yowrie, Vic. **82 D1**
Yudnapinna, SA **128 D4**
Yuelamu, NT **171 F5**
Yuendumu, NT **170 E5**
Yuin, WA **146 C3**
Yuinmery, WA **147 F4**
Yukan, QLD **105 F3**
Yulara, NT **173 D4**
Yulcarley, NSW **42 E3**
Yuleba, QLD **109 F3**
Yullundry, NSW **48 D4**
Yuluma, NSW **51 J2**
Yulumbu, WA **143 H4**
Yumali, SA **131 G3**
Yuna, WA **146 C4**
Yundamindera, WA **147 J4**
Yungaburra, QLD **101 J3**
Yungera, Vic. **73 G4**
Yungundi, NSW **48 C2**
Yunnerman, QLD **108 D4**
Yunta, SA **129 G4**
Yunyarinya (Kenmore Park), SA **123 F1**
Yuulong, Vic. **79 G5**

Z

Zanthus, WA **147 K6**
Zeehan, Tas. **189 B1**
Zenoni, QLD **107 H5**
Zumstein, Vic. **74 E5**

Hiking along the Great Ocean Walk, Victoria

Feedback form

We have endeavoured to make this atlas as accurate and useful as possible. However if you have noticed anything that has changed or that you believe could be better represented then please fill in this form and send it back to the address listed below.

Personal details

Name:

Address:

Sex: Age:

Reason for purchasing this atlas:

Specific map suggestions

Page number / Grid reference	Suggested changes

Editorial amendments / general comments

Please send this form to: Universal Publishers Pty Ltd, Level 1, 38–40 Chandos Street, St Leonards NSW 2065